全国革命老区县发展史丛书·广东卷

湛江市坡头区革命老区发展史

湛江市坡头区革命老区发展史编委会　编

SPM 南方出版传媒、广东人民出版社
·广州·

图书在版编目（CIP）数据

湛江市坡头区革命老区发展史 / 湛江市坡头区革命老区发展史编委会
编 . —广州：广东人民出版社，2021.6
（全国革命老区县发展史丛书·广东卷）
ISBN 978-7-218-15081-9

Ⅰ.①湛…　Ⅱ.①湛…　Ⅲ.①区（城市）—地方史—湛江
Ⅳ.①K292.24

中国版本图书馆CIP数据核字（2021）第105106号

ZHANJIANG SHI POTOU QU GEMING LAOQU FAZHANSHI
湛江市坡头区革命老区发展史
湛江市坡头区革命老区发展史编委会　编　　　　版权所有　翻印必究

出 版 人：肖风华

责任编辑：钱飞遥
文字编辑：郝婧羽
装帧设计：张力平等
责任技编：吴彦斌　周星奎

出版发行：广东人民出版社
地　　址：广州市海珠区新港西路 204 号 2 号楼（邮政编码：510300）
电　　话：（020）85716809（总编室）
传　　真：（020）85716872
网　　址：http：//www.gdpph.com
印　　刷：广州市浩诚印刷有限公司
开　　本：715mm×995mm　1/16
印　　张：22.75　　插　页：6　字　数：282 千
版　　次：2021 年 6 月第 1 版
印　　次：2021 年 6 月第 1 次印刷
定　　价：98.00 元

如发现印装质量问题，影响阅读，请与出版社（020-85716849）联系调换。
售书热线：（020）85716826

广东省编纂《革命老区县发展史》丛书
指导小组

组　长：陈开枝（广东省老区建设促进会会长）

副组长：林华景（广东省老区建设促进会常务副会长）

　　　　宋宗约（广东省农业农村厅二级巡视员、广东省老
　　　　　　　　区建设促进会副会长）

　　　　刘文炎（广东省老区建设促进会副会长）

　　　　郑木胜（广东省老区建设促进会副会长）

　　　　姚泽源（广东省老区建设促进会副会长兼秘书长）

　　　　谭世勋（广东省老区建设促进会副会长）

　　　　廖纪坤（广东省农业农村厅总经济师）

办公室

主　任：姚泽源（兼）

副主任：韦　浩（广东省农业农村厅扶贫协作与老区建设处
　　　　　　　　处长）

　　　　柯绍华（广东省老区建设促进会副秘书长）

　　　　伍依丽（广东省老区建设促进会副秘书长）

《湛江市坡头区革命老区发展史》
编纂委员会

主　　任：谢　伍（中共湛江市坡头区委书记）

执行主任：陈景泰（中共湛江市坡头区委副书记、坡头区人民政府区长）

副 主 任：全汝昌（中共湛江市坡头区委副书记）

吴建文（中共湛江市坡头区委常委、宣传部部长）

卓　戴（中共湛江市坡头区委常委、区委办主任）

梁　叶（中共湛江市坡头区委常委、组织部部长）

柯　造（中共湛江市海东新区工作委员会委员、海东新区管委会副主任）

郑和生（湛江市坡头区老区建设促进会会长）

委　　员：陈李锋（湛江市坡头区人民政府办公室主任）

邱明智（湛江市坡头区发展和改革局局长）

李志强（湛江市坡头区财政局局长）

洪　源（湛江市坡头区农业农村局局长）

黄海松（湛江市坡头区民政局局长）

陈凯华（湛江市坡头区交通运输局局长）

谭海清（湛江市坡头区文化广电旅游体育局局长）

卢越光（湛江市坡头区人民政府档案馆馆长）

詹植球（湛江市坡头区农业农村局四级调研员、坡头区
老区建设促进会秘书长）

陈　东（中共湛江市坡头区委员会党史研究室原主任）

办公室

主　　任：詹植球（兼）

副 主 任：傅琪超

编辑部

主　　编：郑和生

执行主编：陈　东

编　　辑：游真兴、关文山、庞祥培

图片摄影：黄晓宇

特邀指导：卢凌日、郑晓晖、关　键

审　　校：郑晓晖

在举国欢庆新中国成立 70 周年前夕，中国老区建设促进会王健会长请我为《全国革命老区县发展史》丛书作序，作为一名在老区战斗过并得到老区人民生死相助的老兵，回首往事，心潮澎湃，感慨万千，深感义不容辞，欣然应允。

中国革命老区，是以毛泽东为代表的中国共产党人在领导人民推翻帝国主义、封建主义和官僚资本主义三座大山，争取民族独立和人民解放伟大斗争中建立的革命根据地，在这片红色的土地上，诞生了无数可歌可泣的革命英雄儿女，为后人树起了一座不朽的丰碑，她是新中国的摇篮，是党和军队的根。

在艰苦卓绝的战争年代，老区人民把自己的命运与中华民族的命运紧紧地联系在一起，与中国共产党和人民军队的命运紧紧地联系在一起，他们生死相依，患难与共。我曾亲历过战争年代，并得到过老区红哥红嫂的救助，切身感受到发生在身边的一幕幕撼天动地的革命故事，在那极其艰难的条件下，老区人民倾其所有、破家支前，不怕艰难困苦，不怕流血牺牲。"最后一碗米送去做军粮，最后一尺布送去做军装，最后一件老棉袄盖在担架上，最后一个亲骨肉送去上战场"，这是当时伟大的老区人民为建立新中国做出巨大牺牲的真实写照，它将永远镌刻在中国共产党、中国人民解放军、中华人民共和国的历史丰碑上。他们的光辉业绩永载史册，他们的革命精神必将影响一代又一代的革命新人，造就一代又一代的民族脊梁。

在社会主义革命和建设时期，革命老区和老区人民响应党的号召，面对落后的面貌、脆弱的经济、恶劣的生态环境，他们本色不变，精神不丢，自力更生，艰苦奋斗，干一行爱一行。始终坚持"革命理想高于天"，自觉做共产主义远大理想的坚定信仰者和忠实实践者，勇于向恶劣的自然环境和贫穷落后宣战，他们在各条战线上为国建功立业，用平凡的双手创造了一个又一个不平凡的奇迹，彰显了老区人的崇高精神和人格力量。

在改革开放的伟大进程中，老区人民解放思想，勇于创新，发奋图强，攻坚克难，老区的经济社会建设取得了辉煌成就。特别是在改变中国的面貌、中华民族的面貌、中国人民的面貌、中国共产党的面貌的伟大实践中发挥了至关重要的作用。老区人民既是改革开放的参与者，也是改革开放的推动者。

艰苦练意志，危难见精神。老区人民在近百年的革命战争、社会主义建设和改革开放的伟大实践中，孕育形成了伟大的老区精神：爱党信党、坚定不移的理想信念；舍生忘死、无私奉献的博大胸怀；不屈不挠、敢于胜利的英雄气概；自强不息、艰苦奋斗的顽强斗志；求真务实、开拓创新的科学态度；鱼水情深、生死相依的光荣传统。这是党和人民宝贵的精神财富、丰厚的政治资源，是凝心聚力、振奋民族精神的重要法宝，也是社会主义核心价值观的重要内容。

中国老区建设促进会怀着强烈的政治责任感和历史使命感，组织全国各地老促会人员克服困难，尽心竭力编纂《全国革命老区县发展史》丛书，记录老区的光辉历史和辉煌成就，传承红色基因，弘扬老区精神，是功在当代，利及千秋的一件大事。手捧这部丛书的部分书稿，读着书中的故事，倍感亲切，深感这部丛书具有资政、育人、存史的社会功能，有着重要的时代和历史价值。它是不忘初心、牢记使命的源头活水，是赞颂共产党、讴歌老区人民的一部精品力作，是弘扬老区精神、传承红色记忆的丰厚载体，是一项继承优秀传统文化、弘扬革命文化、发展社会主义先进文化，坚定"四个自信"的宏大文化工程。它必将成为一种文化品牌，为各界人士了解老区宣传老区支持老区提供一部有价值的研究史料。希望读者朋友们能从中了解并牢记这些为党和民族的利益不断奉献的老区人民，从中得到教益，汲取人生奋斗的精神动力。

新时代赋予新使命，新起点开启新征程。让我们更加紧密地团结在以习近平同志为核心的党中央周围，坚持以习近平新时代中国特色社会主义思想为指导，增强"四个意识"，坚定"四个自信"，做到"两个维护"，弘扬老区精神，铭记苦难辉煌。为实现"两个一百年"奋斗目标，实现中华民族伟大复兴的中国梦作出新的更大的贡献！

遇涛田

2019 年 4 月 11 日

2017 年 6 月，中国老区建设促进会组织全国各地老促会启动编纂《全国革命老区县发展史》丛书，按照"建立中国共产党、成立中华人民共和国、推进改革开放和中国特色社会主义事业"三大里程碑的历史脉络，系统书写革命老区百年历史，深入挖掘革命老区红色文化资源，这对于充实丰富中国革命史籍宝库、在新时代传承红色基因、弘扬革命精神、强固根本，对于激励人们在新的历史条件下夺取中国特色社会主义伟大胜利，实现中华民族伟大复兴的中国梦具有重要意义。

丛书编纂以习近平新时代中国特色社会主义思想为指导，以《中国共产党历史》《中国共产党的九十年》等重要文献为基本依据，以党的领导为核心，以老区人民为主体，以老区发展为主线，体现历史进程特征，突出时代发展特色，坚持辩证唯物主义和历史唯物主义相统一、历史真实性与内容可读性相统一的原则，书写革命老区从站起来、富起来到强起来的光辉革命史、不懈奋斗史、辉煌成就史，把老区人民的伟大贡献、伟大创造、伟大成就、伟大精神充分展示出来，形成一部具有厚重历史特征和鲜明时代特色的精品力作。这是一部培根铸魂、守正创新，既为历史立言，又为时代服务，字里行间流淌着红色血脉、催生着革命激情的传世之作。丛书的编纂出版将成为讴歌党讴歌人民讴歌时代、传播红色文化、为革命老区和老区人民树碑立传的重要载体。

　　丛书按照编年体与纪事本末体相结合、以编年体为主的编写体例确定框架结构；运用时经事纬、点面结合的方式记述史实；坚持人事结合、以事带人的原则处理人与事的关系；采取夹叙夹议、叙论结合以叙为主的方法展开内容。做到了史料与史论、历史与现实、政治与学术统一，文献性、学术性、知识性相兼容。

　　为编纂好《全国革命老区县发展史》丛书，打造红色文化品牌，中国老区建设促进会认真组织积极协调，提出政治立场鲜明、史料真实准确、思想论述深刻、历史维度厚重、时代特色突出、编写体例规范、篇目布局合理、审读把关严格、出版制作精良的编纂出版总要求，力求达到革命史籍精品的精神高度、思想深度、知识广度、语言力度，增强丛书的权威性和社会影响力。各省（区、市）、市（州、盟）、县（市、区、旗）老促会的同志，以强烈的使命感、责任感和紧迫感，勇于担当，积极作为，认真实施，组织由老促会成员、专家学者等参加的十余万人编纂队伍。编纂工作主体责任在县，省、市组织协调、有力指导、审读把关。各方面人员以高度负责的精神和科学严谨的态度，满腔热情地投入工作，为丛书编纂出版作出了重要贡献。丛书编纂工作还得到了党和国家有关部委、地方各级党委政府及有关部门的大力支持和积极参与，社会各界也给予了热情帮助。中共中央政治局原委员、中央军委原副主席、原国务委员兼国防部长迟浩田上将，对老区人民怀有深厚感情，对革命老区建设发展十分关注，欣然为《全国革命老区县发展史》丛书作总序。

　　丛书由总册和1599部分册（每个革命老区县编纂1部分册）组成，共1600册。鉴于丛书所记述的史实内容多、时间跨度长和编纂时间紧，不妥之处，敬请批评指正。

中国老区建设促进会

革命战争时期

1926年11月28日，中共党员李癸泉、李瑞春领导渔民代表200多人成立渔民协会，并到三窝游行示威，迫使法国当局取消船头税。图为南二渔民协会旧址——新川大窝天后宫。后来成为吴川四大抗日瞭望哨所之一

1927年国民党顽固派发动四一二反革命政变。同年5月，广东省农协南路办事处在赤坎鸡岭召开南路地区农民代表会议，后因暴露转到石门召开。会议决定成立南路农民革命委员会，以加强对南路地区武装斗争的统一领导。图为会议旧址——石门埠婆庙（文武庙）

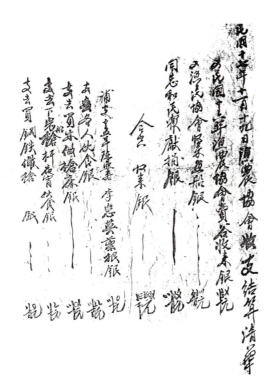

大革命时期中共南二淡水沟支部书记李癸泉手稿之一《渔农协会收支结算清单》（部分）

1940年5月，中共遗风小学支部成立。1945年1月19日，南路人民抗日解放军在泮北村遗风小学成立。上图为成立旧址——泮北村遗风小学

1941年冬，中共大垌容居小学支部成立。左图为成立地旧址——容居小学

右图为1944年11月23日抗日军民缴获的日军中尉小队长中村的军刀和望远镜

泮北村革命烈士纪念碑

1936年农历闰三月三日，坡头群众发起反抗法国殖民者征收苛捐杂税的"三月三"抗法斗争。斗争中，陈士轩、李康保、陈福章、杨真贵和陈真炎等五人英勇牺牲。群众将他们安葬在坡头镇久有岭上。上图为2008年重修的抗法烈士墓

社会主义建设探索发展时期

湛江市坡头区人民医院建于1951年

南三渔民在拉大网作业，1954年南三有大网27堂

1955年，为防风固沙，改变南三岛生态环境，南三人民在南三岛东海岸人工营造了长20千米，宽3千米至5千米的木麻黄防风林带。1962年1月，时任中共中央政治局委员、国务院副总理的贺龙同志到南三来考察防风林带。1977年9月联合国粮农组织由厄伦带领肯尼亚等19国官员、专家组成的考察团来南三岛考察防风林带。图为享誉中外的南三木麻黄防风林带

1957年，坡头区第一所中学——雷东县第二中学在南三岛建成，学校先后更名为"湛江市第七中学""南三中学"。现为湛江市南三第二中学

甘村水库于1958年9月动工兴建，设计库容为1056万立方米，灌溉面积1000公顷，1960年12月竣工投入使用。右图为甘村水库排洪闸

1958年，南三联岛和造林绿化取得巨大成绩，受国务院嘉奖，被评为"农业社会主义建设先进单位"。左图为经周恩来总理签发的国务院奖状

北马围水利工程排洪闸

乾塘三窝渔港

改革开放时期

坡头区农业种植基地一角

网箱养鱼

吊蚝养殖场

养鹅场一角

官渡工业园鸟瞰图

电饭锅生产线的工人
正在生产电饭锅胆

湛江市坡头区第一
中学创办于1985年
秋，为湛江市坡头区
直属公办完全中学。
图为湛江市坡头区第
一中学

坡头区重视发展农村
文化事业，图为官渡
镇山嘴村文化楼

改革开放新时代

横跨湛江海湾东西两岸连接坡头区和湛江经济技术开发区的湛江海湾大桥

湛江海湾东岸的海东新区（远处为霞山区）

坐落在海东新区的湛
江奥体中心

新开通的911路客车车
队的崭新大客车

坡头区非常重视平安
建设，农村建设了完
整的监控网络。图为
工作人员在监控台前
值班

社会主义新农村——伏波村鸟瞰图

实施乡村振兴战略让乡村更美丽，左图为美丽的叶屋村

2013—2016年全国平安建设综合考评，坡头区荣获"全国平安建设先进县（市、区、旗）"光荣称号，右图为中央综治委颁发的奖牌

全国平安建设
先进县(市、区、旗)
2013-2016
中央综治委

微信扫描二维码
您立即开展本书的
延伸阅读。

　　广东省老区建设促进会、广东省老区建设办公室组织编写革命老区发展史，系统记述老区人民对革命的伟大贡献，展示老区在党的领导下所取得的伟大成就，对激励人们弘扬老区精神，不忘初心，牢记使命，与时俱进，奋力实现中国梦，具有重大意义。

　　坡头区是广东省开展革命斗争比较早的地区之一，有革命老区村庄176个，分布在6个镇（街）43个村委会，人口14.16万，占全区总人口的37.3%。其中第二次国内革命战争时期红色根据地村庄10个，人口0.94万；抗日战争时期根据地村庄25个，人口2.78万；解放战争时期游击根据地村庄141个，人口10.44万。乾塘镇、官渡镇和麻斜街道被评为老区镇（街）。

　　坡头人民具有光荣的革命传统。

　　出生于龙头上蒙村的庞雄，早年追随孙中山先生革命，1911年4月27日参加广州起义，英勇就义，是黄花岗七十二烈士之一。

　　1926年3月，广东省农民协会南路办事处主任黄学增派陈信材到吴西南区石门乡，派李子安、彭成贵到南二淡水沟开展建立党组织工作。同年6月，中共吴川县支部在石门成立党小组，杨爵棠任组长；在南二淡水沟成立党小组，李癸泉任组长。党小组成立后，积极发展党员，同年12月成立了中共石门支部，杨爵棠任书记；成立了中共南二淡水沟支部，李癸泉任书记。1926

年 11 月，党组织在大窝婆庙成立渔民协会，李癸泉任会长，会员 200 多人。协会组织渔民起来反抗法国公局征收船头税。为配合渔民协会的斗争，党组织同时成立淡水沟农民自卫队，队员 40 多人。渔民协会和农民自卫队的成立和相互配合，使淡水沟成了党组织水陆交通联络网的坚强枢纽。从此，吴川、广州湾的南二、南三、坡头等地的革命力量连成一片，为党在南路开展对敌斗争提供了有利条件。在抗日战争、解放战争时期，坡头区共有 140 人为革命牺牲，在中国革命史上写下了光辉的一页。

建国后，党和政府十分关心革命老区的建设，从各个方面给予支持和照顾，使老区人民的生活不断得到改善。特别是改革开放以来，坡头区老区人民在党的领导下，发扬革命传统，自力更生，艰苦创业，使社会经济得到长足的发展。坡头区还于 2004 年成立了老区发展促进会，促进会为老区的发展做了大量卓有成效的工作，给老区的发展注入了动力，推动了老区的建设发展。坡头区充分发挥自然优势，大力发展特色农业，利用丰富的海洋资源发展海水养殖业，促进农业经济快速发展。20 世纪 80 年代，坡头区成立后，政府大力发展乡镇企业，推动工业经济发展，成绩显著，成了湛江市乡镇企业的一面旗帜。到了 21 世纪初，坡头区又开发了官渡工业园，打造了功能设施较为完备的工业发展平台，引进了一大批民营企业，产生了良好的经济和社会效益。2016 年，海东新区成立，坡头区又迎来了新的发展机遇。

多年来，政府一直重视社会民生工作，解决了老区村庄群众在饮水、交通、上学、照明和看病等方面的困难，群众生活条件明显改善，生活水平不断提高，不少村庄步入了文明村的行列，至 2017 年，全区文明村庄共有 331 条。2017 年全区老区工农业总产值 101.3 亿元，城乡居民人均可支配收入 20244 元，城镇居民人均可支配收入 28762 元，农村居民人均可支配收入 14667 元。进入新时代，老区人民正以新的姿态，向生活的更高层次迈进。

为了全面发掘我区革命老区的发展历史，根据省的统一要求，我区组织人力编写《湛江市坡头区革命老区发展史》。

本书记述的历史时间跨度长，史料比较丰富翔实，还收录了不少较为珍贵的文献资料，是一册具有较重要历史价值的书。

《湛江市坡头区革命老区发展史》的出版，丰富了坡头区的历史文化，对于弘扬老区人民的革命斗争精神，凝心聚力谋发展，推动坡头区开创现代化建设新局面，具有重要的意义。

1

第一章

区域和革命老区发展概况

基本情况

一、建置沿革

秦始皇三十三年（公元前214），坡头境域属象郡。汉高祖元年（公元前206）属南越国。汉武帝元鼎六年（公元前111）属合浦郡高凉县。东汉建安二十五年（220）属高凉郡。三国·吴黄武五年（226）属广州高凉郡。南北朝宋明帝泰始七年（471）属高凉郡平定县。隋文帝开皇九年（589）起，历唐、宋、元、明至清光绪二十五年（1899）十月均属吴川县。清光绪二十五年十月十四日（1899年11月16日），法国胁迫清政府签订《广州湾租借条约》，将今坡头、南三、乾塘等3个镇及麻斜、南调等2个街道辖地划入广州湾租界范围；今龙头镇和官渡镇仍属吴川县。

民国初年，龙头、官渡（石门）分别为吴川县第四区和第九区。

民国二十六年（1937），全省施行自治两级制，县为一级，乡镇又为一级。吴川县第四区（龙头）、第九区（官渡）分别为吴川县龙头乡、石门乡。

民国三十二年二月，日本侵占广州湾，三月成立"广州湾自治区"。民国三十四年八月，日本投降后，国民政府收复广州湾，民国三十五年设立湛江市。今坡头、南三、乾塘、麻斜、南调等5个镇（街）属湛江市。

1949年12月，湛江市解放，龙头、官渡属吴川县第二区；坡头（包括乾塘、麻斜、南调）与南三合称滨海区，属湛江市。

1951年11月，滨海区划入吴川县（南三的调东、北涯、特呈和麻斜仍属湛江市）。1952年4月，吴川县撤销滨海区，将其分为两个区，坡头称第六区，南三称第七区。1952年9月，吴川县第二区改称第七区，第六区改称第八区，原第七区（南三）改称第九区。1952年底，湛江市设置雷东县。1953年12月，吴川县第九区（即南三）划入雷东县管辖，调东也划入雷东县。1956年11月，以区所在地命名，第八区改称坡头区，第七区改称龙头区。

1958年9月，湛江市撤销雷东县，南三（包括调东）改属湛江市郊区。12月，吴川县实现公社化，并撤销区名称，龙头命名为超英公社，坡头命名为红旗公社。同年10月，坡头（包括乾塘、南调）、龙头（包括官渡）从吴川县划入湛江市郊区。1963年成立乾塘人民公社（从坡头人民公社析出）。

1970年8月，郊区被撤销，南三、坡头、乾塘和龙头公社归市革委会直辖。1973年1月，中共广东省委批准恢复郊区，南三、坡头、乾塘和龙头等4个公社重归郊区管辖。

1979年3月，官渡人民公社从龙头人民公社析出建置。

1983年6月，人民公社改称区（区公所）。

1983年9月，湛江地区实行地市合并、市领导县的体制。

1984年6月，坡头、龙头、官渡、南三、乾塘等5个区（区公所）和海头农业区的麻斜、麻新等两个乡从郊区析出，以及麻斜街道办事处、炮台农副业大队从霞山区划出，建置湛江市辖坡头区（县级）。

至2018年，坡头区为市辖区建制不变。

二、区情概况

1984年6月，经广东省人民政府批准，坡头区从湛江市郊区析出，作为县级建制的市辖区成立了。坡头区位于湛江市区的东北部，东接吴川市，西与霞山区、赤坎区和遂溪县隔海相望，南临南海，北连廉江市。陆地面积562平方千米，总人口38万，下辖7个镇（街道）62个村委会。坡头区三面临海，港湾多，海岸线长192千米，海滩涂和水域面积10000多公顷，海洋资源十分丰富，海水养殖条件得天独厚，鱼、虾、蚝、蟹、珍珠、贻贝等养殖业蓬勃发展。坡头区拥抱湛江海湾，自然条件优越，旅游资源丰富，南三岛是全国十大美丽海岛之一，"南三听涛"是湛江八景之一；乾塘万亩莲藕基地驰名远近；龙王湾、石门湾风光如画，官渡笔架岭是天然氧吧；正在如火如荼建设中的海东新区，给湛江"一湾两岸"的城市格局描绘着更加美丽动人的图景。坐落在海东新区的湛江奥体中心，在承办广东省第十四届运动会后，已成为中国海洋博览会永久举办地。昔日为革命做出重大贡献的地处偏僻的革命老区村庄，省道、国道和高速公路已贯通其中，正在建设中的湛江国际机场就在村旁；昔日面朝大海的革命秘密交通枢纽南三岛，如今已是改革开放新时代的建设热土，是滨海旅游示范区。

历史上，坡头区曾属吴川县管辖，遭受过法国的殖民统治和日本帝国主义的侵略奴役。1899年11月16日，法国胁迫清政府签订《广州湾租借条约》，将今坡头、南三、乾塘3个镇及麻斜、南调两个街道办事处的辖地划入广州湾租借范围。1943年3月，日本侵略军侵占广州湾。1945年8月15日日本投降后，8月18日，中、法两国签署《交收广州湾租借地专约》，国民政府收复广州湾，设为湛江市，将吴川县被划入法租界的辖地列入湛江市管辖。1949年以后，龙头（包括官渡）属吴川县；坡头（包括乾塘、麻斜、南调）与南三合并，称滨海区，属湛江市，1951年划归吴川县。1952年4月撤销滨海区，辖地划归吴川县，分为坡头区、南三区，坡头区为吴川县第八区，南三区为吴川县第九区。南三的调东、北涯两乡仍属湛江市；1953年12月12日南三（包括调东、北涯两乡）改属雷东县。1958年9月撤销雷东县，南三改属湛江市郊区。10月，坡头（包括乾塘、南调）、龙头（包括官渡）从吴川县划归湛江市郊区。1963年1月乾塘从坡头析出建置。1978年10月官渡从龙头析出建置。1985年5月麻斜街道办事处从郊区海头公社析出划归坡头区，同年8月南调街道办事处从坡头区（镇级）析出建置。

2012年11月6日，湛江市南三滨海旅游示范区管理委员会成立，南三镇从坡头区析出，由管委会管理。

2014年4月4日广东省机构编制委员会办公室批准设立湛江海东新区管理委员会。6月6日，中共湛江海东新区工作委员会、湛江海东新区管理委员会正式挂牌成立。6月27日，湛江市机构编制委员会批准海东新区"三定"方案，同意设立中共湛江海东新区工作委员会、湛江海东新区管理委员会，分别为中共湛江市委、湛江市人民政府派出机构，与坡头区合署办公，正处级。按照规划，海东新区行政区域：位于湛江市区东北部，北起325国道，南至南调河，西起赤坎滨湖，东至省道286线往东2公里，总规划面积约228平方千米（其中陆地面积约180平方千米，海域面积48平方千米），包括坡头区麻斜街道、官渡镇、龙头镇、坡头镇部分，赤坎区调顺街道，吴川市黄坡镇及遂溪县黄略镇部分。战略定位：粤西中心城市新兴载体、南亚热带生态海湾新城、大西南出海主通道门户枢纽、国家海洋战略重大平台、拓展国际合作重要门户。建设步骤：建设分三期，首期（2013—2016），完善交通网络等基础设施建设，到2017年，22.8平方千米起步区形成雏形；中期（2017—2020），全面建设阶段，服务功能配套进一步完善，到2020年，49.8平方千米核心区基本具备，产城联动发展的态势基本形成，海湾新城初具规模；远期（2021—2030），全面发展阶段，到2030年，147平方千米的人居、创业俱佳的生态海湾新城基本建成。

三、资源优势

坡头区（含南三）海洋资源、矿产资源、地下水资源、风力资源、旅游资源丰富。

全区10米等深线内，海面积2800公顷，浅海滩涂面积2487公顷。海洋鱼类17目73类131属170种。主要经济鱼类有马鲛、马鲅、带鱼、石斑、鲳鱼、鳗鱼、大黄鱼等32种，经济价值较高的甲壳类有对虾、蟹等6属16种；软体动物双壳类166种；前腮类有鱿鱼、章鱼、乌贼等40类69属128种；还有海参、海蜇、沙虫、海马等特产。南三岛海域有中华白海豚，有面积2185公顷鲎自然保护区，是湛江市两个鲎保护区之一。

金属类矿产有钛铁、独居石、磷钇、锆英石等；非金属矿产有高岭土、瓷土、砖瓦土、玻璃砂、石英砂、花岗岩石料，高岭土及瓷土矿储量1984万吨，在湛江市各县（市、区）中占突出地位，玻璃砂、石英砂矿连片面积180公顷，储量670万吨以上。

全区海岸线192千米，占湛江市海岸线（1555.7千米）的12.3%；海岸线系数（海岸线长度与国土面积之比）0.38（湛江市0.12）。

湛江市区有八大地下水源地，坡头区占两个。可供开采水资源49.24万立方米/日，占全市21.24%；可开采水资源储量在八大水源地中排第二。

南三岛海岸线曲折，长度占湛江市海岸线长度的5.3%。该岛有独特的地形地貌和南亚热带海洋性季风气候特点，据湛江市气象台多年统计资料显示，该岛年平均风速7.8米/秒；3米/秒至25米/秒有效风速发电时间达7482小时/年，年有效风速频率为85.4%；有效风能密度为490瓦/平方米。全岛可开发装机容量15万千瓦至30万千瓦。参照世界风能等级标准，南三岛风能等级为四级，是全国风力发电资源最丰富的地区之一。2015年，华能湛江风力发电公司南三海丰风电项目投入商业运营，并建设风电观光塔。2016年，南三风电项目建成投产，全年发电6700万千瓦时，产值6426万元。

革命老区情况

　　坡头区是广东省开展革命斗争比较早的地区之一，全区7个镇（街）中，有官渡镇、乾塘镇和麻斜街共3个革命老区镇（街），有革命老区村庄176个，分布在6个镇（街）43个村委会，人口14.16万，占全区总人口37.3%，其中第二次国内大革命时期红色根据地村庄10个，人口0.94万；抗日战争时期根据地村庄25个，人口2.78万；解放战争时期游击根据地村庄141个，人口10.44万。坡头区具有光荣的革命斗争历史。出生于坡头区龙头镇上蒙村的庞雄，早年追随孙中山先生革命，1911年4月27日参加广州起义，英勇就义，是黄花岗七十二烈士之一。

　　大革命时期，坡头区人民在中国共产党的领导下，开展轰轰烈烈的农民运动。1926年3月，广东省农民协会南路办事处主任黄学增派李子安、彭成贵到南二淡水沟开展党建工作，同年6月，中共吴川县支部在广州湾南二淡水沟村成立党小组，组长李癸泉，副组长李瑞春。党小组成立后，积极发展党员。同年12月成立中共南二淡水沟支部，书记李癸泉。1926年11月，党组织渔民在大窝婆庙成立渔民协会，会长为李癸泉，副会长为李瑞春、陈庆桃，协会会员有200多人，渔民协会领导渔民反抗法国公局征收"渔民人头税""船头税"。为配合渔民协会的斗争，党组织还组织成立了南二淡水沟农民自卫队，队长李荣泰，副队长李瑞春，队员有40多人。渔民协会和农民自卫队相互配合，开展革命斗争，淡水沟成了革命根据地。随后，随着斗争的需要，党组织陆续在吴川、南二、南三、坡头等地建立渡海队、交通联络站，形成水陆交通联络网，把根据地连成一片，为广东南路开展对敌斗争提供了非常有利的条件。1936年4月23日，发动了近3万民众到坡头圩法公局示威游行，史称"坡头三月三抗法斗争"，并取得胜利。

抗日战争时期，坡头区人民在中国共产党的领导下，坚持开展统战工作和独立自主的抗日武装斗争。1945年1月抗日爱国将领张炎、詹式邦（官渡高岭人）接受共产党的领导，率领部队在官渡高岭村马路尾广场誓师起义，成立高雷人民抗日军。前后仅相隔几天，中共南路领导人周楠等在官渡泮北遗风小学召开会议，成立南路人民抗日解放军。坡头子弟踊跃参加抗日武装，开赴抗日前线。敌后根据地的人民，在坚持与日、伪斗争的同时，组织抗法自救会，继续坚持反法斗争。

解放战争期间，坡头区人民在中国共产党的领导下，组建人民武装，恢复革命老区，开辟新区，与蒋介石集团进行针锋相对的斗争，为解放战争捐钱、捐物、送粮，掩护革命同志。

在革命战争年代，全区共有140人为革命事业献出了宝贵的生命。坡头区人民在中国革命斗争的各个时期，为中国革命的胜利和人民的解放，做出了很大的牺牲和贡献。

建国后，20世纪50、60年代，坡头老区人民在党和政府的领导下，发扬光荣的革命传统，用自己的双手，改善老区的生产生活条件，努力建设自己的家园，大规模修筑海堤，先后将南三10个分散的小岛连成一个大岛，围海造田，向海要粮，同时保护耕地和村庄不受台风海潮侵袭。植树造林，防风固沙。全区大力兴修水利，先后建起了几百座山塘、一座中型水库——甘村水库。大力进行交通基础设施建设，国道325线和省道黄海线由东往西分北线和南线两个方向横贯全区。麻坡公路、坡乾公路、南三贯岛公路和南三沿海公路等相继建成通车。文化、教育、卫生各项事业不断发展，老区人民的生活得到不断改善。

改革开放后，党和政府更加关心、支持革命老区的建设和发展，给予老区很多优惠政策。坡头老区村庄人民和全区人民一道，自力更生，艰苦创业，利用资源优势，大力发展工农业生产。坡头、龙头和革命老区镇官渡等建起了近百个乡镇企业，又在官渡镇建设了工业园，发展工业生产；南调街利用主城区优势，发展商业；南三等镇建设万亩虾塘，发展海水养殖业，当时麻西的对虾养殖，曾闻名全省；革命老区镇乾塘镇，广种莲藕，增加收入。万亩荷花绽放，是乾塘镇的一大景观，吸引大批游人。镇利用荷花资源，办起了"荷花旅游文化节"，发展老区的农业和旅游经济。老区经济不断发展，2017年，全区工农业总产值274亿万元，其中工业总产值247万元，农业总产值27万元。

党的十八大以来，坡头区各项事业大发展，老区人民的衣食住行水平更有质的提高。原来交通最不便的革命老区村庄，现已村村通公路。广湛高速公路、云湛高速公路和广湛高铁纵横坡头境内，并设立了官渡、坡头出口。城区的南调路扩建已完成。海东快线从官渡起连接国道325线直通南三。南三、麻斜开通了至霞山的汽车轮渡，并分别建起了连接湛江东西两岸的湛江海湾大桥和麻斜连接南三岛的南三大桥，南三岛从此告别了没有陆路连接大陆的历史。各村委会都开通了汽车客运。交通大发展，不仅解决了村民出行的问题，还推动了经济和社会各项事业的发展。全区告别了茅草房，群众住上了钢筋混凝土的楼房。该区还结合社会主义新农村建设，创建生态文明村，改善了居住环境。截至2017年，全区建成生态文明村227个，其中革命老区村庄39个。绝大多数村庄群众用上了干净的自来水，基本解决了人畜饮水难问题。老区学校也进行了改造，解决了学生入学难问题。村村通了电，解决了群众的用电照明问题，很多农户还装上了空调机。村民人人参加新型农村合作医疗，解决了看病难的问题。全区人民的生活水平一年比一年提高。近年，大力开展扶贫工作。省市区镇各级党委和政府，以及坡头区老区建设促进会对全区5条贫困村，4286户贫困户，10603个贫困人口，省市区镇各级党委和政府，以及坡头区老区建设促进会重视有加，全力扶持。通过做好帮扶工作，于2020年全面脱贫，和全区人民一起奔向小康。

第三节 经济社会发展情况

1984年坡头区成立时，财政收支尚未独立核算。1985年，地方财政一般预算收入225万元，全区生产总值7611万元，人均生产总值331元，第三产业比重12.14%。

2004年，地方财政一般预算收入4315万元，全区生产总值14259万元，人均生产总值3704元，第三产业比重33.7%。

2014年，区属生产总值81.5亿元，比1984年增加106倍；地方财政一般预算收入5.06亿元，比1984年增加252倍；人均生产总值23699元，比1984年增加71倍。第三产业比重44.4%，城乡居民可支配收入16195元，城镇居民可支配收入23846元，农村居民可支配收入12324元。

2017年，全区生产总值260.9亿元，地方财政一般预算收入4.73亿元，人均生产总值74551元，第三产业比重25.0%，城乡居民可支配收入20244元，城镇居民可支配收入28762元，农村居民可支配收入14667元。

农业持续发展。历史上坡头区是雷州半岛的不毛之地，农业生产深受旱、涝、风、潮之患，耕作粗放，生产落后。1949年，水稻平均亩产76千克。改革开放后，农村实行家庭联产承包责任制，加快了农业发展。在"两水一牧"和"三高"农业决策的推动下，2004年，坡头区沿海滩涂及海水养殖鱼、贝专业户达1200户，网箱7600个。是年，全区农业总产值80320万元，比1984年的5599万元增长13.35倍。2014年起，坡头区建设农业八大基地，创建农民专业合作社和家庭示范农场。完成标准农田建设3984.73公顷。在农业基地和农业龙头企业的引领下，全区农业长足发展。2014年，全区农业生产总产值23.9亿元。2017年，全区农业总产值27.4亿元。

工业后发崛起。新中国成立初期，辖区内只有一些手工业。1958年，辖区各人民公社办了一批社队企业。坡头区成立初期，全区全民所有制工业企业1家，集体所有制工业企业34家。1986年，大力发展乡镇企业，后又建设官渡工业园。2004年，全区工业企业389家，其中规模以上工业企业31家。全年工业总产值11.98亿元，其中规模以上工业企业产值8.49亿元。2014年，全区规模以上工业企业52家，工业总产值309.6亿元，规模以上工业企业产值63亿元。2015年5月，省批准官渡工业园（坡头区科技产业园）为湛江产业转移工业园辐射带动产业聚集发展地，享受省产业转移政策，获省产业聚集发展启动资金5000万元，专项用于园区基础设施建设。2017年，全区工业总产值247.3亿元，坡头区科技产业园入驻企业83家，其中建成投产65家，规模以上企业27家，园区工业总产值42.28亿元，固定资产投资10.73亿元。

商业繁荣兴旺。改革开放后，实行多种经济成分共同发展。国有商业、集体商业、个体商业一齐驱动，城乡商品市场趋旺，百货超市日益增多，批发零售业活跃，物价稳定，市场购销两旺。2004年，社会消费品零售总额5.8亿元。2014年，社会消费品零售总额29.3亿元。2017年，社会消费品零售总额42.4亿元。

基础教育快速发展。1949年，全区初级和高级小学28所，教师106人，在校学生3440人。1957年，雷东县第二中学（即今"南三二中"）和由香港同胞许爱周捐建的坡头中学（今"湛江市爱周中学"）正式招生开办。1984年底，全区小学99所，初级中学9所，普通高中（含南油）4所，职业高中1所，在校学生42443人。2004年，全区小学125所，初级中学14所，高级中学2所，完全中学2所，职业高中2所，在校学生96773人，中小学教职工3413人，适龄儿童入学率99.97%，初中入学率100%。2014年，全区中小学29所（不含教学点），幼儿园36所，在校中小学生37402人，在职在岗教师4265人。2017年，幼儿园教职工693人。是年，坡头区省级骨干校长4人，市级名校长培养对象8人，市级名教师培养对象36人，骨干班主任培养对象30人。2013年坡头区被评为"广东省教育强区"，2014年，被认定为"全国义务教育发展基本均衡区"。

科学技术成果显著。文化事业长足发展，医疗卫生水平逐年提高，群众体育广泛开展，竞技体育水平不断提升。获"全国白内障无障碍区""广东省依靠科技进步促进经济发展优秀县（市、区）""广东省农村人人享有初级卫生保健基本达标区""广东省体育先进区"等称号。

坡头区2015年，被农业部认定为"全国农村'三资'（资金、资产、资源）管理示范县（区）"；2017年，扶贫工作成效考核排名全市第一。同年，净化平安细胞创建全面铺开，建立"中心+网格化+信息化"工作体系。平安建设暨综治工作考核获湛江市第一名。是年，广东省政法委委托第三方测评，坡头区群众安全感排名湛江市第二；湛江市公安局委托第三方测评，坡头区群众安全感全市排名第一，被中央综治委评为"全国平安建设先进县（市、区、旗）"。

第二章

大革命与土地革命战争时期至解放战争时期坡头人民的革命斗争

　　1926年至1949年，坡头人民在中国共产党的领导下，在大革命与土地革命战争时期，开展轰轰烈烈的农民运动；在抗日战争时期，坚持独立自主的武装斗争，团结抗日，同时，还组织抗法自救会，继续坚持反法斗争；解放战争时期与国民党顽固派进行针锋相对的斗争。坡头人民在革命斗争的各个时期，为中国革命和人民的解放，进行不屈不挠的斗争，做出了很大的牺牲和贡献，谱写了光辉的革命斗争历史篇章。

第一节　大革命与土地革命战争时期

一、革命薪火在坡头的传播

1911年10月10日，孙中山先生领导的辛亥革命爆发，并迅速取得成功，推翻了清王朝，建立了中华民国。在此之前的1907年，孙中山委派其胞兄孙眉（孙寿屏，化名"黄镇东"）到法租界广州湾，成立同盟会广州湾支部，并自任支部长，联络高雷地区的革命志士，建立和发展同盟会组织，为下一步武装起义做准备。龙头上蒙村的庞雄参加了同盟会，回到家乡宣传革命道理，为推翻清政府操心尽力。1911年4月27日，革命党人在广州举行起义，庞雄参加先锋队攻打两广总督署，弹尽无援被捕，英勇就义。1911年10月，武昌起义成功后，活动在高雷各县和法租界广州湾、坡头等地的革命党人，发动和组织农军、民团等武装举行起义，配合和策应革命党光复广东的部署和行动。这些革命党人在广州湾、坡头地区的活动，在民众中播下了民主和自由的种子。辛亥革命后，国家陷入了四分五裂的军阀割据和军阀混战的局面。自从法帝国主义强租广州湾之后，南路地区相继被龙济光、陆荣廷、邓本殷等大小军阀割据。人民长期饱受军阀混战的煎熬和土匪的抢掠烧杀，社会兵匪横行，人民穷困潦倒。加上帝国主义和封建主义的重重压迫和剥削，更是哀鸿遍野，民不聊生。为救国救民，中国先进的知识分子不断进行苦苦的探索。

1917年，列宁领导的十月革命，犹如一声春雷，给中国人民送来了马列主义。1919年5月4日，北京大学等23所北京的大中专学校学生，聚集在天安门前，强烈要求国民政府拒绝在丧权辱国的《巴黎和约》上签字，要求惩办卖国贼。北京学生的爱国行动，迅速得到全国各地学生和社会舆论的支持，广东各界群众纷纷发出通电，声援北京学生的爱国行动。上述这些重大的政治事件，对雷州半岛、吴（川）廉（江）地区民众思想的觉醒起了极大的推动作用。由于法租界相对宽松和开放的环境条件，《青年杂志》《新青年》《少年中国》《每周评论》等宣传新思想、新文化的刊物在广州湾街头都可以买到，并由广州湾传入高雷各县，人们开始接受新思想、新文化的启蒙。同时在五四反帝爱国精神的激励下，高雷人民发起了一次声势浩大的要求收回广州湾的斗争，促使北京政府在1921年的华盛顿会议上提出关于收回广州湾租借地的问题。但由于法国政府的拖延，广州湾回归的愿望最终未能实现。

二、中共石门、南二淡水沟党小组的建立和发展

1924年1月，在中国共产党的帮助下，中国国民党第一次全国代表大会在广州召开。会议完成了国民党改组，确认了中国共产党党员、社会主义青年团员以个人身份参加国民党内工作的原则，从而宣告了第一次国共合作的正式形成，和以国共合作为中心的反帝反封建的革命统一战线的正式建立。在国共两党的共同努力下，广州迅速成为中国第一次国民革命的中心。农民运动讲习所的开办、黄埔军校的创建及其他革命团体的相继成立，吸引着全国革命力量纷纷汇集广州。高雷地区的进步青年也陆续赶赴广州，投身革命。1924年7月3日至8月20日，黄学增参加了第一届农民运动讲习所的学习，并在毕业后被任命为中国国民党中央农民部农民运动特派员。1926年2月，黄学增以中共南路特派

员、广东省农民协会南路办事处主任、国民党南路特别委员会负责人的身份，抵达梅菉市①。黄学增在开展筹建改组南路地区国民党基层组织，开展工人、农民青年、学生运动的同时，注意在吴川、梅菉物色和培养建党对象，发展中共的基层组织。在此前的1925年12月，黄学增返回南路考察农民状况和社会政治经济情况，首先在吴川吸收陈信材（陈柱）入党，随后又吸收易经、李士芬等人加入中共党组织。

陈信材祖籍石门乡（今坡头区官渡镇）泮北村，是国民革命军第三军第一师三团的连长，代理营长。在驻防广宁时，陈信材主动支持农运、农军，常到省农运机关联系，与农运领导人阮啸仙、杨匏安、罗绮国认识，受到他们的教育影响，同时也受到当时在广宁领导农民运动的黄学增的教育，思想觉悟大为提高。陈信材在1925年11月回老家石门奔父丧并加入中共组织后，根据省农民协会负责人杨匏安的提议和黄学增的布置，向第三军提出辞职，留在吴川、梅菉从事革命运动。他在家乡培养发展党员，建立了中共石门小组。小组由杨焯堂负责，成员3人，这是坡头地区第一个中国共产党的组织。1926年3月，中共吴川县支部在县城黄坡成立，陈信材任支部书记，支部下辖振文、黄坡、吴阳、塘㙍、石门5个党小组。中共吴川县支部成立后，继续在全县发展党的组织。1926年4月，中共黄坡党组织负责人李子安、振文党组织负责人彭成贵到南二淡水沟开展党建工作。4月11日，黄学增、陈信材从梅菉乘船往广州湾赤坎，因遇台风滞留于南二上淡水沟太平村。李子安安排他们到李癸泉家住宿。滞留淡水沟的几天中，

①　1913—1926年为独立市，设梅菉市公安局，直属广东省警察厅。1926—1929年改为梅菉市政筹备处。1929—1931年为梅菉市政局。1932—1947年改为梅菉市管理局，为省政府直辖。1947年设梅茂县，县治梅菉。1952年设吴梅县。1953年复吴川县名，县治仍在梅菉。

黄学增等人在淡水沟、沙城、青山、沙环、烟楼、坡塘等附近村庄宣传革命道理，并进行民情考察。黄学增认为当地群众受法帝国主义和封建渔主（把头）的双重压迫，生活极为贫困，改变现状的要求强烈，革命热情高，且这里地处孤岛，是内地到广州湾的水路交通要道，因此，黄学增决定在淡水沟设立秘密联络站，吸收李癸泉、李荣泰、李瑞春参加革命工作。从此，李癸泉等人积极宣传革命道理，布置渔民小学校长梁辑伍、教员谢玉祥组织学生宣传马列主义，发动群众起来闹革命，并做好交通工作。4月25日，李子安、李癸泉、李荣泰、李瑞春等人到梅菉汇报工作开展情况，经李子安介绍，黄学增、陈信材吸收李癸泉、李荣泰、李瑞春、李荣泰加入中国共产党，并成立中共南二淡水沟党小组，组长李癸泉，副组长李瑞春。6月，又吸收了钟炳南等9人参加党组织。从此，坡头地区人民在中国共产党的领导下，积极投身到国民革命中去，掀起了轰轰烈烈的大革命运动。在广泛开展农民运动中，大批农民骨干在斗争中经受锻炼和考验，很快成为先进的共产主义战士，被吸收加入中国共产党组织。1926年12月，中共南二淡水沟、石门党支部成立，支部书记分别是李癸泉和杨焯堂。南二淡水沟党支部有党员20多人，石门党支部党员近10人。在党支部的直接领导和党员的带动下，两地的农民运动发展迅猛。

三、农会、兄弟会等革命组织的建立和反"三捐"斗争

自国民党进行改组后，共产党员参与到国民党内部的工作，以双重身份投入到国民革命中，依托国共合作的形式，推动工农运动蓬勃发展。1925年5月，广东农民协会成立之后，中共广东区委加强了对全省农民运动的领导。1926年2月，黄学增以广东省农民协会南路办事处主任的身份，率办事处成员韩盈、苏其礼抵达梅菉，开始领导南路农民运动。广东省农民协会南路办事处

与国民党南路特别委员会联合办公，实际上是同一套人马，其工作人员基本上是共产党员和共青团员（大部分兼有国民党党员身份），并且都是由中共南路特派员黄学增领导，因而实际上是一个国共合作的组织。依托这一组织，中国共产党领导南路人民迅速掀起了农民运动高潮。

1926年3月7日，广东省农民协会南路办事处在梅菉正式挂牌成立。办事处成立后，随即要求各县农民协会筹备处、农民运动特派员及区、乡农会筹备员等，抓紧各级农民协会的组建工作，并派出一批农民运动特派员奔赴各县，与当地共产党员、共青团员以及国民党党部职员密切配合，深入乡村调查研究，从农民群众的切身利益出发，发动农民组建农会。1926年3月，黄学增委派中共吴川县支部书记陈信材为吴川县农民协会筹备处主任，与陈克醒等人组建县农协筹备处。同时，薛经辉、易经也由国民党南路特别委员会委派，与陈信材、陈克醒等人一道开展工作。陈信材、李子安、彭成贵等人到烟楼村，李癸泉、李荣泰、李瑞春等3人到淡水沟、沙城、南二坡头等地一带村庄，张胜等人到南三岛，分头向群众宣传革命道理，发动群众组织兄弟会，结合当地实际，进行各种各样的政治、经济斗争。不久，陈跃龙、陈梓材、陈鸣周、陈文华、陈文祥、吴雨佳、吴亚乐、陈超源等人在南寨村广福堂成立同善会，到会的30多人结拜为兄弟。李癸泉、李荣泰、李瑞春等人发动冯福元、冯胜元、梁辑伍等32人在淡水沟村成立革命兄弟会，与会者推选李癸泉为会长，李瑞春为副会长。兄弟会每人每月交银元2元作为活动经费。

1926年夏，吴川县农民协会筹备处派中共党员陈克醒到吴川县西南区，先后成立了龙头区和石门区农民协会。在区农民协会的领导下，泮北、三角、新村、大垌等乡村也相继成立农会。这些区乡农会成立后，组织农民学武术，开展健身运动，号召群众戒除吸鸦片、赌博等陋习。石门乡农会还组建13人的农民自卫军预备队，积极配合吴川工人纠察队，在石门、企坎渡口设立关卡，查缉洋货，防止粮食等物资转运往香港，支援省港大罢工。

当时，吴川人民受20余种苛捐杂税的盘剥，其中地租和高利贷的剥削最为残酷。地主的地租一般占农民收成的50%以上，甚至稻草也要平分。农民基本上是放下禾镰（镰刀）无米煮。高利贷一般三分息，有的高达六七分息，一时无法偿还则利滚利，最后变得根本无法清还，不少人因此卖儿鬻女，处境十分悲惨。振文镇盛产蒜头，农民多有种蒜卖的习惯。1926年初，绰号"王瓜"的振文土豪劣绅头子，以办学为名，巧立"三捐"名目，擅增捐税，中饱私囊。一是增加蒜头捐（向买蒜头的商人加征5%的税），二是串捐（即卖蒜头的农民每卖得1000钱要交10文钱），三是壳捐（即农民烧珊瑚、贝壳做肥料用也要额外交税）。农民对"三捐"极力反对，对土豪劣绅更是恨之入骨。吴川县党支部成立后，即决定以振文作为农运重点，立即发动和组织农民开展反"三捐"斗争。县党支部认为，这样既解除农民被压迫之苦，又可通过这场斗争提高农民的思想觉悟，并以此来培养和锻炼农协骨干，促进和带动全县农运开展。广东农民协会南路办事处对此积极支持，黄学增亲自指挥这场斗争。中共党员杨枝水、彭中英、朱也赤等参与这项工作。他们一方面做好吴川和梅菉有关部门和驻军领导以及上层人士的工作；另一方面带领县支部成员深入发动农民骨干，进行层层串联，很快便将农民群众发动起来。南二淡水沟党小组成员带领南三的同善会和南二的兄弟会成员，积极参加了这场斗争。石门、龙头两区的农民协会，也积极配合振文区农民的抗"三捐"斗争，组织了吴西南区农民的抗捐斗争。1926年3月15日，一场声势浩大的振文农民反"三捐"斗争开始了。县党支部组织振文区农协会员500多人，由李士芬率领，在关帝庙集中后举行游行进行声援。游行队伍绕振文圩一周后，开赴梅菉，沿途自愿参加者达2000多人。浩浩荡荡的农民队伍到梅菉市省农协南路办事处、国民党南路特别委员会以及驻防梅菉市的第一师政治部等单位请愿，强烈要求取消"三捐"。在获得上述三单位的支持后，县党支部领导接着又组织数百名农民前往黄坡，向吴川县政府请愿。吴川县县长在群众的压力下，被迫答应农民的要求，取消"蒜头捐"，但仍坚持收串、壳捐。尤其是当农民游行请愿过后，县署倚仗土豪劣绅势力，对取消"三捐"之事又搁置不理。对此，县农协筹备处组织农民代表向省农协上告，在省农协的大力支持下，省政府下令取消"三捐"。至此，这场斗争取得了完全胜利。反"三捐"斗争的胜利，不但震动了整个吴川，而且大大推动了南路农民运动的发展，振文数千农民举行集会，欢庆这一重大胜利，又信心百倍地继续进行斗争。一时间县内各区的农民争先恐后地要求加入农协。1926年夏，吴川县农民协会在县城黄坡正式成立，会员达两三万人之多。1926年8月，上下淡水沟、沙城、乾塘、垌田启、梁圩、青山西、烟楼、东村、坡塘、大屋头、西园、大仁堂、西滘等村庄组织农民代表150多人，在上淡水沟村成立农民协会，推选梁辑伍为会长，关亚权为文书，庞瑞球、陈庆芳、李子光、钟炳南为委员。庞六奶为妇女委员，卢裕生为农会宣传委员，领导农民开展革命活动。随后南二坡塘、大仁堂、烟楼、青山、西园、广文和南三田头、北头寮等村也相继成立农会。这些村庄农会成立后，农会会员每亩田捐谷10斤，作革命经费用。

四、农民自卫军的建立和统战工作

1926年秋，为了贯彻广东省第二次农民代表大会的决议，由黄学增主持，有15个县代表参加的南路农民代表会议在高州召开。会议决定继续组织农民开展减租减息、反苛捐等斗争。1926年底，中共吴川县特别支部成立，特支书记陈信材认真总结农民运动开展情况，他认为，农民运动要继续顺利开展，必须建立起农民自己的武装——农民自卫军。经研究，特支作出决定：从1926年冬起，全县组织农民自卫军。一种是常备军，全县约40人，并具体规定每人每月发给稻谷四斗，有事出勤，平时担任轮值，无事在家生产；另一种是预备队，平时在家生产，一旦有农民与民团或反动武装发生冲突的情况出现，就立即出发作战。农民群众有的参加了农民自卫军的常备军，有的参加了预备队。他们都积极参加农运和对敌斗争。农民自卫军的建立，进一步推动农民运动走向高潮。

中共吴川特支成立后，十分重视统一战线工作。特支对全县的一些上层人物积极进行教育感化工作，争取他们对农民运动支持。南二淡水沟党支部书记李癸泉，积极团结教育法租界南二区三合窝公局局长黄祥南，特支书记陈信材也一起做他的思想工作，他表示支持中国共产党，并多方掩护南二淡水沟党支部开展工作。在法帝军警出动"围剿"南二地区时，他派议员冯胜元等人给南二淡水沟党支部通风报信，使共产党员和革命力量能够安全转移。1927年4月至1929年初的白色恐怖时期，黄祥南和议员们积极保护中共党员，如帮助吴川党员麦子兴、麦春城转移到沙城陈兴桃家隐蔽脱险；帮助党员李玉轩转移到林兴有家隐蔽脱险；帮助吴运瑞转移到沙城冯胜元家隐蔽脱险。1929年11月，李癸泉被捕坐牢，黄祥南和议员黄永忠等联名向法当局保释李癸泉回家养病。成功的统战工作，对保存革命力量发挥了积极作用。

五、南二淡水沟联络站的革命活动

南二淡水沟村，是当时的地域名称，泛指当地若干小村落，原属吴川县第八区。法国强租广州湾后，将其划归租界管辖。淡水沟村处于一个孤岛的东南部位置，人口多耕地少，渔、农杂居，土地贫瘠，且受帝国主义和地主阶级的压迫和剥削，群众生活贫苦，迫切要求革命。1926年4月，广东农民协会南路办事处主任黄学增和中共吴川党支部书记陈信材及黄坡、振文党小组负责人李子安、彭成贵等人到南二淡水沟开展党建工作，不久，发展了李癸泉、李荣泰、李瑞春等人入党，成立中共南二淡水沟党小组，并在淡水沟村设立了交通联络站，主要任务是向群众宣传革命道理，发动群众起来闹革命，并做好交通联络的工作。

中共南二淡水沟党小组成立后，小组成员把工作扩展到南二、南三一带村庄，积极发动群众参加抗税斗争，组织学生宣传队宣传反对封建主义和提倡男女平等，从中培养党员，发展组织，扩大交通联络网。不久，李癸泉、李瑞春、梁辑伍等发展了坡头的陈河、坡塘的董鸿元、沙城的陈庆芳、陈瑞林、陈普如、陈亚寿、张胜、李荣泰、康耀湖和南三的陈新伍、陈培年等人参加革命工作。梁辑伍、谢玉祥在上淡水沟小学组织庞职兴、庞大明、董称妹、冯日胜、杨瑞安、冯亚寿、余平五、庞保祥、林国藩等参加革命武装斗争。

1926年6月，省港大罢工委员会派冯燊、李汉到南路指导、协助各口岸封锁粮食出口，禁止洋货进口，以加强对港英政府的压力。为支援省港大罢工，广东农协南路办事处要求各沿海口岸抵制各种英、日货进口，禁止大米运出广州湾，防止其转运香港，同时禁止粮油生猪出国，禁止洋货入国。南二淡水沟联络站积极配合各口岸纠察队，特别是联络黄坡预备队，日夜巡查海岸线。7月间，共产党员李玉轩发现有一船大米正运往广州湾，即到黄坡与农协李子安、李士芬商量截缉办法。李癸泉安排李荣泰带8人配合黄坡工人纠察队在沙角旋打退法海关兵，没收了这船大米，运回黄坡济贫。8月间，张胜发现一艘载满洋货的船，南二淡水沟联络站立即联络黄坡工人纠察队，合力缴获全部洋货，然后运回黄坡。1926年9月，南路特委、广东农协南路办事处由梅菉迁往高州后，黄学增主持召开广东南路农民代表大会。李癸泉、梁辑伍从高州开会回来，立即组织召开淡水沟、沙城、南三、南二等一带村庄的农民代表会议，迅速将高州会议精神向兄弟会、农协会的组织成员和农民代表传达。群众的革命热情更为高涨。经过半年多的培养和抗税斗争，一批革命的积极分子涌现出来。同年11月间，李癸泉、李瑞春等人发展了上淡水沟的冯福元、梁辑伍、钟炳南，沙城村的陈庆桃、陈文元，烟楼村的张四、沙干渗（绰号），沙干咀村的杨光南，坡头区的卢裕生等9人加入党组织。黄学增听取了党小组的情况汇报，正式批准这9位同志加入中国共产党，并决定成立中共南二淡水沟党支部。经过选举和批准，李癸泉为党支部书记，李瑞春为副书记，梁辑伍、李荣泰、陈庆桃为支部委员。不久，支部又发展了谢玉祥加入党组织。中共南二淡水沟党支部成立后，李癸泉派党员陈新伍、张胜到南三开展农民运动和党建工作，在运动中不断培养骨干，发展党员。南二的沙城、垌田启、下淡水沟、梁圩、烟楼、青山西、东村、大仁堂、坡塘等村和南三的田头、北头寮、莫村、新沟、大辣、沙头、沙腰等沿海一带村庄，都有共产党员在活动。经过不断发展，中共南二淡水沟党支部当时在南二、南三和坡头拥有党员四五十人。这些党员对推动各地农民运动的发展和交通联络站的建立，起到了非常积极的作用。

此时，随着农民运动的开展，交通网络也有较大的发展。为适应斗争的需要，中共南二淡水沟党支部书记李癸泉兼任三合窝南二交通联络站站长，李玉光负责往来硇洲岛、海南岛的联络任务。南二淡水沟交通联络站相继在吴川梅菉、新屋仔村和南三等地建立一批交通联络站。上淡水沟站交通员为陈子装、冯观妹、陈新伍等3人，南三的莫村、北头寮、新沟村、田头圩等交通站分别由陈耀初、杨茂兴、李庙三公、吴辉南负责。淡水沟交通联络站同时还组建了渡海交通队，主要是渡运来往吴川、南三、广州湾等地的革命同志，如有敌人来进攻，就掩护他们撤到海面或其他地方去。其中南三渡海交通队队长是李祥富，有队员20多人，配有专门的船只作为交通工具。1926年11月，联络站成员分头到南三、南二、坡头等村庄联系，发动渔民成立渔民协会。带领渔民开展抵制广州湾法国总公局征收船头税的斗争。同时在渔民协会中设立渡海交通站，加强联络站的交通力量。为配合渔民协会的斗争，1926年12月，联络站根据中共吴川县党支部的指示，成立淡水沟各村农民自卫队。自卫队队长为李荣泰，副队长为李瑞春，队员有林茂春、陈瑞隆、余玉兰等45人，其中党员10人。自卫队在淡水沟和大窝天后宫各设立一个哨所侦察敌情。南三的田头、北头寮等村也相继成立了农民自卫军预备队，其中田头村预备队队长为陈文彪，队员有100多人；北头寮村预备队队长为陈子泉，队员有20多人。此前，曾有一艘国民党兵船在经过利剑门海域时，被风浪打沉。第三天风平浪静后，淡水沟联络站陈庆芳、陈亚寿、陈瑞林、陈普如等人到被风浪打沉的兵船处，潜水打捞出步枪9支，子弹2箱。因此，自卫队一成立，就拥有一批武器。

渔民协会和农民自卫队相互配合，使淡水沟成了一个水路交通联络的枢纽，将吴川、南三、南二等地连成一片，使共产党员、革命者从内地到广州湾通行无阻，为加强党对南路的领导，提供了有利的条件。

淡水沟联络站在党支部的领导下，带领农民协会和渔民协会开展减租减息、反捐税的斗争，组织农民起来和南三的地主游奎甫（绰号"坡貂"）、陈卓才作斗争，没收他们的租谷。这些没收来的租谷，一部分用来救济贫苦群众，一部分用做革命活动经费。由于农民协会没收了租谷，游奎甫便带法国公局兵25人到南二抢收租谷。这一情况被联络站及时侦悉，当即通知农民自卫队在联络站口进行伏击。经过一个多小时的战斗，打伤法国公局兵两名，收缴稻谷2500多公斤。1927年1月某日，赤坎至梅菉的客运船驶到淡水沟附近海面时，被法国海关兵追赶，该客运船急忙驶入淡水沟。自卫队哨所发现后，李癸泉、梁辑伍、李荣泰立即带领20多名自卫队队员赶来阻击法国海关兵，打伤法国海关兵3人，击退敌兵的追击，保护客船渡过了险关。

1927年初，党员陈庆桃、冯福元、王永忠、梁德富、林兴有和李才发、庞玉瑞等人到坡塘、大仁堂、青山西等地打入法租界公局担任议员，伺机侦查、掌握法当局军警活动的情况，还经常做三合窝公局局长黄祥南的思想工作，使其认识革命，支持革命。1927年春，黄祥南借口成立团练兵队，要求法租界当局调枪11支、子弹一批以及手工造枪机器一台，运到淡水沟村，供农民自卫队使用。同时还提供准确情报，使农民自卫队队员在大环岭成功伏击法当局蓝带兵，缴获步枪、子弹一批。不久，南路特委派张胜到上淡水沟村，在李荣泰家建立兵工厂，教李荣泰、冯观妹、关呈祥等人制造枪支弹药。经过几个月的努力，农民自卫队共拥有步枪24支，子弹5万多发，手榴弹30多枚。

1927年4月，蒋介石发动反革命政变，屠杀共产党员和革命群众，南路也处于白色恐怖之中。南二淡水沟联络站担负起掩护、转移革命同志的工作。高州六属（茂名、电白、信宜、廉江、化县、吴川）的党员如李士芬、麦子磐、彭成贵、李石波、潘宏才，都经南二淡水沟联络站撤退到沙城、南三等地隐蔽。由于撤退隐蔽及时，梅菉、吴川、茂名、化县的党组织在4月18日的大搜捕中没有遭受破坏。

六、坡头人民武装反抗国民党顽固派的斗争

四一二反革命政变以后，国民党高雷反动当局一方面加紧"清党"，以"调查户口""清查囚犯""清理案犯"为名，疯狂搜捕、杀害共产党人和革命群众，另一方面恢复和组织各级反动民团武装，以"调解农工纠纷"之名强行解散农工群众团体，镇压工农群众运动，同时，还以"整理地方以办要政"之名，滥增各种捐税，对人民群众横征暴敛。至1927年11月，高雷地区共有512人被列入"清党"名册，黄学增等208人被开除国民党党籍并遭通缉。中共南路地委领导韩盈、梁本荣、钟竹筠先后被捕遇害，南路地委机关被彻底破坏。

国民党顽固派的血腥镇压，并没有吓倒坚强不屈的中国共产党人，他们仍在坚持顽强的抗争。1927年8月7日，中共中央在湖北汉口召开紧急会议，确立了实行土地革命和武装反抗国民党反动派的斗争方针。8月11日，中共广东省委和中共中央南方局成立。其后，省委委派一批干部到各地恢复和建立党的组织，加紧贯彻执行八七会议所确定的武装起义新路线。8月间，中共南路特别委员会成立，由彭中英任特委书记，着手整顿各地党组织，恢复和建立各县、市党组织的领导机关，确保党对当地武装斗争和土地革命的领导。11月至12月间，中共吴川县委成立，由易经代理书记，各地党组织在极端困难的处境中寻找对策，勇敢地举起武装反抗的旗帜。在此之前，为躲避国民党反动派的搜捕，吴川、梅菉、茂名、化县等地的主要干部和部分党员转移到广州湾，利用法租界的特殊环境隐蔽下来。1927年5月初，临时负责省农协南路办事处工作的朱也赤联系陈信材、黄广渊等人，在广州湾密商对策，决定立即着手发动和组织各地的工农革命武

装，举行武装起义，以革命的武装反抗国民党反动派的反革命大屠杀。他们以南路办事处的名义，召集南路各县市党组织负责人和农运骨干三四十人，在广州湾赤坎郊外鸡岭召开南路地区十五县农民代表紧急会议（实际上能与会的只有茂名、化县、廉江、海康、吴川、遂溪、电白等八九个县的代表）。后因情况暴露，会议转移到吴西南区的石门埠婆庙（今文武庙）召开。出席会议的吴川代表有陈信材、李士芬、易经等。泮北、石门、白鸽港等地的农军担任会议的保卫工作，会议得以安全进行，完成预期任务。会议决定以武装斗争反抗国民党反动派的血腥屠杀，成立南路革命委员会，由朱也赤任主任兼农运组组长，陈信材任副主任兼军事组组长，各县党组织负责人及南路革命委员会委员，分别回各县领导开展对反革命进行针锋相对的斗争。

婆庙紧急会议后，陈信材回到吴川，他拿出兼任吴川县枪械保管委员会和财政管理委员会主任时掌握的6支枪及400元银元，布置李士芬带200元银元及枪支回吴川振文组织武装，立即成立吴川县农民自卫大队，由李士芬任大队长。中共南二淡水沟党支部书记李癸泉参加会议回来，立即布置筹粮、筹款，加紧修造枪支子弹，扩大自卫队，同时选派上淡水沟村农民自卫队队员庞职兴、林国藩、林茂忠、陈亚寿及坡塘村自卫队队员16人参加县农民自卫军，并向县农军大队不断输送土制枪械、弹药。

7月，南二淡水沟党支部党员谢玉祥、陈子装、关呈祥、陈瑞隆和自卫队队员陈瑞智、陈瑞祯去沙角旋伏击国民党的粮船，不料被发觉，在撤退时船被打沉，失去一支枪。同月，李士芬带领农民自卫军大队伏击吴川振文地方反动武装，农军潘亚玉、彭观有作战负伤，由李子安、伍区忠派船送到上淡水沟李癸泉家医治，痊愈后返回自卫军大队。同年9月，淡水沟农民自卫队队员陈庆棠、陈新伍、张胜、陈亚寿、陈河等到南三巴东圩，当夜进入法租界当局开办的赌场，缴获3支洋步枪，子弹100多发。1927年11月9日，中共广东省委决定撤销南路特委，派杨石魂任中共南路巡视员，代表省委指导南路工作。杨石魂来到南路后，认为革命形势仍处于高潮，积极组织系列暴动和攻打城市的行动。在这样的思想指导下，吴川农军大队先后在山圩、湾沟、实业岭、石门、海关楼等地与梅菉出动的反动头子邱兆琛团展开激战，农军战士英勇杀敌，狠狠打击敌人。

1928年2月28日，农军在石狗塘遭到以骆立意营为主的1000多名国民党地方军的袭击，双方展开激战，从拂晓血战到下午3时，重创顽敌，农军70多人壮烈牺牲。共产党员在战场上浴血奋战，非战地的党组织、党员，如南二淡水沟党支部党员，在支部书记李癸泉的领导下，担负起救治前线伤员的任务。在这一时期，中共南二淡水沟党支部和交通联络站得到较快的发展。经过几次斗争，涌现了一批革命积极分子，党支部吸收林国藩、余玉兰、麦畔莲、陈超元、庞瑞球、关亚乾等人参加党组织；先后吸收李才发、李芳珠、李茂南、陈兴贵、凌亚九、林亚泰、林康益、林芳茂、林瑞昌、林德贵、林云佳、林云昌、林瑞云、林瑞梧、林瑞珊、林树信、林柳芝等人参加革命。在上淡水沟太平村，李癸泉和李荣泰兄弟先后带动李衍章、李观兴、李观水、李观福、李康贵、李衍才、李荣进、李荣安、李益雄、李益祥、李礼贤、李秀芳（女）分别参加了农民自卫队、渡海交通队、交通联络站的工作。设在沙城村的渡海交通队发展到20多人，淡水沟一带村庄分别设立了渡海交通组，广大渔民积极参加渡海交通队，支援革命。

1928年，南路形势进一步恶化。国民党反动当局继续组织武装力量镇压革命，同时在各地建立特务组织，利诱收买革命队伍中的一些革命意志薄弱者和腐化变质分子，甚至通过法租界，千方百计破坏中共地方组织。这段时期，武装斗争受挫。

7月，中共南路特委召开会议，就斗争方式问题进行讨论，杨石魂坚持过激活动，朱也赤、彭中英、陈信材等根据各地暴动失败的情况和当前形势，认为过激活动对革命没有好处，建议由彭中英向广东省委写报告，要求暂停过激活动，以积蓄力量，进行长期斗争。同月，在南路特委的安排下，彭中英到上淡水沟，领导南二党支部开展更频繁的斗争活动。他们通过联系在法公局内部的议员，攻打盘踞在高岭仔的法帝据点，打死法兵2人，缴获手枪2支。农军队员冯亚寿在战斗中壮烈牺牲。在斗争中，淡水沟党支部又吸收了杨平三、庞保祥、冯胜元、余平五、陈河、庞亚寿、陈仲如、陈秀隆、林康益、梁德富等人入党。这些革命的积极分子入党，壮大了淡水沟党组织，进一步增强了革命根据地的战斗力。

9月，法公局兵到淡水沟、沙城、垌田启村海岸强抢渔民的鱼，党支部发动这一带村庄的渔民和自卫队队员准备与法兵作战。

同年10月间，法租界公局局长带领蓝带兵、公局兵共10多人，突然驶一条船到淡水沟海面，以查捕共产党为名，抢劫渔民的财产。自卫队队员乘法兵过船检查之机，与法兵展开肉搏，打死法兵2人。淡水沟村自卫队队员余玉兰、李亚炳、余平五、李康成牺牲。第二天，法租界当局出动30多人对淡水沟、沙城、垌田启、梁圩等村庄进行疯狂反扑，党支部立即通知党员和群众转移。淡水沟村庞康寿因来不及转移，与法兵展开搏斗牺牲，李瑞春等人转移到南三隐蔽。

11月15日，吴川县党组织领导及农军负责人李士芬在振文区被反动民团逮捕，同日被杀害于黄坡。10月26日，彭成贵、潘宏才到南二淡水沟联络站，通知李癸泉布置党员、自卫队员分散隐蔽。11月30日，由于中共广东省委派到南路负责兵运工作的梁超群叛变，中共南路特委机关遭到破坏。梅菉市会同防军第七十一团一部，突然包围搜查梅菉敏宁路25号德祥理发店，当场逮捕林福棠等4人。

12月，陈蓼楚率领的梅菉市警察与法租界广州湾的警兵联合，对活动于法租界内的共产党员进行大搜捕，并重点破坏中共南路特委的领导机关。8日，陈蓼楚带人与法军警在坡头圩正街，将隐蔽在车衣铺的梅菉市党组织负责人陈时（即"陈拥民"）逮捕。当日，陈蓼楚率领警探迅速进入广州湾赤坎，通过租界赤坎公局警兵配合，包围袭击设在赤坎新街头的南路特委招待所、新街尾"元记"商店和"大中"酒店。由于反动军警的突然袭击，南路特委常委朱也赤、陈周鉴和兵运工作负责人聂都山（即"聂阳光"）以及陈妹、胡亚安（即"刘汉"）、王进芬、林伯全、易永言、张秀莲等9人在新街被捕，并被搜去木质方、圆大印各一枚和印刷品数担。同时，梅菉党组织负责人龙少涛也在大中酒店被捕。16日，陈蓼楚获悉南路特委书记黄平民等人的行踪，随即率探线并会同法公局警兵，在西营码头将黄平民和符智痴（即"符更痴"）、符林氏夫妇逮捕。上述被捕的人中，除个别人因犯国刑法或属法籍人员另案处理外，黄平民、朱也赤等10余人都被高雷国民党当局杀害。至此，中共南路特委及各县市中共组织领导机关均遭到严重破坏。南路的各级组织不仅与上级（省委）失去联系，幸存的领导人也分散各地，无法联络，各县市党组织在严峻的形势下，被迫分散隐蔽活动。

在白色恐怖时期，地处沿海偏僻之地的南二和海岛南三等地，成为共产党员转移隐蔽之所。吴川、梅菉等地的党员梁英武、麦春成、彭成贵、李子安、李玉轩、潘宏才、麦子馨、李石波等转移到淡水沟、沙城、埂田昌、广文、坡塘、青山西、沙环等村，支部书记李癸泉等负责安排这些同志隐蔽。特委领导人陈信材、彭中英到淡水沟隐蔽，通过统战关系，得到法租界三合窝公局局长黄祥南安排的出船牌，在海上以贩运咸鱼的名义，隐蔽身份长达两个月。

中共南路特委机关被破坏不久，特委委员彭中英、陈信材等人在化县横岭村开会，推举彭中英为临时负责人，由他前往香港寻找省委，但因找不到相关商号担保而未能成行。1929年夏末，陈信材毅然以"卖猪仔"的方式，前往香港寻找省委。到达香港后，陈信材冒险逃离伦泰"猪仔馆"（"猪仔馆"是帝国主义在中国招收劳工的机构），但依然无法与省委取得联系。无奈，陈信材与同样因无法与省委取得联系而滞留香港的南路特委委员卢保炫返回广州湾。在硇洲商会会长陈俊三的帮助下，他们到硇洲岛开展革命活动。陈信材还联系彭中英到岛上共同工作。南二党支部书记李癸泉很快获悉陈信材在硇洲岛进行革命活动，便派党员林国藩、陈福章、庞保祥去硇洲岛向陈信材、彭中英汇报支部工作情况。陈、彭对南二党支部工作做了指示。不久陈信材亲自到南二，直接检查部署南二党支部工作，安排党员以普通群众的身份隐蔽活动，等待时机。

1931年，吴川县国民党反动派得悉陈信材等人在硇洲岛活动后，即派特务会同法租界广州湾公局密谋追捕陈信材、彭中英。南二淡水沟联络站得到消息，及时帮助陈、彭撤离硇洲岛。李癸泉布置联络站成员分散隐蔽，等待时机。各区党员和革命群众坚持隐蔽活动，以各种方式和敌人作斗争，坚强地度过了白色恐怖时期。党员和革命群众在严峻的革命斗争中得到了锻炼，也看到了翻身解放的希望。所有这些，都为后来更大规模的革命斗争，打下了坚实的基础。

第二节 坡头人民的抗法斗争

一、法国强租广州湾及当时的社会状况

1840年，英帝国主义发动了侵略中国的鸦片战争，西方资本主义列强从此在中国掀起了割地狂潮。侵略者一次又一次的掠夺，腐败无能的清政府妥协退让，屈膝求和，相继与侵略者签订了《南京条约》等一系列丧权辱国的不平等条约。在屈辱的割地赔款过程中，中国被一步步推入半封建半殖民地的深渊。1898年3月11日，法国派使臣向清政府递交照会，提出要允许法国"在南省海面设立趸船之所"等四项要求，4月9日，法国使臣进一步指定："中国国家将广州湾作为停船趸煤之所，租与法国国家九十九年。"迫于法国不断施加的压力，清政府答应"因和睦之由，中国国家将广州湾作为停船趸煤之所，租与法国国家九十九年，在其地查勘后，将来彼此商订该租界四至，租价将来另议"①。法国最初所提的广州湾，是指当时属吴川县南三都殷、曾、陈、李姓聚居的几个小村落（当时称"广州湾村坊"）和附近一线海面。未等勘界，法国3艘军舰载500名士兵即于1898年4月22日驶入南三海域，在广州湾村坊登陆。6月，又侵占遂溪海头汛（今霞山区）等地，并逐步向遂溪县内地入侵，以武力威逼清政府划界签约，扩大租界范围。1899年11月16日，法国与清

① 《湛江文史》第九辑第2页。

政府签订了《广州湾租界条约》，强行租借遂溪、吴川县部分陆地和两县之间的麻斜港湾水域（今"湛江港"）。海、陆总面积2130平方千米。其中，陆地面积约518平方千米，海上面积约1612平方千米。①租借的区域远远超出最初提出的广州湾村坊的范围。法国把租地范围内的陆地和海湾统称"广州湾"。②法国强租广州湾后，设置公使署、乡公所，在租界内筑炮台，建兵营，驻扎国防军（红带兵）、保安队（蓝带兵）和警察武装（绿衣兵），设立陪审法院、监狱及海关等机构，加强对广州湾租借地的控制，同时造灯塔，建港口、军用机场、教堂，办学校，征税捐等，全面推行殖民统治。

法国强租广州湾，改变了高雷地区的社会性质。坡头地区也从封建统治演变成由封建主义和殖民主义双重统治。法国殖民者在麻斜建兵营（称东营）驻军队，在坡头、三合窝、木谓、北涯、麻斜设公局进行管辖。还强迫几条村庄成立一个民团，向村民收取民团经费，还有临时摊派。殖民者在坡头征收的税捐名目繁多，有田亩税、盐田税、市场税、门牌税等，人民苦不堪言。坡头人民在遭受封建地主、恶霸、把头的剥削和压迫的同时，还要受殖民者的盘剥、虐待和残害，生活陷于水深火热之中。社会矛盾、阶级矛盾、民族矛盾日益激烈，革命的火种显现出燎原之势。

二、人民群众自主组织的抗法斗争

法国强租广州湾，坡头人民率先举起义旗，同法国侵略者进行英勇顽强的斗争。坡头人民自主组织的声势浩大的抗法斗争，

---

① 《湛江市志》（上），中华书局2004年版，第184页。
② 《湛江文史》第九辑，1990年版，第4页。

持续了一年多，谱写了中国近代史上人民反抗外来侵略的光辉篇章。

1898年3月，法国政府获得清政府答复将南三都的广州湾租作停船趸煤之所后，不待两国政府派员勘定租界范围，便迫不及待地派巴斯噶号、袭击号、狮子号3艘军舰500名海军从安南（今越南）向中国驶来，于1898年4月22日抵达广州湾口海外下锚。法军舰抛锚后，放下两艘小艇，并排驶入广州湾口内外航道探测航道，打旗引航，将3艘军舰引至广州湾港口内南三岛靖海宫庙前海面上抛锚，随即几十名士兵下艇，从雷锡村、沙头村、沙腰村和老梁村登陆。法军在沙头村岭上用木头架起灯塔柱，白天挂旗，夜晚点灯导航；在红坎岭建军营、筑碉堡，并将此地称为"南营"，向天鸣炮示威，举行庆祝仪式。不久，法军又迅速出兵占领了南三岛的北涯头，进而长驱直入占领了石门、硇洲岛和黄坡大岸渡口等方圆60平方公里的地方，其胃口可谓与日俱增。坡头人民对此无比愤慨。

在法军登陆南三岛的当天，南三岛田头村武秀才陈跃龙正与村民在广州湾海边拉大网捕鱼，法国人的一切举动都在他的目击之下。目睹清廷腐败，任由外夷入侵，奸淫掳掠，拉夫筑营，他愤怒了，与霞瑶村文秀才陈竹轩一起牵头召集各村乡绅、代表，在田头村陈氏小宗祠堂开会，共商抗法事宜。他们提出有钱出钱，有力出力，勠力抵抗法夷。此议得到各村乡绅、代表响应。会议决定大张旗鼓地进行抗法斗争。各村用簕竹、仙人掌围村，布设陷阱，装上竹签，自制刀、叉、木棍等武器，组织抗法民团；晚上田头村村民带头敲锣打鼓，吹号，高喊"法国鬼滚出南三"，各村顿时鼓声、锣声、螺号声、喊杀声震天动地。一连数天，搞得法军心惊胆战，彻夜难眠。就这样，陈跃龙、陈竹轩在南三拉开了抗法斗争的序幕。

几天后，在陈跃龙、陈竹轩的发动下，南三数百民众，手持竹竿、木棍、刀叉、锄头围攻法军，勒令他们拆营房，滚回舰上去。法军仗着船坚炮利，对南三民众的抗议不予理睬。

侵略者的目的并不限于南三岛的广州湾村坊。1898年6月，法军出兵登陆麻斜，并在麻斜建兵营（后称"东营"）、筑马路、建码头，四出焚毁民房。人民忍无可忍，较大规模的反法斗争首先在麻斜爆发。麻斜村张魁开、张达龄联络南三的陈跃龙、陈竹轩和南二的李锦彪等乡绅，率领南一、南二、南三1000多人带着锄头、刀、叉、矛、棍，齐集于麻斜海边，对着停泊在海上的法国军舰，齐声呼喝抗议。法军派出一小队士兵，乘艇登岸挑衅。群众愤怒地反击，打死1名法兵，打伤数十人。法兵狼狈地逃回军舰。

抗法勇士的主动出击，狠挫了侵略者的气焰。

坡头人民自发性的斗争，给予侵略者沉重的打击。

1899年2月，南三、麻斜、南二、坡头等地的陈跃龙、陈竹轩、张魁开、张达龄、李锦英、李锦彪、李品珊、李鉴三、李培华、李德士等人，在三柏村宗祠成立抗法斗争总指挥部，推选李品珊为抗法民团总指挥，李德士为副总指挥，李培华为军事顾问。会后，各村纷纷成立民团，参与抗法斗争。三柏村首先举义，组织李氏宗族子弟500多人，兵分两路，一路进驻三柏圩，构筑街堡；一路在三柏村外长坡安营。南二烟楼村李姓实行"围村"，水下插竹签、牵铁链，岸上堆放仙人掌，不让法军过境和登陆。南三田头村陈姓宗亲在陈跃龙父子的领导下，组织200多人的陈家军，渡海至陇水莫村大岭驻扎，控制莫村海上法军补给线。莫村民团在莫祯三的领导下，全村民众砍松木桩围村三层，与陈跃龙民团的营盘形成掎角之势，使法兵不敢进入莫村半步。南二乾塘、米稔的陈姓，坡头博立村的许姓，川西磐石的黄姓，特思山车村的庞姓，石门山咀的陈姓等大村望族，动用祖尝钱谷，成立民团，围村守垌。一村锣响，八方响应，鼓声、螺号齐鸣。法军不知虚实，不敢妄动。其时，坡头、南二、南三、石门、陇水、特思各乡的民众踊跃参加清贡生李品珊组织的抗法民团，与黄坡、川西、通和共9个乡组成了3个营1500多人的武装，各乡村互相呼应，联合作战，很快就打开了声势浩大的抗法斗争局面。

1899年10月上旬，民团总指挥部得知法军从石门等处抽调300多兵力袭击黄略、麻章，为了牵制法军，把握战机，果断发起伴攻法军各营地据点的行动。李培华、李发隆率民团袭扰驻黄坡大岸的法军营地；麻斜的张魁开、张达龄率民团袭扰三合窝法军营地；南三的陈跃龙、陈竹轩率民团袭扰北涯头法军营地；李德士率三柏民团袭扰高岭儿法军营地；坡头麦文彪率民团袭扰坡头法军营地。各民团用似打非打的方式牵制法军。李品珊、李培华率领民团突击队一举收复石门，法军乘船退往麻斜。10月中旬，李品珊、李培华、李发隆率领民团突击队500多人攻克黄坡大岸渡口法军据点。法军沿唐禄、塘基往三柏方向逃窜，遭遇李兆莫、李兆晁的民团以藤牌、马刀阻击。在战斗中，三柏民团的李河乾、李河养兄弟壮烈牺牲。法军见民团声势浩大，夺路从高岭儿埠头乘船逃走。民团乘机收复黄坡大岸、高岭儿、三合窝等失地。

然而，由于清政府的软弱无能，以及朝廷中亲法势力的作梗，历时20个月的抗法斗争在法国侵略者的疯狂反扑下失败了。清政府钦差大臣勒令吴川人民抗法总指挥部立即解散民团，停止"作乱"。吴川人民的浴血奋战，未能阻止事态继续恶化，1899年11月16日，清政府钦差大臣与法国代表签订了丧权辱国的《广州湾租界条约》。条约规定广州湾租借给法国，租期99年；南一都（今麻斜、调顺等）、南二都（今坡头、南调、乾塘）、南三都（今南三岛、特呈岛）、南四都（今硇洲岛）和东海岛、海头、赤坎、新圩、志满等地皆划入租界，准许法国驻兵、筑炮台；法国可以从赤坎修筑铁路到安铺，铁路电线所到之处，可以在水面停船和陆上建房。由于人民的英勇抗争，法国侵略者还是不得不缩小了租界的范围，由最初提出西线租界划至遂溪县域的万年桥，后退15公里至赤坎西面的小河为界。

大规模的抗法斗争虽然结束了，但人民的抗争并没有停止。1900年2月，南三抗法民众在田头村成立南三抗法指挥部，将"聚武堂"练武人员组成200多人的陈家军，推选陈跃龙为首领，提出"驱逐法帝、救国安民"的口号。5月30日，南三抗法民众一齐出动，围攻法军南三公局营地，迫使法公局暂时减免南三的各种捐税，人民暂时得到安宁。1901年，法国殖民者驻麻斜人员的1个小孩猝死，经验尸发现有跳蚤，法军即以麻斜虱多为由，野蛮烧毁井头村一带民房20多座。1902年，法帝又强占麻斜村张氏始祖墓和麻斜码头一带村庄耕地100公顷，准备兴建商埠和住宅花园，限令村民挖迁祖墓和房舍，此举激起村民反抗。法殖民当局策划派殖民军在端午节乘村民过节不备，进村抓人，强行占地。村民闻讯，在张魁开、张达龄、张达贤、张良理等人的指挥下，提前在初四过节，并转移村中老、弱、妇、幼，召集青壮年千多人，抗击法军，并将指挥部设在罗侯王庙内，然后到始祖墓前盟誓："保家乡，保始祖墓！"指挥部把人员分成两支队伍，以盾牌、刀叉、耕具为武器，分别驻守码头和三墩岭，反抗法军抓人占地。法当局慑于麻斜群众有组织的反抗，被迫做出让步，答应停止在麻斜建商埠、住宅花园；保留张氏始祖墓；罗侯王庙所在街坊免税捐，法公署撤出麻斜驻点。麻斜群众的反抗斗争取得胜利。

总之，由于清政府的腐败无能和丧权辱国，帝国主义的野蛮入侵和疯狂掠夺，中华民族被一步步推向危难的深渊。为了民族的解放、国家的独立，中华大地正酝酿着一场急风暴雨式的革命。

三、中国共产党领导的人民抗法斗争

从1898年4月22日法军登陆南三，南三田头村武秀才陈跃龙和南三霞瑶村文秀才陈竹轩自发组织民众抗法，在南三拉开抗法的序幕开始，南三、麻斜、南二、坡头等地的抗法斗争从未停止过。后来，由于坡头的特殊地理环境，中国共产党人到坡头开展革命斗争，又增加了一项具有坡头地方特色的内容——在领导人民进行大革命和土地革命斗争的同时，领导人民反对法国殖民统治，进行有组织的抗法斗争。从此，坡头人民群众自发性组织的抗法斗争，在中国共产党的领导下，以群众团体的形式出现。

1. 渔民协会的建立和反船头税的斗争

1926年9月，广州湾法国总公局发出命令，要在广州湾淡水沟、南三、南二一带沿海村庄征收船头税，每艘渔船每月收税银20元。渔民负担很重，苦不堪言，怨声载道，渔民抗船头税的情绪日益高涨。南二淡水沟党小组长李癸泉和县农民运动特派员吴运瑞前往高州向黄学增汇报这一情况。黄布置他们回去组织渔民开展抗税斗争。1926年11月28日，南二淡水沟党小组经过发动，组织南二、南三、上下淡水沟、沙城、埚田启、青山西、烟楼、广州湾渔民代表200多人，在淡水沟大窝天后宫成立渔民协会，选举李癸泉为渔民协会会长，李瑞春、陈庆桃为副会长，陈瑞龙、余玉兰、李荣泰为执行委员。渔民代表在大窝婆庙集中，然后到三合窝法国公局游行示威反对船头税。法国公局在群众的强大压力下，被迫撤销船头税。反对船头税的斗争取得了胜利，渔

民大受鼓舞，更多渔民踊跃要求加入渔民协会。不久，南三的会员就发展到300多人。

2．成立抗法自救会进行斗争

1931年春，中共吴川县党组织领导人陈信材、中共南路特委委员彭中英从硇洲岛撤退到南二淡水沟村，向淡水沟党支部布置工作，指出今后党的活动应该以群众团体的面目出现，组织群众继续开展抗法斗争，并到南寨找到李癸泉、李子安、李锦标、林国藩等人研究成立抗法自救会的问题。后来，彭、陈转移到徐闻县，得到该县县长姚之荣（曾任吴川县县长）的资助，再转到云南、贵州，以经商作掩护，继续寻找党组织。李癸泉等人分头到各区、乡发动群众，如陈跃龙、陈梓材、陈鸣周、陈太泉、莫善端回到南三田头、霞瑶、地聚、莫村、北头寮等村，李锦标回南寨，李瑞春回大仁堂、三片，李癸泉去坡头，陈文华去麻斜，李子安去乾塘、米稔，莫梅先、莫梅山回陇水莫村，李长伍回麻嘴、烟墩一带。经过一段时间艰苦细致的工作，群众踊跃参会，流浪到内地的群众也回乡参加自救会，其时自救会会员达数万人，抗法斗争进入到有组织地进行的阶段。

3．民众的抗税斗争

1933年9月25日，法军以修建从海关楼到高岭仔的公路为名，把三柏圩和三柏村划入法占区，遭到5000多名手持大刀、长矛的三柏群众的强烈反抗，法军只好连夜撤走测量队和施工队，停止修路。

1934年10月间，由于南三田头村民众多次抗交田亩税，法租界坡头公署派遣50多名蓝带兵，全副武装进驻田头村。这些蓝带兵在陈氏小宗内，杀猪宰鹅，狂饮大吃。酒醉饭足后，把大门关上，再架上横木，又凿墙穿孔作为炮眼，以防田头民众包围进攻。天黑以后，陈跃龙父子带领陈家军，手持大刀、长矛、木棍，敲锣打鼓，喊杀连天，吓得这伙蓝带兵龟缩在里面，只能放冷枪以壮胆。第二天一早，蓝带兵就逃回了坡头圩。

1936年初，法国侵略者为了解除财政危机，逐步加重税收。继颁布了"人头税""户口税""农田税""壮丁税"等各种苛捐杂税的条例后，又要在坡头地区实施"义务公役法"，规定16岁以上的男丁，每月自带工具自带伙食，为法租界当局服劳役4天，不参加者每人每天罚4角西纸（约等于银元一元一角，当时可购稻谷一石）代役金。连续几年遭受水旱风灾的坡头民众，已是食不果腹，衣不蔽体，现又遭此压榨，哪还有活路？1936年1月28日，南三的陈俊三、陈梅士、陈永祥、陈和轩、陈鸣周、陈文华、陈文彪、陈亚来、黄柏英、黄锡龄、冼耀春、郑章士，坡头的陈文告、梁贵荣、陈世昌、梁文东、陈亚义、许善普，乾塘的陈宝华、陈吉昌、陈德伍、陈宝光、李余初、叶弼香、李癸泉、李锦标、林国藩等40人，召集各乡村自救会会长在三柏大宗祠堂召开抗法筹委会扩大会议，选出陈宝华（曾任国民革命军十九路军团长）为自救会主任，陈永祥为副主任，陈鸣周为秘书，决定对法租界当局征收苛捐杂税进行大规模抗争，并提出"同驱法帝保万民"的口号。40人分别下乡做各村议员（即代法国收税及办事之人）的工作，议员纷纷把议员牌交回给法国公使营官处，表示辞官反抗；又深入动员各村群众，组织140多名"抗法民众自救会武装义军"，号召吴川法租界人民参加反法抗税的斗争。

4．"三月三"抗法斗争

1936年4月17日，陈宝华、梁贵荣、梁文东和抗法骨干陈德伍、李余初、陈世昌等人在坡头武帝庙召开抗法动员大会，决定进行大规模的武装请愿斗争。4月22日，村民听说卢文廷（绰号"撮须"）带100多名法兵在南三田头村强行征税，杀猪打狗，无恶不作，于是群情激愤，强烈要求严惩撮须等人。当晚，陈宝华在乐安堂村后背坡召开誓师大会，歃血为盟，对抗法事宜做出部署。1936年4月23日（农历丙子年闰三月初三日）凌晨，抗法队伍向南三进发，先头人员得知撮须不在南三收税，即转回坡头。与此同时，南三民众以陈家军为前锋，几千人从石角渡渡过南三河，与集结在博立村拜斋坡和坡头武帝庙的乾塘、三柏、麻斜、坡头、陇水、龙头、川西等地准备到南三抗法的民众，汇成三万多人的抗法示威队伍。人们敲锣打鼓，吹着号角，手持刀叉、棍棒、锄头，在陈宝华、陈永祥的统率下，包围了坡头法公局楼（在今坡头区人民医院内）。"官逼民惨！""打倒帝国主义！""打倒义务公役！""打倒苛捐杂税！""打倒卢文廷！"的口号声震天动地，写着上述字样的大小旗帜遮天蔽日。法公局人员吓得心惊胆战，龟缩在公局内。在人民的压力下，公局长只好同意谈判。正当七八个民众代表准备和法方谈判时，卢文廷从赤坎匆匆赶来。人们一见这个作恶多端的家伙，分外眼红，齐声喊打。卢文廷见势不妙，钻进簕竹篱笆向公局楼跑去。青年农民陈土轩挟双刀追赶，当卢文廷钻进竹丛时，他一手抓住卢的脚，因卢穿的是一双长筒皮靴，陈土轩抓得不牢，被卢逃脱跑进了公局楼，紧闭大门。陈土轩手持两枚大铁钉爬墙而上，将近二楼时，被卢文廷枪击，壮烈牺牲。法帝的血腥屠杀，更激起广大民众的义愤。人们怒吼着破门而入，在一楼库房夺取长、短枪28支，子弹两盒，然后向二楼进攻。农民杨真炎一马当先冲上去，不幸在楼梯上中弹牺牲。农民陈福章（中共党员）、李康保也先后中弹牺牲在冲向公局的公路上。陈兴炎也因伤致死。血腥屠杀吓不倒英勇的抗法民众，南三岭脚村农民郑耀华、田头村农民陈亚居仍冲在最前头，向二楼抛掷砖头、火把。陈宝华、陈永祥指挥人们实施断水、断粮、断电，又发动人们在楼下堆柴火，泼上煤油，实行火攻。法军最终被迫举白旗投降，从楼上吊下法制勾枪20多支。被包围在坡头法营盘的法营官殷多东带着30多名蓝带兵与抗法民众对峙，相持间，西营方面的法国人带着几十名蓝带兵赶到，用枪对着群众恐吓，反被群众包围。愤怒的群众敞开胸膛让他们打，结果蓝带兵被人们的正气震慑得手足无措。到下午5时，坡头圩商民抬着煮好的饭菜前来支援，法国官员被迫答应处理善后事宜。群众代表与法国人验尸拍照。事后双方派代表谈判，共订协议：法方取消"人头税""户口税""壮丁税"等苛捐杂税，每亩田每年只收银一毫；给5位死者赔偿葬费及抚恤金5000元西银，给数十位伤者赔偿医疗营养费，共3000元西银；法方死伤者，由法方负责。协议订好后，双方签名，并向群众宣读。在法方当众交出8000元西银作为治疗伤者、安葬死者的费用后，群众才解散回家。陈俊三等40位首领，备棺、砖、灰、石等，把陈土轩、陈福章、陈兴炎、杨真炎、李康保等5位烈士葬于坡头民有乡的久有岭上，并为5位烈士立碑纪念，又将余银分抚烈士家属。而法方连夜运死者乘艇回西营（今霞山）。后来，法方撤换了坡头行政委员殷多东，并解散"民团"。法军暂时不敢在坡头为所欲为。

1936年8月间，法当局对领导"三月三"抗法斗争的主要成员恣意逮捕，疯狂屠杀。陈宝华得到蛰居家乡塘基村的孙兰泉（曾任国民革命军十九路军上校团长）及住在钓矶岭村的李志毅（曾任国民革命军十九路军营长）等人支持，筹集到汉阳造"七九"步枪200多支和德国造驳壳手枪、手榴弹、药物、粮食等一批，组成一支300多人的武装队伍，在租界边的山溪洋村和大茅村之间建立抗法根据地。一次，陈宝华乘法公局蓝带兵四出收人头税、船头税不备之机，率领300多人的武装队伍向敌人进攻，打死3名法兵，陈宝华乘胜追击，法军逃回坡头圩，龟缩在兵营里，很久都不敢下乡收税。至抗战爆发，李汉魂将军在大茅根据地招募一批抗法自救会会员入伍，北上抗日，抗法力量因此被削弱。

由于国民党反动当局实施反革命的白色恐怖，和中共南路个别领导人对革命形势估计严重不足，以及积极组织系列暴动和攻打城市的错误指导思想影响，大革命和土地革命斗争，以及抗法斗争，在坡头地区遭遇挫折和失败。尽管如此，通过大革命和土地革命斗争，以及中国共产党领导下的以团体出现的抗法斗争，大大提高了广大坡头民众对中国共产党的认识，他们坚信：只有在中国共产党的领导下，才能翻身解放。共产党员李癸泉、林国藩等人在与上级党组织失去联系的岁月里，仍坚定必胜信念，避开国民党反动派的屠刀，坚持隐蔽斗争，坚强地度过了白色恐怖时期。所有这些都为尔后坡头地区在党的领导和组织下开展大规模的抗日战争、解放战争，打下了很好的群众基础。

第三节 抗日战争时期

一、团结各阶层联防抗日

1. 广州湾沦陷及日军的暴行

1943年2月16日凌晨，日军1600余人分乘5艘军舰和大批汽艇，在8架飞机的掩护下，在雷州半岛东海岸的通明、下岚两港登陆。国民党守军连连败退，几天之内海康（今"雷州市"）、遂溪县城及沿途交通线上的客路、城月、洋青等重要乡镇相继失陷。20日下午4时，日军由麻章入侵法国广州湾租界地边界寸金桥。法方惊慌妥协，与日军签订《广州湾联防协定》：军事上广州湾由日军掌管，负责境内"防卫"，行政上仍由法国管理，并支持配合日军的作战行动。21日，日本海军陆战队开始行动。21日，日本海军陆战队在西营码头登陆，占领西营市区；从寸金桥方向攻击的日军同时占领赤坎市区，广州湾即告沦陷。在此期间，另有小股日军在乾塘高岭仔登陆，侵入坡头属地的高岭、鸡斗屋等地。至此，雷州半岛和广州湾成为沦陷区，相邻的徐闻、廉江、化县、吴川、梅菉等地成为抗日前线。坡头地区更是处于沦陷区广州湾租借地与吴（川）梅（菉）抗日前线的交错地带，经常受到日军的骚扰、掠夺和围攻，日军在此犯下累累罪行。

1943年3月，伪军到石门调腾村封村"扫荡"，遭到反抗，抓走朱锦和、朱亚月、朱林兴、朱瑞忠。同月的一个黑夜，日军入侵石门新村，强奸两名妇女和抢掠大批财物。

1943年3月,日本飞机轰炸官渡下低垌(原"特思乡鸭屋垌")埠头,炸毁泊在埠头的四艘木帆商船。

1943年4月,日军乘三艘汽艇在官渡新村石角咀入侵,入村就扫射猪群,打死村民的5头猪,撤退时放火烧毁9间民房,强迫窦亚团、窦瑞祥(儿童)等10多人扛猪下船。

1943年12月,官渡端山村渔民詹家安出石门海捕鱼时,被日军打死。

1943年冬,日本侵略军开机船入侵官渡石窝村,打伤村民蒋秀兴。

1944年1月,日军"扫荡"乾塘西头屋村,不仅烧掉陈茂松的3间房屋,还将其60多岁的母亲打到骨折,导致其死亡。

1944年3月,伪军"扫荡"龙头泉井村,烧毁民房18间,抢走耕牛5头、生猪6头。

1944年5月,日机轰炸南三下木历村,炸沉郑亚合渔船一艘,造成船沉人死;官渡关草村抗日联防队队员郑士养护送渔民到石门捕鱼,被日本侵略军在平石海边开枪扫射打致重伤。同年6月,关草村李四奶出海"捉小海"(即在滩涂上捉拾海产品)时,被日军射杀。

1944年夏秋期间,日军出动飞机轰炸石角咀、门头埠,炸烂渔船18艘;新村窦秀和被炸死,窦文燕、窦文金、窦端贵、窦秀文、窦文周、窦朝记、窦文宇、窦秀发等8人被炸伤。

1944年12月,伪军到椰子根村捕人抄家,林余、林广、林亚料几家被洗劫一空,林广兴、林广等17人被捉到坡头圩法军营坐牢,经保释,每人被罚稻草一担,稻谷50千克。

1945年1月,乾塘梅魁村何亚妹及其儿子被日军炸死。

1945年1月15日晚,日军登陆南三田头圩抢劫,打伤陈炳周、陈亚仔、陈瑞才、陈康君、陈亚爱、陈朱真、陈小云。

1945年2月，伪军"扫荡"龙头水埠村，毁坏学堂教具一批，破坏水井二口，抢去生猪10头，毁坏民房4间，抢走粮食500千克，村民损失国币300万元。

1945年5月，坡头大环村庞朱助儿子因受日军恐吓而被吓死；官渡三角村黄锡良、黄康养，调腾村朱亚九在五里山海面行船被日、伪军射杀。

1945年6月，日机两次轰炸莫村渔港并开机枪扫射，射坏渔船10艘。

1945年7月，官渡岭尾村詹兰芳3岁多的儿子被日本侵略军打死。

上述这些人口伤亡和财产损失，只不过是日本侵略军在坡头犯下战争罪行的缩影。据不完全统计，在整个抗战期间，坡头地区伤亡478人。日、伪军在坡头"扫荡"时毁坏土地31.2公顷，抢去或烧毁大米19750千克、稻谷213150千克，烧毁房屋377间，抢走耕牛145头、生猪220头、鸡鸭鹅2088只，抢走银元25190元、国币5007.28万元，毁坏船只40艘，抢去粟米10000千克、咸鱼200千克、大门12副、蛋80只、罐200只、花生油3罐、花生米6包、衣服9件、麻丝布6匹等。

日军的暴行激起了坡头人民的无比愤慨。团结抗日，保卫家园，成为广大民众共同的呼声和行动。

2. 抗日救亡运动的兴起

1937年7月7日，日本帝国主义制造卢沟桥事件，发动全面侵华战争。中国的抗日战争全面爆发。7月8日，中国共产党向全国发出通电，号召全国人民、军队和政府团结起来，筑成民族统一战线的坚固长城，抵抗日本的侵略。7月15日，为促进抗日民族统一战线的建立，进一步推动全面抗战，中国共产党将《中共中央为公布国共合作宣言》送交国民党，希望以宣言作为国共两党合作的政治基础。9月22日，国民党中央代表以发表《国共合作宣言》的形式，接受中国共产党提出的团结抗日的主张，事实上承认共产党在全国的合法地位，从而宣告国共两党合作的成立。国共合作受到全国人民的热烈欢迎，推动了全国抗日救亡运动迅速发展。

1938年1月，国民党第四路军总司令余汉谋组织成立广东省民众抗日自卫团统率委员会，并任主任委员，吴铁城（省长）、香翰屏（副司令）为副主任委员，蒋光鼐、蔡廷锴等为委员。

1938年2月，国民党广东省第十一区民众抗日自卫团统率委员会在梅菉成立，余汉谋委任张炎将军为主任委员。庞成、郑为楫为副主任委员，黄茂权、孙兰泉、黄镇等任委员。张炎是吴川县樟山村人，他热爱祖国，热爱家乡，追求进步，曾参加淞沪会战，面对日本帝国主义的入侵，他主张团结一致，共赴国难，共同抗日。因而，他拥护中共提出的团结抗战的方针，积极动员散居高州六属（即茂、电、信、化、廉、吴六县）的原十九路军将士起来抗日，组织和扩充各县的民众抗日自卫团，积极支持各地群众抗日救亡运动。

此前，中共广东省委尚未恢复，由中共广州外县工委派往梅菉开展党建和抗日救亡工作的共产党员肖光护，利用国民党官办青年团体"广州青年群众文化研究社"成员的公开身份，开展抗日救亡运动。肖通过进步青年张德钦的关系，拜访张炎，提出共同协作搞好抗日宣传，得到张炎的赞许和支持。于是，肖光护着手组织梅菉抗日义务宣传队，并自任队长。宣传队下设多个小组，杨子儒任文字宣传组组长，吕克任学运组组长，张德钦任农村工作组组长，符汝榆任话剧组组长，开展抗日救亡宣传活动。1938年春，肖光护率领进步青年杨子儒、张德钦、袁俊元等人，从梅菉出发到龙头、石门、乾塘等地开展抗日救亡宣传。他们深入到各个村庄，现身说法，手持日寇轰炸广州的弹片控诉日本帝国主义残杀中国人民的罪行，从而激发人民群众对抗日救亡的热忱。在乾塘的烟楼、南寨、大仁堂、官滘、沙城等村，他们多次召集有200多名群众参加的集会，大力宣传共产党团结抗日的主张，又在会上教唱抗战歌曲，在墙壁上书写"全国人民行动起来，积极参加抗日救亡运动"等标语，营造浓烈的抗日气氛。特别是以当地群众喜闻乐见的木偶戏的形式，编演抗日剧目，演唱抗日剧目，演唱抗日前线英雄的故事，对群众的教育尤为深刻。肖光护还布置张德钦组建以抗日为宗旨的武术馆，组织抗日地下军。1938年12月，张德钦在滨海区成立抗日游击核心小组，由南寨村李时清、李华池（即李杰才），烟楼村陈祥芳、张唉九、张胜泉，埲田村李信尧、李信明，西山村陈茂祥，姓冯村冯永信、冯永新等人组成。后来，烟楼村和官滘村中的陈祥芳、张唉九、陈富元、陈华元、张康池、张亚贵、张路保等30多名青壮年参加了抗日地下军，由张唉九任队长，陈富元为副队长。队员忙时生产，闲时习武练功，宣传抗日救国，抗日地下军后改为游击小组。之后相继成立的有李信明、李信尧、李祥周等组成的埲田村游击小组；冯永信、冯永新、李观兴、李衍章、冯永轩等组成的姓冯村游击小组；李时清、李华池、李尚贵、梁振初、李书有、李庆云、李茂桂等组成的南寨村游击小组；蔡华元、李侠宏、李华、李保森、李阳寿、李永、李土轩、李如芬、李春胜、李德惠、李统、蔡会钦等组成的三柏南路东路坡游击小组。沙角旋游击小组组长为张胜泉，张余村游击小组组长为张寿福，乌泥村游击小组组长为黎家丰。在此期间，肖光护组织发动梅菉的学生、市民和农民联合举行数千人参加的反对日本帝国主义侵略的"火炬"游行。同时又以在校学生为主体组织歌咏队、宣传队，排演抗日街头剧。抗日宣传声势大，遍及了吴、化、茂、梅等地区。

坡头地区各乡村，由于与梅菉地域相邻，村民踊跃参加了上述活动，涌现出大批积极分子，如烟楼、南寨、官滘、堨田、西山、姓冯各村就有陈祥芳、李时清、陈富元、陈华元、张康池、张唉九、张保路、张观奕、陈上福、张德元、陈九、冯永信、冯永新、陈茂祥、陈宝贵、吴朝兴、张瑞玉、陈土地、李荣森、李兴祥、李直深、李信尧、李信明、李杰才、梁振初、李尚贵、李书有、李庆云、李茂桂、张亚贵、周隆初、陈胜泉、张上德、张观贵等人。

1937年冬，与广东省党组织失去联系的原中共南路特委委员彭中英、陈信材赴武汉八路军办事处找周恩来，周恩来因事去了重庆。他们根据中共中央长江局的指示，从武汉返回南路。彭、陈先后回到吴川、梅菉后，首先与肖光护联系了解情况，然后会晤张炎，系统地把共产党的抗日主张向张炎宣传，把开展吴川抗日救亡的具体意见向张炎提出，得到张的接纳。他们协助张炎开展抗日活动，帮他出谋划策，协助筹建第十一区统率委员会，训练自卫团教导队，培训南路抗日基干力量。由于陈信材、彭中英在大革命和土地革命时期曾以共产党人的身份经常在坡头、麻斜、龙头、乾塘（南二）、南三、官渡、石门等地的村庄活动，因此他们的回归，给在黑暗中仍坚守信念、坚持斗争的先进分子带来了希望。麻斜小学校长彭焕民（1926年曾参加共青团）多次前往广州湾赤坎的"怡园"和"超记"商铺向陈信材、彭中英汇报学校的教育情况。彭、陈两人也多次到麻斜小学布置工作，要求学校结合教学培养反帝爱国青年，开展抗日救亡工作，又给学校送去大批进步书刊。陈信材、彭中英在麻斜还多次向上层乡绅和普通民众宣传共产党团结抗日的政治主张，激发民众抗日救国的信心和决心，在麻斜营造有利于开展抗日救亡运动的良好环境。在进步教师的带领下，麻斜小学公开组织师生阅读进步书刊，结合教学讲解抗日形势，教唱抗日歌曲。学校还组织起各种形式的宣传队伍，如晨呼队、话剧宣传队、墙报标语组、演讲募捐组，经常到周围村庄、码头和公共场所开展抗日救亡宣传，发动群众抵制日货，为前线抗日军民捐款捐物。1938年麻斜群众及学校师生共捐款1500毫银，乡绅张明西个人捐出军需用布300匹。

1938年底广州沦陷后，国民党广东省政府主席委任张炎为广东省第十一区游击司令部司令和广东省第七区行政督察专员。张炎深感干部不足，难以开展工作。他亲自到香港与八路军香港办事处主任廖承志和连贯会见，请求共产党派政治干部帮助开展南路的抗日工作。为此，中共粤东南特委以香港学生赈济会的名义，派出以共产党员为骨干的青年回乡服务团第一团26人到南路（后来陆续派了近百人），推动和支持张炎坚持抗日，发动群众开展抗日救亡运动。在共产党员的具体帮助下，张炎组织了妇女抗日服务总队工作团、战时工作队等，分派到各县宣传抗日救亡。战时工作队十多人到官渡、石门等地开展抗日救亡宣传。他们深入到各个村庄，白天演讲、张贴标语，晚上办农民夜校宣传团结抗战的道理，并发动群众组织"大刀会""儿童团""妇女会"等抗日团体，把抗日救亡运动推向高潮。1939年夏，张炎决定成立第四战区南路特别守备学生队。中共党组织动员南路各县和香港的大批党员及进步青年参加，麻斜小学就有十多名学生参加了张炎的学生队。

木偶戏是吴川、梅菉、坡头一带群众喜闻乐见的一种地方剧种，为扩大抗日救亡宣传效果，陈信材拿出银元100元交给杨子儒、袁俊元、孙文山等作为改编木偶戏剧目的经费。把吴川30多班木偶戏班60多人集中在龙头圩进行剧目改编集训，利用"旧瓶装新酒"的办法把木偶戏变成抗日宣传工具，自编自唱抗日救国剧目。训练结束后，各木偶班分散深入农村各个角落演出，大大地增强了抗日救亡的宣传力度，使抗日救亡思想深入人心。

3. 联防抗日斗争的开展

日军侵占雷州半岛、广州湾后，南路的形势发生了根本的变化，日本侵略军与中国人民的矛盾已上升为主要矛盾，人民群众抗日热情高涨。中共南路特委正确分析形势，顺应民众的抗日要求，武装抗日成为南路党组织的中心任务。中共南路特委要求全体党员立即动员起来，坚守岗位，以"联防自卫、保卫家乡"为号召，团结群众，共同战斗，在抗日武装斗争中发展壮大人民的力量；加强对敌后武装斗争的领导，采取多种形式组织群众武装，开展抗日武装斗争；同时加强抗日民族统一战线工作，派陈信材、梁弘道等同张炎联系，推动张炎组织在南路的原第十九路军旧部共同抗日；派党员、进步分子推动国民党地方武装积极抗战；派干部打入伪军进行分化瓦解工作。

1943年3月，中共高州特派员温焯华从高州到达吴川，以吴川县为中心领导廉化吴梅边前线地区党组织开展抗日斗争。5月，中共南路特委调整前线地区党组织管辖范围，并加强该地区的领导力量。把吴梅地区及与之相邻的边境地区划为三部分：梅（蒙）茂（名）化（县）吴（川）边，特派员为黄明德；吴川中区，特派员为王国强；吴（川）廉（江）边，特派员为黄景文。上述三个地区的特派员由温焯华直接领导。按照南路特委的部署，坡头各区、乡党组织的工作全面转入军事斗争，一方面积极进行抗日形势教育，多方筹款购买、搜集民间武器，另一方面在思想上、组织上和物资上做好武装抗日的准备，以农村为工作重点，以组织抗日武装力量，进行武装斗争为主要任务，采取各种形式组织武装队伍。公开的形式是组织区、乡、村各级联防队和巡夜队等民众武装；秘密形式是通过党员在各村庄发展以贫苦农民为骨干的地下抗日游击小组，建立和扩大党组织直接领导的人民抗日武装。地下抗日游击小组的外围还有兄弟会、姐妹会等群众性人民抗日武装。坡头人民在中国共产党的领导下，纷纷参加抗日武装，投入到抗击日、伪军的斗争中去。

早从1941年起，张德钦等人在撤退到南二等地农村隐蔽地进行斗争时，就根据梅菉特别支部的布置，先后在三柏南、梅魁、南寨、烟楼、官滘、大仁堂和坡头的兰妙、博立、浦头、久有、张屋、黄屋、北山、夹流、椰子根等村，以开武馆教武术为名，秘密组织革命武装（当时称"地下军"）。泮北、大垌党支部也在农村中以夜校为基地组织睇垌队，秘密学习军事知识。自雷州半岛、广州湾沦陷后，坡头地区各乡村面临日军的直接威胁，人民群众要求组织起来，抗击日、伪军。人民群众保卫乡土，收复失地的愿望更加强烈。党组织组建人民抗日武装的步伐也进一步加快。烟楼党组织将地下军改编为烟楼抗日联防队，队长为韦成荣，队员有25人。不久，上淡水沟、沙城、垌尾、塴田启等村联合组织了抗日游击小组，冯永信任纽长，组员有冯永新、冯永轩、冯永朱、李衍章、李观兴、李亚甫（又名"李忆雄"）、庞信三、余寿山、张茂富、张茂贵、林德章、陈普祥等10多人，陈普祯、庞亚彩（又名"庞茂智"）为交通员。烟楼、南寨等村也相继成立了自卫队。1943年春，张德钦决定让韦成荣为组长的张屋党小组在麻斜组建抗日联防保卫队，队长为张杰，副队长为张如森。联防保卫队有步枪30多支，他们主动"围剿"土匪，袭击日、伪据点。在此前后，陈祥芳、张杰在坡头北山村建立海上秘密联络站，站长为庞日如，交通员有5人。1943年11月，张德钦、蔡华元在椰子根林世才家建立地下交通站，站长为林世才，副站长为林广，交通员是林余、林亚红、林日兰、林立邦、林真寿、林上清、林友昌、林秀元、陈玉山（女）等。同时，北山村、张屋村等地的地下军、睇垌队改编为联防队，队长为蔡华富。1944年3月，椰子根村的地下军、巡夜队改编为抗日联防队椰子根游击小组，组长为林广，副组长为林余、林亚料，除上级配发武器外，还自制土枪、地雷、大刀等。游击小组经常袭击日、伪军据点、营地。

南三岛的霞瑶、湖村、田头、北头寮等村的党员把国技馆、守夜队等群众组织起来，成立抗日联防队，公开名称仍叫守夜队，并以守夜为名配备各种武器。经过一段时间的宣传发动，南三抗日联防队很快发展到300多人，成为南三抗日保乡的一支重要武装力量。

吴西南区的官渡、石门、龙头等地，由于地处3县边缘地带，西南与广州湾、遂溪县相望，西与廉江接壤，北与化县交界，地形由滨海平原向丘陵山岭过渡，优良的地理环境既易于开展抗日游击斗争，又能获得邻县、邻区和各方面的支援，因此，吴（川）廉（江）边特派员黄景文上任后，把领导机关设在石门泮北遗风小学，加强领导吴西南人民迅速开展抗日武装斗争。遗风小学党支部先是组织遗风小学进步师生成立抗日游击小组，后又在附近村庄组织抗日联防队，联防队共有20多人。大垌村党支部秘密组织了地下抗日游击小组，不久又公开成立大垌抗日联防队。开始时，郑保庭任队长，后由郑康惠任队长，郑保任副队长，有队员40多人，轻机枪2挺，配刺刀的79步枪46支，子弹数千发，手榴弹280颗。詹式邦任县长兼县联防主任后，大垌村、水埠村、樟山村和陇水莫村的联防队、瞭望哨所由县政府指挥和负责给养，人员脱产执勤。石门乡的群众，则参加了郭达辉领导的廉江成安乡抗日联防武装。不久，大多数村庄都先后成立了抗日联防队或联防站。此外，党组织还主动做好统战工作，如陈信材利用自己在家乡所享有的崇高威望，积极做好当地上层人士的统战工作，动员他们参与到抗日救亡中来。做好了统战工作，不但很快筹集到资金购买武器装备队伍，还利用关系安排中共党员打进国民党乡政府，设法掌握该乡武装。如陈汉雄被派入石门担任乡自卫队副队长，实际掌握了该乡武装，并很快将该乡武装扩编为乡联防队，在滩颈、东埇、湍村、新村、石门、石窝、官渡、鸡笼、鸭窝等村庄设立联防站，由乡联防队统一指挥。各地民众抗日联防武装成立后，在党组织的领导下，加紧开展军事训练，随时准备抗击进犯的日本侵略者。

1943年3月间，日、伪军一骑兵队企图袭击石门乡新村，党员郭达辉、宋家培、陈汉雄、黄飞等带领泮北、白鸽港的游击小组30多人迅速占领石门西高地。当日、伪军骑兵队到达石门对面平石渡口准备渡海时，抗日联防队开枪打伤其战马一匹。日军见有埋伏，仓皇撤退。首战告捷，大大鼓舞了吴西南人民抗日斗志，加速了抗日武装组织的发展。

1943年10月的一天，20多名日、伪军乘坐一艘炮艇从广州湾出发，进犯陇水乡莫村。大垌村抗日联防队获悉后，由郑康惠、郑保率23名队员配合莫村抗日联防队队员莫书奎等11人，在林海村边占据有利地势，伏击敌人。当日、伪军拉着抢来的牛，抬着猪、三鸟、被服等物资走向停靠在海边的炮艇时，抗日联防队队员从道路两边同时开枪，当场击伤日、伪军数人，夺回被抢的物资，日、伪军弃甲逃窜。

1944年4月的某天，林广带领联防队椰子根游击小组，袭击坡头海关楼日、伪据点，击伤日、伪军2人。

1944年4月，驻广州湾的日、伪军40多人，乘坐2艘炮艇先后开到五里山和官渡潭村一带，企图登陆抢掠。瞭望哨发现后立即报告大垌抗日联防队。郑康惠带领20多人埋伏在五里山岸边，向准备靠岸的日艇开枪射击。日、伪军见有埋伏，不知虚实，慌忙掉转船头逃跑。不久，水埠村抗日联防队在企坎渡头又一次击退企图登陆的日、伪军。

1944年5月，日、伪军多次进犯吴西南区遭抗击，因此伺机报复，在五里山海滩红树林设伏，佯攻官塘村，待大垌村联防队出击时在路边伏击，结果反被大垌村联防队击溃。联防队队员莫亚洛怒不可遏，冲入敌阵，与日、伪军头目搏斗，夺得"喳咀"手枪一支，吓得日、伪军慌忙乘快艇逃走。

1944年秋，日、伪军从广州湾乘坐2艘武装汽艇，窜入石窝海面，企图登陆抢劫。陈汉雄指挥石门乡联防队数十人，集中在石窝的沙头嘴海岸向日军汽艇开火。日、伪军见势不妙，仓皇逃命。

抗日联防武装打击日、伪军取得节节胜利，极大地激发了民众的抗日斗志。当时，驻遂溪县四九圩的日、伪军，每逢两家滩圩日都来收税，群众强烈要求人民抗日武装打击这些日、伪军。吴（川）廉（江）边特派员黄景文决定主动出击，寻找机会打击日、伪军。1944年9月中旬，黄景文布置黄飞、陈汉雄等带领东桥、白鸽港、成安乡和石门乡游击小组、联防队80多人，在两家滩圩西面的拱桥，伏击前来收税的日、伪军。上午8时许，当日、伪军进入伏击圈时，抗日武装从桥两端同时开火。当场击毙日、伪军2人，打伤数人，活捉2人，从此，日、伪军再也不敢到两家滩圩横行作恶。

4. 统战工作的开展和抗日联防区的建立

面对强敌入侵，中国共产党在抗战爆发之初，就提出了建立抗日民族统一战线，集中一切国力为抗日而奋斗的主张。抗战初期，高雷各级党组织和广大党员，深入乡村、城镇，宣传党的抗日民族统一战线政策，团结和动员社会各阶层人士，捐款捐物支援抗日前线，在高雷地区营造了一个团结抗日的良好氛围，极大地推动了高雷地区抗日救亡运动的深入开展。雷州半岛和广州湾沦陷后，党组织在加紧组建人民抗日武装的同时，也加强统一战线工作的开展。

由于地处法租界边缘，坡头党组织利用第二次世界大战爆发，法国自顾不暇，对租界的议会等基层政权的管理相对松懈的机会，布置党员或进步乡绅参选乡村议员，一方面可以利用手中权力为民众办实事，减轻群众负担，同时也为党组织的活动提供方便和传递情报。1940年，在南二地区先后有庞玉瑞、陈庆桃、林兴有、李才发、梁德富等人打入法租界坡头公局任议员。1944年冬，通过议员陈庆桃、梁德富的情报，抗日游击小组缴获不法地主步枪5支和子弹一批。

在抗战初期，麻斜进步青年张创根据广州湾支部的布置，多次回到麻斜开展统战工作，宣传国共合作抗日和共产党抗日统战政策，促使麻斜乡绅如张明西、麻斜公局局长张斗文等人和麻斜小学校长彭焕民，进步教师张炳、张治等在思想上认同共产党，行动上支持抗日活动，把麻斜小学打造成抗日救亡的堡垒。当国民党顽固派掀起反共高潮时，麻斜小学收留了多位共产党员，如黄明、黄文光、李夏霜及进步教师彭培鸿、赖桂芬、朱小波，他们以该校教师的身份隐蔽待机。广州湾沦陷后，租界当局的基层政权已名存实亡。党组织选定积极支持抗日的张明西、张耀堂、张斗文等人为统战对象，建立党领导下的抗日民主政权。1942年，麻斜抗日同心会成立，核心领导小组从1943年春起，停缴法公署税捐，从而为麻斜群众减少田粮税负担达3000多毫银。同时，发动群众捐款支持抗日。麻斜群众有钱出钱，有力出力，据不完全统计，麻斜群众共捐法币72000多元，粮食11500千克。在此基础上，党组织还把武术馆等抗日群众武装和麻斜公局团兵改编为抗日联防保卫队，公开以公局团兵的身份开展武装斗争。

吴川是抗日爱国将领张炎的家乡，抗战初期，张炎主政高雷，曾指令各县成立民众抗日自卫团，组建游击队，发展抗日武装。后来张炎虽然被迫辞职离开南路，但他坚持团结抗战的思想已深入各阶层。香港沦陷后，在党组织的营救下，张炎随大批文化界人士安全撤离香港，移居广西柳州。他不时返回家乡，与旧部保持着联系，还到麻斜看望原十九路军战士和为抗日牺牲的张天隆家人。为团结张炎共同抗日，已把工作重点转到廉化吴梅边前线的中共高州特派员温焯华派陈信材、黄景文、王国强等人同张炎联系，支持他发动原十九路军旧部和詹式邦等人，组织民众抗日保家乡。

1943年2月，日军占领了法租界坡头。国民党吴川县县长何洒英畏敌而逃，县政府陷于瘫痪。5月，经张炎提议并通过李济深推荐，国民党广东省政府委任詹式邦为吴川县县长，不久又兼任电（白）吴（川）梅（菉）沿海警备司令。詹式邦就任县长后，与共产党和进步人士合作，委任了一批共产党员在县政府担任要职，撤销一批反动顽固的保甲长的职务，任用一批开明人士担任各乡保甲长。党组织抓住时机，安插部分党员和进步人士进入政府担任职务。如在西南区，安排黄联吉任石门乡乡长，冯大猷任副乡长；袁俊元任陇水乡乡长，庞景龙任特思乡乡长，还安排一些进步人士任保甲长。把各乡的政权（乡、保、甲）变成为党掌握的抗日民主政权。中共吴廉边特派员黄景文指示广大党员，积极推动詹式邦组织训练民众，推广抗日联防，促进吴川抗日武装斗争的开展。其时，以遂溪县为重点的雷州各县联防抗日斗争正开展得如火如荼，抗日联防区遍布各乡村。张炎赞同和支持组织抗日联防区和联防队，进行抗日自卫，但由于他当时并没有掌握实际权力，力量单薄，因而一直没有行动。共产党员在吴川组建民众自卫组织，开展抗日自卫斗争并取得胜利，张炎闻之甚为兴奋。他邀请陈信材商讨发动地方民众抗日的大计。党组织派郭达辉为代表前往樟山与张炎会晤。席间，郭达辉适时提出了建立吴、化、廉抗日联防区的建议。张炎推举詹式邦与郭达辉共同研究起草了《吴、化、廉抗日联防区组织草案》，决定首先在吴川建立吴川抗日联防区，然后推而广之。几天后，吴川县抗日联防区筹备会议在官渡高岭村召开。詹式邦、陈信材、张怡和、招壁墀、郑汝铺、杨子儒、郭达辉和石门、陇水、特恩等乡乡长十余人出席了会议。会议一致推举詹式邦为吴川抗日联防区主任，陈信材、招壁墀为副主任，同时要求各乡、村立即出人出枪，组织抗日联防队，将全县各乡联成一体，一方有警，各方支援。会后，吴川西南部、吴川北部和东北部相继建立起三个抗日联防区。其中，詹式邦兼任吴西南联防区主任，陈信材兼任副主任，陈汉雄任联防大队大队长。

各联防区成立后，加紧发展武装，筹集枪支弹药，建交通情报网络，随时准备迎击入侵之敌。1943年6月，在陈信材的指导下，吴廉边联防区设立10个武装联防站。其中：梁植庭任滩颈站站长，陈木任东涌站站长，卢耀先任湍流站站长，窦秀峰任新村站站长，庞成福任石窝站站长，李乔焕任官渡站站长，冯大猷任石门站站长，梁某某任鸭窝站站长，莫某某任莫村站站长，郑康惠任大垌站站长。各乡设立联防队，石门乡队长为陈汉雄，陇水乡队长为莫书奎。坑陇村庞斗才组建了抗日联防分队，隶属大垌联防队。水埠村在招壁墀的发动下也组建了水埠联防队。很快几乎村村都有抗日联防组织，一些小村庄则以"巡夜队""睇垌队"等名义组织武装队伍，实质也是抗日联防队。经过一段时间的组织发动，吴廉边联防区抗日武装联防队发展到200多人，由吴川县联防副主任陈信材直接指挥。与此同时，陈信材派张德钦到南二区，将淡水沟、沙城等村的地下军、守垌队改编成立4个监视哨，监视广州湾日军动态。4个监视哨由党员孙均太、韦成荣、邓兴杰、蔡华元负责。派康景柏为总交通联络员，一旦发现敌情，即刻报告张德钦。

各区、乡联防队成立后，以集训壮丁为名对联防队队员进行政治、军事训练，并组织农民以吊耕为名，进行二五减租，一半分给农民，一半给联防队作军粮，同时发动群众抵制国民党征兵、征粮、征税。

吴廉边沿海一线抗日联防站监视哨相继建成后，形成一条坚强的防线，多次抗击从海上来犯的日、伪军。1943年6月7日，"南路第七区司令官"、汉奸吴绳森（绰号"阳江四"），率日、伪军200多人洗劫板桥一带村庄，詹式邦率领部队和大垌、樟山、水埠抗日联防队，将其击溃。同年11月20日，在西坡村将进犯坡头鸦翠村的阳江四处决，为民除了一大害。

1944年6月，南二抗日联防队袭击上坭村日、伪据点。由于行动暴露，被大批日、伪军跟踪，在南二烟楼村被包围。正在该村活动的黄明德、叶芳卿、何婉明、李载昌、蔡华元被捕。烟楼村共产党员陈祥芳闻讯后马上组织营救。烟楼村群众纷纷把被捕的联防队队员认作自己的亲戚，叶芳卿、何婉明、李载昌、蔡华元被释放，黄明德由于口音不同，被敌人缠住不放。烟楼村张二嫂把黄明德认作是自己的远房表兄，村中在法租界公局担任乡村议员的族老也极力担保，黄明德终被释放。根据地的群众就是这样，冒着生命危险，也要掩护抗日联防队队员。

在吴廉边两家滩遭到伏击后，日、伪军伺机报复。11月23日晨，驻乌蛇岭九间屋据点的日军一个小队和伪军一个中队近100人，分乘3艘船在钩镰岭海边登陆，袭击成安乡湍流村。成安乡联防队负责人马俊英早有防备，在天黑之后就已带队撤离该村。日、伪军扑了空，四处开枪，抢掠猪、鸡等财物，继而向石门进犯。岭尾村抗日哨所詹德方发现敌情后，火速报告中共吴廉边特派员黄景文。黄景文接报后，立即集中泮北、白鸽港等游击队追击敌人。次日上午近8时，当日、伪军满载抢来的财物准备撤离湍流村时，抗日游击队向敌人发起了进攻。泮北、白鸽港的师生和附近村的联防队、游击队几十人，直插钩镰岭海边，击沉敌人3艘木船，堵死敌人的退路，把敌军围困在钩镰岭。不多久，陈汉雄、黄联吉、冯大猷率领石门乡联防队100多人赶到，挡住敌人向石门方向逃窜的去路。郑康惠、郑保率领的大垌联防队几十人在外围警戒，防止日军增援。随后，附近一带村庄农民也赶到各个山头，摇旗呐喊，有的举锄头，有的大声呼叫助阵。日、伪军被包围，不知抗日游击队有多少人马，不敢闯阵，只有依仗精良武器，在钩镰岭一侧负隅顽抗。从早上8时一直到午后，日、伪军动弹不得，被击毙4人、击伤5人，抗日游击队无伤亡。詹式邦获知战报后，火速率电吴梅廉警备区两个大队约300余人，前往增援，与游击队并肩战斗。双方激战几小时，直到天黑。入夜，驻广州湾赤坎的日军派汽艇前来接应，日、伪军才得以逃脱。是役击毙日军小队长松川等10余人，击伤日、伪军20余人，詹式邦部队也阵亡5人，伤10多人。这一战斗的胜利，大大震慑了日、伪军，鼓舞了抗日军民的斗志。

二、开展独立自主的抗日武装斗争

1. 党领导的抗日武装的组建和斗争

中共广东省临时委员会成立，机关设在东江游击区。由于战争环境，交通阻隔，南路特委和正在南路特委指导工作的原粤南省委组织部部长王均予都不知道这一情况，失去了与上级的联系。1943年8月，王均予到达重庆，设法与中共中央南方局取得联系，汇报了上述情况，要求南方局直接领导南路特委，并对他本人的工作做出安排。1944年春，南方局召南路特委书记周楠前往重庆汇报工作，并对南路工作做了重要指示，要求南路特委在雷州半岛敌后，必须建立一支由共产党领导的独立自主的武装力量，依靠群众，开展抗日游击战争。

1944年7月，南路特委书记周楠从重庆回到特委领导机关所在地广州湾，立即召集特委组织部部长、高州特派员温焯华，雷州特派员陈恩等主要干部开会，传达学习南方局负责人和王若飞等领导同志对南路工作的指示，表示要坚决贯彻南方局的指示精神，加紧发展共产党直接领导的人民抗日武装，决定首先在遂溪沦陷区举行抗日武装起义，发展敌后武装斗争。同时做好准备，发动各地起义，配合部队攻打高州。

7月8日，高州特派员温焯华参加完特委会议回到吴川，在低岭小学召开吴、化、廉、梅边区领导干部会议，传达贯彻南路特委会议精神，并根据高州六属地区的情况做出部署，要求廉化吴梅边前线地区，进一步发展抗日联防武装和秘密游击小组，并进行军事训练，为建立人民抗日武装队伍做准备。会后，各地积极从思想上、组织上和物资筹集等方面，做好抗日武装斗争的准备，积极创造条件建立人民抗日武装队伍。陇水乡党组织发动群众3000多人在陇水芦村召开陇水乡人民抗日救国誓师大会。吴梅边区党支部在南三田头村抗日游击小组内建立小型兵工厂，修理损坏的枪支及制造大刀、长矛等简单武器。党组织要求所有党员设法把本村的民间枪支控制起来，发动爱国绅士捐献枪弹，推动祖尝筹款购买武器。许多党员除积极发动群众募捐外，还变卖家产筹资交给党组织作为组建抗日队伍之用。

在广大党员的宣传发动和率先垂范带动下，坡头人民踊跃捐款献物，支援抗日活动，坡头镇博立村旅港商人许爱周在香港即将沦陷期间，毅然将筹办儿子婚宴的费用20万元银元捐了出来。北马村开明地主庞中捐献1200元银元和物资一批，群众捐献300元银元。官渡新屋村通过妇女会、兄弟会发动，群众纷纷捐钱捐物，其中鲁志汉捐银元100元，鲁绍才捐银元60元，鲁志就捐谷250千克，鲁道循捐谷500千克，鲁业荣捐谷600千克，鲁绍志捐谷250千克，鲁绍华捐谷500千克，鲁绍容捐谷250千克，鲁志寿捐谷250千克，鲁志勇捐谷250千克，鲁绍德捐谷400千克，鲁志均捐猪1头。群众还将用生猪和稻谷换取的约400元银元交给抗日游击队陈汉雄大队使用。坡头许屋村捐献银元176元、粮食650千克；窝塘村捐献银元50元、粮食80千克；鸡母塘村捐献银元150元；冼北村捐献粮食1750千克；亚罗村捐献粮食125千克、衣物16件、银元120元；南河村捐献银元180元、粮食900千克；塘鸭村捐献粮食150千克、银元30元；夹流村捐献文物50件、粮食750千克；邱屋山捐献稻谷250千克；南三老梁村捐献衣服80多件；岭脚村捐献大米1000千克、猪10头。

此前，为了筹集活动经费，吴梅边区党支部在南三田头村成立"征稽队"，在南三海面上征稽过往运送洋货船只的税款，在田头圩市场收租，向鸦片烟馆、赌场收税、罚款等。同时还要求地方退租充当军粮。张德钦带领梅菉特支经济组，在梅菉五里营世德农业职业学校煮盐出售。为解决投产经费，李时清把宜昌公有的0.133公顷田卖掉，袁俊元将教书所得款捐出。投产两个月，收入可观。后被国民党当局发现，被迫停止活动，将人员撤走。后来，张德钦、韦成荣、孙均太等在乾塘三窝天后宫开会，发动和组织三窝沿海人民开盐田，晒盐，煮盐，多方筹集抗日经费。不久，吴廉边特派员黄景文派张德钦组织南二的党员和地下军捐款买船贩运棉纱，主要任务是从电白水东运棉纱至梅菉，接着用船运到乌泥，再经新埠到广州湾出售。为此，冯永信变卖耕地0.7公顷，冯永新变卖耕牛，李衍章变卖生猪，共同筹款买船组建船队，同时发动党员和地下军及群众参加运输棉纱队伍。参加运输队的有党员孙均太、李时清、蔡华元、李华池、李上贵、张茂祥等人和群众共500

多人，共有牛车20多辆。当棉纱运到大茅时，被当地乡绅陈宝华截住。当陈宝华得知棉纱确是陈信材的，便放行了。张德钦和上淡水沟党组织还发动各村组织群众成立渔业合作社，由陈祥芳、李华池负责捕捞队，李时清负责加工销售队，既解决群众的生产生活问题，又为组建人民抗日武装筹集了大笔资金。

群众被发动起来，青壮年踊跃参加人民抗日武装。各区、乡的抗日联防队和抗日游击队进一步发展起来。吴廉边区成立由林林负责的东桥抗日联防队、由陈汉雄负责的石门乡抗日联防队、由马俊英负责的廉江成安乡抗日联防队。1945年1月，吴川县组建了3个武装大队和1个独立中队。其中，以西海岸的石门、白鸽港、泮北、陇水、大垌、龙头一带几个乡子弟组成陈大队，大队长为陈汉雄，政委为郭达辉，大队约有200余人。在党组织的领导下，吴梅化廉各县人民抗日武装力量做好了抗日武装起义的准备。

此前，1944年，因与共产党联合抗日而备受顽固派攻击，被撤销吴川县县长一职的詹式邦，受国民党第四战区司令长官张发奎指派，以战区少将参议的身份于9月下旬从柳州返回吴川，统率电、吴、梅沿海第四、五警备大队。张炎也奉命以战区中将参议身份从柳州回南路视察，并加紧发展抗日武装，将其30人左右的自卫队扩充为200多人，实行军事训练，准备武装抗日。国民党顽固派对此十分恐慌和不满，一方面调集兵力准备武装镇压，另一方面派特务四出搜捕共产党员，国民党顽固派的进攻迫在眉睫。1944年秋，邓鄂派军统少将特务邓易南来吴川设立据点，以盐商作幌子常住石门乡木侯村，搜集抗日情报，监视张炎和侦察中共抗日活动，南路的形势进一步恶化。要坚持抗日，必须打击顽固派。只有打击顽固派，才能全力抗日。是年11月，中共吴廉边特派员黄景文，布置郭芳带领泮北游击小组陈思豪、詹德贞、陈志刚等10人和木侯村游击小组詹四、詹如芳等5人，摸到邓易南住处，抓获邓易南，缴获发报机一台，手枪一支，并对邓易南加以处决（邓重伤装死，后逃脱）。此事震动了国民党内部，对此，邓鄂十分恼怒，加之抗日游击队不断扩大，多次取得抗日胜利，邓鄂更是不快。于是命令詹式邦搜捕高岭村德望小学校长郭达辉、大路泽普小学程西屏等中共地下党员和进步青年。詹式邦不但不缉捕共产党员，反而派人护送这些同志转移，并把情况告知共产党组织，然后带兵搜查高岭德望小学和大路泽普小学，向邓鄂交差。

1944年12月中旬，张炎得悉邓鄂准备派兵南下，以图消灭廉化吴梅人民抗日武装，形势危急，于是在樟山召开有陈信材、黄景文、曾伟、叶春、邓洪潮、张炎、郑坤廉等人参加的"七人会议"。会上，张炎谈到国民党顽固派对他进行威逼恐吓，估计准备下毒手，邓鄂部队一五五师也将到达高州，将会同保安一团一起南下廉吴化梅地区进行"扫荡"镇压。他自己决定组织武装起义，但由于一些旧部未达成共识，故条件不够成熟。陈信材、黄景文当即对他此举表示支持和配合。会议对起义时间虽未确定，但一致认为要加快发展队伍，积极做好起义准备。会后，黄景文即向温焯华汇报。特委指示要抓紧准备。12月下旬，温焯华在吴川低岭召集廉化吴梅地区特派员黄明德、黄景文、陈醒亚、王国强等开会，决定紧急集合武装队伍举行抗日武装起义，并指定黄景文、王国强等密切与张炎联系，争取张炎所部配合行动，共举义旗。同时，温焯华致函茂、电、信中共特派员兼军事特派员陈东，要求茂、电、信三县在1945年春节（2月13日）前后举行武装起义，组织当地人民武装配合特委主力部队进攻高州。王国强根据特委指示两次到樟山专访张炎及其夫人郑坤廉，征求他们对吴川形势的看法和对抗日武装起义的意见。

1945年1月6日，中共吴（川）廉（江）边特派员黄景文，获知廉江县县长黄镇召开各乡乡长会议部署兵力准备袭击中共吴廉边党组织和人民抗日武装的消息，决定立即集结廉江成安乡、东桥、白鸽港和吴川石门、陇水、龙头等地的抗日联防队和游击小组、地下军等700余人，举行抗日武装起义，组成以林林为大队长兼政委的林大队和以陈汉雄为大队长、郭芳（郭达辉）为政委的陈大队。林林率部在良垌附近截击进犯的顽军，使黄镇偷袭的阴谋完全破灭。陇水乡大垌村抗日联防队郑康惠率领本村和附近村庄103人的队伍，携带2挺轻机枪、56支步枪，已于1944年12月24日集结于白鸽港，后编入陈汉雄大队，再后来编入林林大队，参加起义。1945年1月7日至14日，王国强、陈醒亚、黄明德等先后率领所属部队举行抗日武装起义。南路特委决定在低岭成立以吴川为中心的抗日武装起义指挥部，指挥吴化廉梅各县武装起义的统一行动。

1945年1月11日，南路特委决定党领导的起义部队攻打塘塱国民党邓侠这股顽军，由黄景文部和王国强部分别从东、西两边进攻塘塱。但是由于事前没有开过军事会议，互相配合不好，加之黄景文部在途中遇有特殊情况未能及时赶上参战，天亮后，王国强被迫撤回大洋村。情况在急剧变化，1月13日，邓鄂派国民党第一五五师团长李昌率保安团包围国民党化县抗日自卫总队，逮捕杀害县政府秘书兼自卫总队队副文邵昌，下令撤掉詹式邦电、吴、梅沿海挺进司令的职务，把军事指挥权交给吴川邓侠，并派兵到樟山村逮捕张炎。这时张炎意识到：文邵昌被杀，詹式邦被撤职，顽军兵临城下，局势十分险恶。张炎、詹式邦当机立断，决定接受共产党的领导，立即宣布起义，反击国民党顽固派的进攻。他要求中共南路特委派部队配合攻打国民党吴川县城塘塱。由于时间紧急，南路特委只能通知王国强率部配合张、詹作战，对黄景文未能及时通知。1月14日凌晨，张炎率领所部及詹式邦的电、梅、吴沿海警务司令部第五警备大队两个中队共700多人，分路攻陷塘㙍国民党吴川县政府，顽固派县长邓侠被俘，顽军400多人向抗日起义军投降。起义部队缴获步枪500多支，轻重机枪10挺，弹药、器械一大批。配合行动的王国强率领陈以铁大队攻克国民党吴川监狱，释放政治犯和无辜群众200多人。邓侠被押回樟山处理。15日，廉江东桥林林大队、吴川陈以铁大队收缴廉江反动县长黄镇家（中堂）的枪支弹药。翌日清晨，从樟山逃脱的邓侠及其随从在吴西南区上圩附近被陈汉雄大队郑康惠第一中队抓获，当天公审后执行枪决。在攻下塘㙍后，抗日游击队林林大队，陈汉雄大队，王国强、陈以铁大队，黄明德、梁弘道、李一鸣大队会同张炎、詹式邦部队将吴川境内所有乡公所的武器全部收缴。吴川全境被抗日起义部队控制。19日，张炎、詹式邦起义部队集中在高岭村马路尾广场誓师起义，宣布成立高雷人民抗日军。军部设在高岭村詹式邦家的书房，张炎任军长，詹式邦为副军长，叶春任政委，曾伟为政治部主任。该军下设两个团，兵力约800人，拥有轻、重机枪18挺，迫击炮2门和大量的步枪。张炎在誓师大会上发表高雷人民抗日军宣言，表示拥护中国共产党的领导，坚持团结抗战，反对对日妥协投降，废除苛捐杂税，实行减租减息，开仓济贫，改善人民生活。

1945年6月，杨子儒派张德钦到南三开辟新区，在霞瑶村发展陈邹、陈光、陈青、陈增生等人参加游击组。蔡华元到埇尾垌、坉屋、博立村分别建立游击小组，埇尾垌小组由陈保珍负责，坉屋小组由姚玉芳负责，博立小组由许焕文负责。

高雷人民抗日武装起义，特别是张炎在吴川的起义，震动粤、桂两省。国民党顽固派对起义队伍疯狂地进行政治、军事"围剿"。他们下令通缉张炎、詹式邦，同时从粤桂边调动一五五师配合茂阳师管区保安部队和各县反动武装，对人民抗日军进行军事"围剿"。

1945年1月19日前后，周楠、李筱锋到达吴西南官渡游击区，召集温焯华、黄景文、邓麟彰及大队长以上的干部和县的负责人在泮北遗风小学召开会议，决定将吴（川）、化（县）、廉（江）、梅（菉）起义部队和雷州半岛的部队合编，成立广东南路人民抗日解放军（原定番号为"广东南路人民抗日游击队"），由周楠任司令员兼政治委员，李筱锋任参谋长，温焯华任政治部主任，下辖两个支队，约3000人。第一支队由雷州人民抗日游击队3个大队组成，支队长为唐才猷，政治委员为陈恩，政治处主任为黄其江。第二支队由吴梅化廉边起义部队组成，支队长为黄景文，政治委员为温焯华（兼），政治处主任为邓麟彰。第二支队下辖4个大队：第一大队大队长兼政治委员为林林；第二大队大队长为陈汉雄，政治委员为郭达辉；第三大队大队长为陈以铁，政治委员为王国强；第四大队大队长为梁弘道，政治委员为黄明德。吴西南、南二、南三的子弟踊跃参军，其中吴西南子弟参加第二支队陈汉雄大队的就有400多人，连同参加其他大队和高雷人民抗日军的，达500人以上。

1945年1月24日，国民党茂阳师管区副司令肖仲明率保安团近千人占领吴川塘㙍，大肆烧杀。石门、官渡、高岭一带村庄被"扫荡"3天。其中隔山村被杀死7人，抢走粮食5000千克，耕牛11头，生猪31头，银元900多元，鸡200只，烧毁房屋22间。高岭村被烧民房32座共136间，焚烧稻谷200000千克，牲畜损失约56万元银元。黄桐村被抢走的财物折计银元1000余元。峒稍村损失折银元2万多元。

中共南路特委已提前获悉顽军进攻的企图，于是放弃在吴川建立根据地的计划，改由南路人民抗日解放军联合高雷人民抗日军进攻高州，向信宜、罗定方向发展，以打开粤桂边抗日游击战的局面。1945年1月23日，南路人民抗日解放军第一支队两个大队和第二支队主力联同高雷人民抗日军，分别从遂溪、泮北、塘㙍等地分头向化北挺进，直指高州。北上沿途击退国民党顽军多次进攻，在化北中垌会师。双方协同作战，打退企图围歼人民抗日武装的国民党顽军，歼灭其1个连。1月27日，中共南路特委在中垌召开战地军事会议，邀请张炎、詹式邦、曾伟、叶春、彭千玺等人参加。会议由周楠主持，李筱峰做军事形势报告。鉴于邓鄂正调集重兵防守高州，会议决定放弃进军高州计划，先攻下廉江武陵，直指塘蓬——国民党廉江县政府所在地，消灭黄镇、戴朝恩反动武装力量，再进军粤桂边，开辟廉、化、陆、博边抗日根据地。于是司令部率领第一、二支队作一路；张炎部队和陈醒亚独立大队作一路，从南、北两个方向进攻塘蓬。高雷人民抗日军在进攻塘蓬途中，张炎因为误信国民党廉江县县长黄镇、雷州挺进支队戴朝恩伪造的张发奎的电报，中了其诡称前来投靠高雷人民抗日军的奸计，而放弃了进攻塘蓬的计划。南路人民抗日解放军被迫撤出战斗。当张炎把部队撤回灯草后，立即遭到黄镇、戴朝恩挺进支队和广东省保安六大队1000多人的包围袭击。张炎部队没有战斗准备，因措手不及而陷于混乱，部队被打散。张炎带领随从入广西找李济深，商讨今后抗日大计。詹式邦带领200多人回吴川西南区隐蔽于沿海一带，坚持武装斗争。曾伟带领60多人加入南路人民抗日解放军。但是张炎在赴广西途中误入顽固派的圈套，2月3日，在博白英桥圩被国民党博白县覃一堃自卫大队大队长扣留，并被押解到玉林，国民党桂南行署主任梁朝玑执行蒋介石"就地处决"的电令，1945年3月22日，张炎在玉林东岳岭壮烈牺牲（1958年1月8日，中央人民政府追认张炎为革命烈士）。黄镇、戴朝恩部队袭击张炎部队的同时，也向共产党领导的抗日部队进攻。南路人民抗日解放军单方御敌，在廉西木高山咸谊林苦战。战斗中大队长林林牺牲。第一支队洪荣大队、第二支队陈汉雄大队展开阻击，掩护司令部撤退。战斗空前激烈，至下午4时，才将顽军击退。第二支队是新建立的队伍，缺乏战斗经验，半数被打散。至此，南路人民抗日解放军和高雷人民抗日军联合开辟廉、化、博、陆边抗日根据地的计划遭到了挫折。暂留在吴川活动的南路人民抗日解放军第二支队第四大队，在击溃顽军多次进攻后也遭挫折。部队在沿江北撤时被打散，南巢一役，大队长梁弘道牺牲。因敌人封锁，跟不上司令部的行动，陈以铁、李一鸣大队中途折回吴川、化南地区坚持活动。2月5日，木高山之战后，中共南路特委和南路人民抗日解放军司令部在廉（江）、博（白）边境的照镜岭召开紧急军事会议。鉴于张炎部已解体，第二支队在木高山等地被顽军袭击损失严重，又遭顽军数千人尾随追击的现实，会议决定放弃在廉（江）、博（白）、陆（川）建立根据地的计划，从各部队抽出800人，组成一支主力部队，由参谋长李筱锋和第二支队支队长黄景文率领，开进群众基础较好的合（浦）灵（山）边白石水地区建立根据地，发展武装斗争。留下来的人员转回雷州半岛、廉（江）、化（县）、吴（川）、梅（菉）等地恢复扩大队伍。1945年2月28日，为贯彻南路特委和南路人民抗日解放军司令部关于向茂西进军的命令，第二支队第三大队决定，将战斗力较强的队员组成120人的队伍，第四大队组成77人的队伍，从吴川山岭仔出发，向茂西挺近。陈以铁、李一鸣两大队进入茂西后，由于形势已发生变化，部队和当地党组织联系不上，没能摸清顽军的情况。3月4日部队在到达茂西木头塘村附近休息时，被国民党顽军突然袭击，队伍被打散，损失惨重。第四大队欧鼎寰等6人当场牺牲；第三大队梁敬等2人牺牲。陈以铁大队长在途中被捕，在高州慷慨就义。

还有张子成等人也不幸被捕，于4月16日在高州被杀害。第三、第四大队进军茂西建立根据地的计划未能实现。

3月中旬，王国强、邹贞业、朱兰清等30人先后回到吴川与程耀连中队汇合。李一鸣等10多人也于4月间返回化南坚持斗争。回吴川坚持武装斗争的部队虽不多，但却大大鼓舞各区革命家属和留下的游击小组对敌斗争的斗志。抗日武装斗争在坡头地区仍在继续进行着。

1945年4月25日，伪军侵入南二淡水沟海面。张德钦发动各村抗日游击小组40多人，配合上淡水沟游击小组伏击敌人。李时清派庞亚彩到梅菉情报站，陈普祯到东海情报站联络各游击队配合，并安排好群众和财物转移。游击小组和日、伪军从当天下午5时激战到第二天早晨，由于敌强我弱，游击小组紧急撤退。日、伪军进入上淡水沟、沙城、烟楼一带村庄，实行烧、杀、抢"三光"政策。游击小组随时注意日、伪军行动，利用人熟地熟的有利条件，侦察敌情，寻找时机骚扰敌人。李忆雄、庞亚彩等人把番薯挖孔塞入毒药，准备偷偷投进敌人锅里，不料被日、伪军发现，未能得手。陈茂祥、陈普祯等人见这样不行，就派陈德太、庞亚彩、梁玉兰等人装作渔民捉蟹，趁敌船无人警戒之机，斩断日、伪军船缆3条，劝说两名舵手跳海逃跑。日、伪军撤退时，无人驾驶船只。游击队队员梁上保、陈瑞林主动给日、伪军当舵手，驾驶敌船从淡水沟撤退。敌船准备入侵水东。当船驶到鼻梁同海面时，已近深夜。陈瑞林、梁上保乘日、伪军熟睡、东北风较大之机，急调转船头驶向东南海面，破坏船体后跳入海中游上岸，两船日、伪军在熟睡中葬身大海。抗日武装和根据地的人民就是这样，为夺取抗战的胜利，采取各种各样的方式坚持斗争。

2. 交通网络建设

1945年3月，南路特委在遂溪召开干部会议，周楠、温焯

华、唐才猷等领导总结经验教训，认为发动武装起义和扩大独立
自主武装是正确的，但不区别情况，全面发动，全面拔根，全
面暴露却是失误的。它低估了反动势力的力量，带有一定的盲动
成分，造成抗日力量的损失。南路特委决定还未起义的地方停止
起义；已发动起义的地方立即抓紧部队整顿，组织小型武工队回
原地分散活动，恢复发展游击战争；迅速恢复以广州湾为中心的
情报交通网和统战工作，动员参加部队的师生返回学校隐蔽，恢
复学生工作和群众工作；雷州半岛敌后人民抗日武装部队加强整
训，继续扩大队伍。在此前的1942年春，鉴于日军发动太平洋战
争，香港已沦陷，日军将要入侵雷州半岛和广州湾的紧迫形势，
中共南路特委书记周楠和粤南省委组织部部长王均予参加完粤南
省委会议回到广州湾后，曾指示广州湾党组织迅速组建秘密游击
小组，建立发展交通情报网，做好武装斗争的准备。为此，广州
湾党组织和广大党员，改变生活方式，在合法职业的掩护下，通
过与统战对象合办商店等形式，在敌人的眼皮底下建立起一批交
通情报站，传送文件和情报，在抗战中发挥了重要作用。广州湾
沦陷后，党组织进一步加强了交通情报站的建立和巩固工作。
1944年冬，张德钦布置在梅菉—坡头—广州湾沿海一线的淡水
沟、麻斜、石门等地设立交通站，扩大交通员队伍，使人数达到
160多人，将之分为十个组，很好地沟通了吴梅地区与广州湾特
委的联系。交通站成为了特委联系省委、香港等地交通的重要桥
头堡。抗日武装起义后，因敌军的封锁、"扫荡"，原有的交通
网络不断被破坏，从广州湾通广州、香港的联络已被截断，熟练
的交通员或参军或调动，很多交通站或被敌破坏或因交通员走散
而停止使用。因此，恢复通畅的特委交通网，已是刻不容缓的事
情。1945年3月，南路特委派杨子儒到吴川滨海区负责交通情报
网的恢复和建立，又把吴川党组织建立的石门泮北交通站作为沟

通特委与吴、化、廉的通道。随即,特委派周明、袁德权担任广州湾至水东、香港的交通员;派邓平、康景柏担任水东至梅菉、烟楼的交通员,恢复和建立坡头地区海岸沿途的交通站。烟楼站,站长为陈祥芳(后吴朝兴);垌田启站,站长为李信明。

1945年6月,为进一步加强与吴(川)梅(菉)茂(名)广大农村游击区的联系,特委将梅菉、覃巴、银岭、吴阳黄坡、南二、南三等沿海地区划为秘密工作区,建立以梅菉为中心,沟通广州湾至水东的沿海地下交通走廊,任命庞达为秘密工作区特派员。庞达到任后,与杨子儒把全区前段组织起来的武装力量分为三个抗日小组:第一组由李时清负责,活动于烟楼、南寨一带;第二组由李信明、李信尧、李德春负责,活动于三片、高岭仔一带;第三组由蔡华元负责,活动于广州湾边境。张炎将军牺牲后,中共南路特委对张炎将军的夫人郑坤廉女士十分关怀,立即通过社会上层人士,安排她和子女经麻斜到南三湖村等地安全隐蔽。1945年3月4日,郑坤廉带着子女及曾伟、张怡和、张启光、张启隆、张启兴等部属到达湖村。他们还带来了步枪80支、机枪2挺、手枪10支和子弹一批,加上1940年周、文事件后张炎派张启光秘密运来、由张云祥保管的步枪34支、手枪2支和子弹一批,为南三的抗日斗争提供了必要的武器装备。郑坤廉在南三隐蔽期间,积极发动群众开办夜校,组织农会、妇女会,进行抗日宣传,协助湖村党组织动员青壮年参加国技馆习武、巡逻放哨,防范日、伪军的袭击。郑坤廉还配合中共党组织联系张炎旧部,筹建南路人民解放军第五团。中共南路特委委派杨子儒到湖村主持组建工作。湖村提供了部分武器装备,群众捐资捐粮,湖村青年张土金、张会隆、张永等23人参加了该部队。为了更加安全起见,温焯华委派李夏湘找到郑坤廉,征求她到遂溪游击区去的意见。郑坤廉表示带着两个小孩,战火纷飞的时期会增加组织负担,待转香港安顿好孩子再投入战斗。南路特委尊重郑坤廉的意见，随即安排人员设法护送郑坤廉前往香港。为保证郑坤廉及其子女安全到达香港，受南路特委委派，陈信材几经周折，找到坡头博立村许敏功，动员他利用旅港同乡许爱周顺昌航业公司来往香港的轮船，护送郑坤廉及其子女前往香港。1945年8月21日，张德钦组织湖村抗日联防队武装人员驾驶运输船，由陈泽护送郑坤廉及其子女从广州湾抵达香港。

3.反攻阶段的抗日武装斗争

1945年春夏间，中国战区的抗日战争进入最后的反攻阶段。4月下旬，中国军队借日军从广西等地收缩兵力撤退之机，乘胜追击，歼灭一批日、伪军，相继收复南宁、桂林、柳州等地。在解放区战场，八路军、新四军和华南人民抗日武装力量，从5月开始，对日、伪军发动了大规模的夏季攻势。在此形势下，驻广州日军为了集中兵力，把驻雷州半岛的部队调往广州地区。6月下旬，日军撤离广州湾前，多次派出汽艇到沿海村庄登陆抢掠。韦成荣、陈邹等带领南三抗日联防队，在莫村、灯塔等地海边埋伏，伺机打击敌人。张德钦带领麻斜、张屋等村的抗日联防队，在张屋村海滩阻击前来侵扰抢掠的以"黑眼缘"为首的日、伪军，打死日、伪军3人，打伤10多人，缴获枪支子弹一批。6月底，驻广州湾日军混成第二十三旅团奉命沿梅菉、电白向广州靠拢。29日，日军以第二十三旅团为主力，调伪军陈元南粤南自卫军及张启彬部配合，分三路攻占梅菉，并作进攻高州的态势。茂电信党组织在电白林头集结武装队伍打击日军。与此同时，梅菉秘密工区特派员庞达在覃巴南山村集结梅菉、覃巴和滨海区等地地下游击队队员160多人，并指示李时清、梁振初、韦成荣、蔡华元、张德钦、孙均太等动员滨海区游击核心小组及各村庄国技馆的骨干分子数十人参加覃巴南山武装起义。起义后，游击队在吴川覃巴沿海一带活动。7月下旬，除留下100余人坚持原地活动外，吴梅茂特区特派员庞达带领150多人摆脱国民党顽军的追击，经吴川等地转移到遂廉边抗日根据地新塘，被编为南路人民抗日解放军第四团第六连。

高雷人民抗日军，在廉江灯草受挫后，部分队伍撤回到吴川分散活动。不久，这些部队陆续集中到南二、南三一带。当时，斗争复杂，日、伪势力甚为嚣张，詹式邦带领的二三十人以及张怡和（高雷人民抗日军团长）所率领的小部队坚持隐蔽活动。但随着形势的不断恶化，他们处境十分困难。加之高雷人民抗日军属下的一些军官，如张启彬、赵汝纯二人已走上了邪路，当了伪军，南路特委为了保护高雷人民抗日军这部分抗日武装力量，决定将他们撤到遂溪游击区，重新组建起来，成立南路人民抗日解放军第五团。特委指定四团团委领导成员李郁，担负组建的主要领导工作。同时派杨子儒前去南二、南三具体负责收编工作。杨子儒遵照特委指示，一方面与张怡和联系，研究有关收编事宜；另一方面，对驻扎在坡头海关楼的张、赵这股伪军进行策反工作，对张、赵二人进行形势及抗日爱国教育，终使他们觉悟，愿意改邪归正。在坡头当伪军的李志毅也被策反，愿意接受改编。这样，高雷人民抗日军及由王国强带到遂溪的吴川子弟兵，合编成南路人民抗日解放军第五团。

1945年8月15日，日本宣布无条件投降。9月2日，日军代表在投降书上签字，中国人民抗日战争结束。14年抗战，重建和发展起来的中共南路各级党组织和广大党员，以及由他们带领的坡头各抗日根据地的人民，党群一起浴血奋战，为打败日本侵略者做出了重大的牺牲和应有的贡献，在完成肩负的历史任务后，他们又一起面临着国民党顽固派挑起内战的严峻形势和考验，开展更为艰苦的武装斗争。

解放战争时期 第四节

一、党组织恢复和发展以及根据地的斗争

1. 抗战胜利后的局势

中国人民经过14年的艰苦抗战，终于战胜了日本帝国主义。破碎的家园急需重建，饱受颠沛流离之苦的人民渴望和平民主，早日医治战争创伤。中国共产党代表人民的根本利益，力争通过和平的道路，建设一个独立、自由、民主、统一的新中国。然而，国民党顽固派企图继续实行其一党专政，维持和恢复其在全国的统治。为此，中国共产党领导全国人民同国民党统治集团展开了复杂而激烈的斗争。"目前这个斗争表现为蒋介石要篡夺抗战胜利果实和我们反对他的篡夺的斗争"，毛泽东向全党提出了"针锋相对，寸土必争"和"自力更生"的方针，①要求全党为应对各种复杂的局面作思想准备。中共广东区委据此确定了新的工作方针："一方面坚持斗争，保存武装，保存干部；另一方面作长期打算，准备将来合法的民主斗争。"针对国民党当局抢夺抗战胜利成果和消灭人民革命力量的企图，区党委要求广东各地党组织发动群众，揭露国民党反动派假和平、真内战的阴谋，保卫胜利果实，努力争取真正的和平民主的实现；同时保存革命力量，保存党的干部，粉碎国民党顽固派"围剿"消灭人民武装的

---

① 《毛泽东选集》第四卷，人民出版社1991年版，第1130、1126、1132页。

企图，切实做好应对国民党当局发动全面内战的准备。区党委将全省分为11个地区，实行分散领导，开展军事活动，其中南路以"十万大山及勾漏山"为坚持斗争的地区，仍由周楠领导。

在南路地区，早在日本无条件投降前夕，国民党当局就以接应英、美盟军登陆雷州半岛为名，从桂西调动第六十四军第一五六师、第四十六军第一七五师抢先开进广州湾、遂溪县，第四十六军第一八八师、新编第一十九师和雷州独立挺进支队进驻海康、徐闻县，接受日、伪军投降，抢夺胜利果实，并以"地方绥靖"为名，进攻遂溪、廉江、化县和吴川、梅菉等地的人民抗日武装队伍。国民党当局依仗着军事上的强势，在接受日军投降及从法国政府手里收回广州湾后，恢复建立了反动的统治。他们在广州湾成立了南路行署、广州湾警备司令部，随后把广州湾改为湛江市，成立市政府。同时加紧扩充地方武装，如把投靠日本的伪军符水茂部改编为国民党雷州守备部队；收编伪军武装和兵痞、土匪，成立警察中队、侦缉队、谍报队等特务组织；扩充保安部队，在每个县建立自卫大队，每个乡建立中队，有的地方还建立了保安队。六十四军一个师驻扎在吴川西南区，师部就设在官渡的山咀村，泮北、白鸽港、大垌、高岭等村都驻有重兵。他们和地方反动武装、保安团一起，对吴西南的泮北、白鸽港、大垌、高岭和中区的樟山、低岭、翟屋、白蓁等革命村庄重点大举"扫荡"，到处抓人杀人，烧毁房屋，洗劫财物。国民党大军压境，进行拉网式的"清剿"，扬言要共产党领导的人民抗日武装缴械，南路各级组织及各根据地的人民面临新的严峻形势。

1945年9月间，中共南路特委在广州湾赤坎召开紧急会议。会议根据中共广东区委的指示精神，结合南路人民解放军被国民党重兵包围的严重态势，认为雷州半岛是国民党势必全力控制的地区，如果部队继续留在雷州半岛，将有被消灭的危险。特委认为十万大山地跨粤桂两省，与越南接壤，国民党统治力量薄弱，兵力也较空虚，而共产党在十万大山有一定群众基础，有一支党领导的游击队，加上地形好，有隐蔽回旋余地，于是决定：南路人民抗日解放军以第一团为主力，再从各团抽调部分兵力，由团长黄景文、政委唐才猷率领，突破国民党军队的包围，打出去，挺进十万大山；其余各团和地方部队，迅速开回原地区，分散活动；由吴川子弟组成的第四团回到吴川坚持斗争。将已暴露身份不宜留在原地区坚持工作的各县、区主要干部调换到新的地区；在政治上揭露国民党打内战的阴谋，开展争取和平的斗争；在军事上坚持自卫，但避免同国民党正规军正面作战。

9月下旬，南路人民抗日解放军以第一团为主，抽调第三团第一营和第二营第二连组成主力部队，分两批先后突破国民党反动军队的包围封锁，向十万大山挺进。1945年12月上旬，部队在十万大山区胜利会合。

在第一团西征期间，南路人民抗日解放军其余部队分散活动，其中第五团全部返回吴川、梅菉地区，以连、排、班为单位，在群众基础好的村庄隐蔽，伺机集中一定数量人员打击小股敌人。王国强、杨子儒带领一个连在吴中区的翟屋、樟山、白萘一带活动，其中一个排在吴西南区的大路、中堂仔、社山、上陈垌、下陈垌、南阳一带隐蔽活动。返回化南和化吴边活动的由陈醒亚率领的第四团，与在吴川活动的部队相呼应。此外，陈炯东带领的第三连到廉江东桥、良垌，李一鸣带第四连回吴化梅边，陈可金带领第五连回石门、白鸽港一带活动。

国民党当局集合正规军、保安团及各县的自卫队、联防队共1.5万多人的武装，在南路各县反复进行惨绝人寰的"清乡""扫荡"，在共产党的根据地和游击区村村驻防，路路筑碉堡、设哨卡。他们强行实施"五户联保"，强迫群众互相担保"不参共、不亲共、不通共、不藏共"，只要有一户违反，其他四户同受株连。"剿共"口号是：宁枉杀一千（群众），不漏一个（共产党）。他们还用特务暗杀的手段，恐吓、强迫游击区人民登记自首、自新，悬赏通缉共产党员和革命干部，派遣特务政工队到处挑起反共的政治活动；还对抗日根据地和游击区实行经济封锁，破坏共产党的税收。由于敌人高度集中了大量兵力进行反复残酷"扫荡"，返回原地坚持斗争的部队难以立足。1945年中秋节前，五团在东心涌被打垮，部队解体。程耀连和四团回化吴活动的部队，也由于同样原因而分散，改为小型的武工队，坚持活动，继续战斗。

中共南路特委为了打击国民党反动派的嚣张气焰，保卫人民的生命财产，保存革命力量，指示、部署各地党组织和部队坚持武装自卫的方针，袭击分散活动的国民党据点。各地党组织积极领导武工队、游击队奋起锄奸肃敌。在吴川，1946年春起，镇压了一批双手沾满革命干部、革命家属鲜血的国民党反动分子。如处决曾杀害革命干部翟林三位亲属的国民党反动保甲长翟德庆、翟世峰；处决上杭村特务分子易子达；处决出卖和杀害共产党员郑盛初的高坡村保甲长郑成功；处决特务分子李文新以及为虎作伥的叛徒詹建瓯；处决以收猪捐为名欺压勒索群众的两名国民党走狗等。武工队开展一系列镇反锄奸活动后，敌人被震慑，群众大受鼓舞，大胆支持武工队的反"扫荡"斗争。吴西南隔山村一带有一股土匪，经常出动，打家劫舍，无恶不作，并且假冒共产党的名义，抢劫笔架岭尼姑庙，强奸尼姑。群众对其无不憎恨。李一鸣、叶宗珝带领武工队迅速出击"围剿"，消灭了这股土匪，把詹姓匪首枪决，并公布他们的罪行。群众拍手称快，尼姑也逢人都说共产党好。

　　1945年9月，中共中央制定了"向北发展，向南防御"的全国战略方针，同时为了争取和平发展环境，经与国民党艰难谈判，同意让出广东等八个省区的根据地，并将应整编的部队北撤。中央对广东的具体方针是：分散活动，坚持斗争，部队北撤。1946年2月，广东区委发出了《关于目前的形势与任务的指示》，提出了"广东及广东人民当前的紧急任务，便是迅速打破国民党所造成的内战危机，争取和平的到来。""解放区必须实行自卫斗争，坚持阵地，保存力量，地方武工队可隐藏的便隐藏起来，不是把所有力量都集中去谈判整编，我们争取停火愈快愈好"。在与国民党当局进行了艰难的谈判、迫使其承认广东有中共的武装存在之后，1946年3月初步达成了东江纵队北撤的协议。为了贯彻长期隐蔽等待时机的方针，广东区委还制定了《关于游击区武装问题处理办法》，强调人民武装部队要"长期隐蔽，避免遭受打击，积蓄待机"。1946年4月，中共南路特委负责人温焯华根据广东区委的指示，提出了"长期隐蔽，积蓄力量，等待时机"的工作方针，决定黄其江、邓麟彰、马如杰、莫怀、莫练、陈醒亚、李郁、杨甫、沈潜、杨君群、庞达、李一鸣等20多名在本地身份较为暴露的干部，随东江纵队北撤，未暴露的党员实行单线联系，转入秘密斗争，不能转移、隐蔽的则加入部队，分散活动。化（县）吴（川）梅（菉）地区，由罗明负责；廉江地区，由唐多慧负责；遂溪地区，由沈汉英负责；梅菉秘密工区，由杨子儒负责。在布置干部、党员撤退时，南路特委对武装部队进行解散复员的安排。各地埋藏好长枪，战士复员回家，只留少量武工队队员分散活动，劫富济贫。陈枫、张家龙、翟林、高炎、梁拔钧、陈洪、廖祥和、宋文礼、冯大猷、曾德才、戴雪英等党员转移到龙头、官渡、麻斜一带村庄的堡垒户隐蔽起来，展开新的斗争。

2．党组织的恢复过程以及斗争的开展

吴川县党组织，包括吴西南地区、滨海区的党组织，由于大部分党员参加了1945年初的南路人民抗日武装起义，原组织系统已不复存在。日本投降后，在国民党军队对南路抗日游击区大"扫荡"下，南路主力部队已进行战略转移，留在吴川坚持斗争的部队和党员成立游击小组、武工队，分散到各地隐蔽活动，利用各种条件找职业或进学校做地下秘密工作，分散各地的党员一时没有重新组织起来。吴川县是以陈醒亚为书记的中共化吴工委领导下的一个大区，由工委委员王国强负责。1945年9月下旬，由于工作需要，南路特委调王国强到信宜县工作。为此，中共化吴工委要求吴川大区迅速把分散于县内各地的党员和干部集中起来，建立起党的组织，同时着手建立武装，以武工队的组织形式，首先在群众基础较好的地方活动，打击敌人，坚持反"扫荡"斗争，开创武装斗争的新局面。

1946年2月初，国民党军大"扫荡"后，南路人民抗日解放军第四团派出武装人员协助程耀连回吴西南区恢复工作，一面联系部队的散失人员，护送回队，一面发展党员、地下游击小组。很快，程耀连与隐蔽活动于陇水、大垌、坑陇、扶林、背村、北马等地的郑康惠、郑保、庞鹤年、庞芳、郑林坚、郑国强、郑树辉、郑观隆、郑建中、郑强、郑真来、庞观生等接上关系，并在大垌村郑树辉、郑连志家和坑陇村庞鹤年家建立起秘密交通站和采购供应站。庞鹤年负责到湛江市采购雷管、炸药、医药用品等军需物资。庞鹤年把庞国琪、庞权、庞芳、庞志明、庞中平、庞益民等人组织起来，并得到在赤坎做生意的庞安煜、庞安豪、杨茂清（原南路人民抗日解放军司令部军需处副官）大力协助，顺利完成各项采购任务，转运给武工队。后来建立的新四团的医药用品，大部分是庞斗才、庞鹤年通过庞安煜等人采购供应的。为了分化瓦解敌人，团结开明绅士，程耀连、刘汉由郑林坚带路登门找到国民党陇水乡副乡长郑继球和开明绅士、大垌村容居小学校长郑子平，分别向他们做耐心的统战工作。后来，设在大垌村的吴西南区政府和陇水乡政府机关不但不受破坏，郑子平还主动把自己的一支驳壳枪和子弹带到容居小学交郑林坚转给区政府。郑林坚后来在病中被捕，郑子平也没讲出此事。

　　1946年2月中旬，以程耀连为队长、翟林为副队长的吴川武工队正式成立，队员有程耀连、翟林、陈福灿、张家隆、翟福初、翟康远、郑康养、翟有、杨华等9人。武工队活动于吴中区和西南区，独立作战，还多次与化县武工队协同开展打击敌人的系列战斗。在此前，以李时清为队长的武工队在滨海区成立，活动于坡头、南二、南三一带沿海村庄。在经历了国民党反动军队残酷的"扫荡"残杀后，群众见到了自己的子弟兵，悲喜交集，纷纷控诉国民党军队和当地反动派的罪行，要求武工队狠狠地打击敌人，为死难者报仇。根据地人民群众积极支持和配合武工队工作。在人民群众的支持下，武工队积极寻找战机，先后镇压了一批极端反动的保长、特务头子、流氓地痞、恶霸等。与此同时，武工队继续联系在各地隐蔽的党员、干部和战士加入武工队，并有计划地在武装斗争中锻炼、培养吸收战士中的先进分子加入党组织，增强党的力量，并围绕发动群众，开展反"三征"斗争，开展地方上层人士的统战工作，恢复和建立交通情报联络站等方面工作。不久，刘汉、黄花、叶玲、张贞、陈轩、龙华等与组织取得了联系，参加了武工队。程耀连武工队在扩大，党员也由原来的9人增加至16人。党组织的恢复和发展，带来了坡头地区革命武装和根据地的发展。随着各武工队发展壮大和打击敌人的活动地域不断扩大，革命根据地也在不断发展壮大。1946年春，党员吴振声调到西南区石门乡工作。他到石门乡后，联系了原游击队干部程启民、冯立钧（又名"冯汉英"）、庞鹤年、庞芳并使之归队，随后重建石门乡党小组，吴振声任组长。石门乡开始发展游击小组，吸收庞盛通、廖祥永、廖绍通、廖祥麟、陈周保、陈阿养等人参加党组织。

此时，国民党设点封锁沿海一带交通线，企图阻断中共南路党组织的联系网络。活动在南二、南三沿海一带的武工队负责人李时清、韦成荣直接负责各交通站的工作，派袁德权常驻埠田启站，直接与特委机关联系。烟楼总站的联系工作从湛江、滨海、梅菉、阳江、江门直到香港。当时许多来往的同志和特委的文件都是通过这条交通线护送的。到1946年上半年，西南区建有华握、石窝、蒲提、龙霞、泮北、大垌、扶林、背村、北马、白石垌、岑屋垌、下陈垌、南阳、坑陇、新屋地、中堂仔等30多个交通联络站。在赤坎中山路德士古油泵（今"建设旅店"）建立交通联络站和采购供应站，站长为杨茂清，该站是庞鹤年采购军用物资的重要落脚点。在此前后，张德钦在南三霞瑶村等地成立交通联络站，由陈清负责，并指派陈福、陈智良在巴东圩搜集情报，有计划地安排一些进步青年到区公所当差，以便获取情报。南三岛外的主要交通站有南二的张杰站、张冻站、埠田启站、南寨烟楼站、梅菉新地站、邓兴杰站；南三岛内的交通站有莫村的陈耀初站、黄善端站、莫英如站，田头村的陈进行站、陈亚保站，围岭村的钟秀春站，上木历村的郑王贵站，南兴村的陈真妹站、陈亚权站，地聚下村的何莫华站，麻林村的谢英站、庞钧钧站，新华村的陈安六站、陈土汉站，湖村的张树颐站。张德钦还筹集经费十万元，派霞瑶村的陈光在赤坎开办"永成行"商铺，以经营日杂生意为名建立市区联络站，使南二、南三、东海、赤坎、梅菉等地的交通联络站连成一线。

与此同时，反"三征"斗争和减租减息运动，在武工队活动的地区普遍开展起来。党提出的政策深得群众拥护。而由进步人士或共产党人担任的国民党保甲长，也与群众一道对付国民党反动派，破坏他们的"三征"。对于减租减息运动，经武工队宣传政策，群众的说情说理斗争，一般地主也认为合情合理，乐于执行。而一些思想抵触者，也迫于形势和武工队的力量，最终也认为是大势所趋而不得不执行。在秋收期间，龙头一带的农民组织起来，向地主提出对佃耕户、借债户实行减租减息。在人民群众的强大压力下，地主只好无条件答应。农民生活得到一些改善后，更加积极支持革命，支援人民解放战争。

开展对上层人士的统战工作，团结一切可以团结的人，尤其是地方上有较大影响的人士，争取他们支持人民解放战争，这在一定的条件下是一项关键性的工作。西南区武工队的领导程耀连等亲自抓这一工作，对一些上层人物，多次上门向他们宣传形势和共产党的政策。西南区绅士黄逸云、鲁学洪、詹洪畴等人，原来对共产党有隔阂，采取不介入国共双方的态度。经多次开展工作后，他们都表示支持革命，有的还帮武工队购买枪支和医药品。这些人一经转变，群众的顾虑就大大减少，革命行动就更主动、更积极。

在国民党顽固派大举"扫荡"时，有的游击队队员与部队失去了联系，脱离了革命，有的甚至迫于反动派的压力参加了集体自首。对于这些人，武工队进行了审查，发现他们没有其他背叛、出卖革命的行为后，积极动员他们继续为革命工作。当这些人重新参加革命后，他们的亲属也就乐于支持革命工作，这就大大加强了革命力量。

二、开展游击战，建立人民政权

1. 武装反抗国民党顽固派发动的内战

1946年6月，国民党蒋介石集团开始向共产党领导的解放区全面进攻，内战全面爆发。内战爆发后，驻扎在南路地区的国民党军相继全部北调。为巩固其地方统治，国民党南路当局加紧扩大地方武装，强行向群众征兵、征粮、征税。

1946年7月，中共南路特派员温焯华（1946年4、5月间，中共广东区委决定撤销南路特委，设立中共南路特派员）决定抓住国民党正规军陆续北调的有利时机，以武工队的活动方式，开展武装斗争，扩大武装队伍。特派员指示各县党组织和武装队伍恢复扩大武工队活动，要求每县重建一两个主力连，集结小股主力，镇压极端反动分子，打击"清乡""扫荡"的反动武装；对地主的反动武装，能消灭的即消灭，壮大武装队伍，保卫暴露地区和积极开辟新地区，建立坚强的据点。党组织以反"三征"为口号发动群众，开展反"三征"、反内战、反迫害斗争，在国民党统治区内建立"两面政权"。

国民党当局的不断"清剿"、搜捕和推行"三征"恶政，早就激起了南路分散在各地活动的党员、干部和游击战士的满腔愤恨，他们强烈要求集结部队和扩大武工队，以反击不断进犯的小股国民党军队和反动的乡保队及地主武装，还要求用人民武装的名义坚持斗争。南路特派员的指示传达下去后，各地党员和部队战士备受鼓舞，斗志昂扬。各地党组织围绕反"三征"的中心内容加强武装自卫斗争，很快，各地的武装斗争就发展扩大起来。1946年6月，程西屏带领武工队到陇水乡南头垌村开展工作，被国民党杨仲南（绰号"烟屎公"）率自卫中队围村搜捕，武工队队员杨干（黄坡湾村人）被押回黄坡杀害。杨干的胞弟随即以教师身份做掩护，积极参加南头垌村游击队的活动。当时南头垌村有郑土林、郑来寿等16人参加游击队，石井村有吴少英、吴琼芳等16人参加游击队。1946年冬，武工队队长李时清带李华池等10多人到三合窝、三片两个保所，通过杨花生里通外应，缴获这两个所长、短枪30支，子弹一批。1947年2月16日，滨海区武工队联合茂电手枪队攻打国民党保队，缴获长枪10支，子弹一批。不久又攻打三窝原法租界公局楼，缴获法制勾枪30支，手枪2支，子弹120发。

反"三征"活动也积极开展。党组织恢复了武工队、手枪队，捕杀了一些民愤极大的农村收税勒索的国民党税收人员；在一些村庄成立了吊耕队，专门对付恶霸地主。国民党"三征"猖獗的时候，一些村庄发动轮值守夜，及时通报国民党乡兵进村抓丁的消息，使这些乡兵屡次都扑空。群众不分男女老少，坚壁清野，隐藏粮食，白天锁门外出，直到深夜才回家，抵制国民党征粮；组织抗丁会、同心会、妇女会等群众组织；成立游击小组或建立群众武装组织——地下军（民兵性质）。至1946年10月，化吴地区的地下军发展到3000多人。此时，西南区石门乡已成为化吴特派员和化吴主力部队一些机关的秘密后方基地。部队的医务所、印刷室、军械修理所、地雷制造站等，都安置在石门乡。曾德材、莫虹、李文超、陈康分别负责医务所、印刷室、军械修理所、地雷制造站等部门的工作。他（她）们为伤病员的康复、出版进步刊物、修理制造武器，做出了很大的贡献。另外，设在坑陇村的交通情报站，不断组织人员到湛江市赤坎购买雷管、炸药和医疗药品等，提供给军械制造站和医务所。石门乡成了为主力部队购买和输送武器弹药和其他军用物资的主要地区。

化吴特派员先后派人到南三岛开展活动，发展革命组织。至8月份，党员的活动已扩展到30多条村庄，130多人参加革命活动。在霞瑶、田头、南灶、南兴、地聚、湖村、新华、麻林、莫村、围岭、木历村等村庄组建了武工队和游击小组，并设立了交通情报站，与南二、梅菉、赤坎、东海岛等地的交通情报站连成一体，霞瑶等村庄还建立了党的组织和群众组织。

2. 各级人民政权的建立

1947年5月,粤桂边地委和各地党委建立后,为了广泛发动群众,凝聚人民力量,更好地开展武装斗争,推翻国民党顽固派的腐朽统治,粤桂边地委决定采取虚实结合、扩大影响的策略,成立各级人民解放政府,并以粤桂边区人民解放委员会的名义,任命了各县人民解放政府县长。还成立了区、乡村各级人民政府,加强行政村组织建设,建立和健全民兵、农会、妇女会组织。1947年6月,吴川县人民解放政府成立,杨子儒为县长,下辖吴中区、吴西南区、滨海区。吴西南区区长为冯立钧(又名"冯汉英"),副区长为郑康惠(后脱队),指导员为吴振声。该区人民政府设在大垌村郑震家,下设石门、陇水、特思三个乡。石门乡乡长为陈洪,陇水乡乡长为郑观隆,特思乡乡长为杨子芬(后郑国强)。滨海区区长为李时清,副区长为韦成荣,指导员为李时清兼任,文书为李信德,财粮主任为李衍章,交通站站长为李信明,区政府设在南二上淡水沟和平村李衍章家,下辖川西、坡头(含麻斜)、南二、南三四个乡。川西乡乡长为蔡华元,坡头乡乡长为许华秋,南二乡乡长为李信明,南三乡乡长为陈邹(后陈意)。县长杨子儒发布公告,广大人民群众奔走相告,人们以有了渴望已久的自己的政权而感到自豪。区各地设立交通联络站,川西乡站交通员为李土轩、蔡华钦,坡头乡站交通员为姚秀英、陈康妹、许上轩、许真轩、张杰、林广,南二乡站交通员为李德春、李世如,南三乡站交通员为陈增生、陈进龙、陈乾、张亚龙。烟楼站由吴朝兴负责,垭田启站由李德春负责,垭田站由李信尧、李信明负责,久有站由钟亚壮负责,博立站由许黎儿负责。各乡人民政府成立后,各行政村设立村主任,自然村设村长。各村有农会、民兵、妇女、儿童等组织。还未能建立人民政权的某些地方,即争取建立白皮红心的两面政权,由一些民主人士或革命同志担任乡长、保长、甲长。如派行政村主任李祥周任南二乡十四保保长，派烟楼村村长任该村甲长。此期间，南三的农会会员、妇女会会员发展迅速，农会会员和妇女会会员分别发展到3000多人和2000多人。培养、锻炼了一批骨干，先后在麻弄、田头、霞瑶、南灶、南兴、地聚下村、麻林、老梁等村吸收发展了一批党员，建立了党的基层组织。党建工作的加强，推动了根据地的各项工作，广大群众参与和支援解放战争的热情更加高涨，出现了很多像南二姓庞村陈亚彩夫妇、沙城村陈胜右夫妇送子参军，南寨村吴秀英、烟楼村李惠珍送郎参战的动人场面。区各交通联络情报网的工作也十分出色，一旦发现敌情即及时逐站走报。监视哨直设到敌人据点边。西南区人民政府成立后，先后在乡村建立村一级政权。乡政府下设行政村主任和自然村村长，并成立农会、妇女会和民兵队等组织。工作开展较快的是大垌村和附近的坑陇、背村、胡林、北马、榕树、南头圩、麻俸、马劳地、山口、垌尾、米稔等村。在此前后，大垌村先后向新四团、县武工队、区连、区乡政府等军、政单位输送郑强等男、女人员27人，他（她）们都在各自的岗位上，为人民的解放事业做出了贡献。

1947年夏，各乡还先后建立起10至20人不等的乡队。为了解决革命经费，吴西南区人民解放政府成立后，在沿海三条海上运输线上的企坎、五里山、石门设立税站。这些税站所收的税款，除解决区、县政府所需经费外，大部分供给新四团使用。滨海区人民解放政府也在沙城海沟、滘口、二窝设立税站，总收入由李衍章负责，主要用于新四团补充给养，李华池率武装连协助征收工作。不久，区长李时清派李禄到南三设立了灯塔税站。税站对过往商船征收现金和实物，同时监视国民党军需物资的运输情况。一次，该税站收缴国民党的一船军粮，内有面粉2500千克。

李时清区长派武装连陈普祯、冯永信、余寿山押运此船军粮到赤坎梁观隆铺出售，所得的粮款，全部交给区政府作革命经费。

3．开展武装斗争

1946年底，中共中央多次指示南方各省要积极发动公开游击战争，建立游击根据地。要在党内消除过去认为广东将长期黑暗，因而必须长期埋伏的思想，指出广东党组织今后的中心任务即在于全力布置游击战争。中共广东区委接到中共中央的上述指示后，于11月27日做出了"恢复武装斗争"[①]的决定，并制定了"实行小搞，准备大搞，从无到有，从小到大，稳步前进"[②]的战略方针，号召各地留粤武装人员，重新拿起武器，建立武装队伍，打击地方反动势力，保护人民群众利益，发展和壮大武装队伍。此前，已率先恢复武装斗争的南路地区广大党员、干部和人民群众，因有害怕武装斗争发展起来后又要再收缩的思想顾虑，还不敢放开手脚"大搞"。党中央的指示和广东区委的决定，大大地鼓舞了他们的斗志，让他们进一步明确了今后发展武装斗争的方向。

1946年11月间，国民党为了加速进行内战，挽救其失败，抽调驻广东的部队北上，广东和南路的形势又起了新的变化。南路特派员吴有恒要求各县立即着手建立武装部队。1947年3月，南路臭名昭著的反共头子、外号"铁胆"的国民党遂溪县县长戴朝恩，被遂溪西南区游击队击毙。中共南路特派员吴有恒得知这一消息后，决定乘这大好形势，放手发展人民武装，将武装斗争

---

① 引自《广东人民武装斗争史》第四卷。

② 1947年4月，华南地区党组织为加强南路地区的领导力量，调温焯华、欧初回粤桂边工作。29日，华南地区党组织负责人方方函示温焯华、吴有恒、欧初正式批准成立粤桂边人民解放军，任命庄田为司令员，唐才猷为副司令员（庄、唐均未到职），温焯华为政委，欧初为政治部主任。

推向新高潮。他们决定成立南路主力部队——粤桂边人民解放军（边成立边报批），各地游击队整编成团的建制。其中由化吴部队整编成的粤桂边人民解放军新编第四团的700多人中，不少是吴川、坡头的子弟。5月间，吴西南区建立起区连，连长为庞鹤年，指导员为梁森。区连建立后，很快发展到40人，又先后向新四团主力部队输送队员20多人。同月，滨海区也建立区连和手枪队，区连连长为李信尧，指导员为李时清，手枪队队长为李华池，队员有30多人。

1947年4月，李雅南率领武工队与滨海区李时清配合，在吴川县坡头海关楼附近公路伏击国民党的押款车，当场击毙敌警长1名，缴获枪械、钱币一批。其后，在挂榜岭截击国民党护送新兵的船只，7船新兵四处逃散。4月27日，龙头泉井村游击分队排长庞观同带队护送县大队四中队几名伤员到西南区政府驻地大垌村并领取武器物资带回四中队，在拜斋岭遇上国民党杨志自卫中队，双方交火，庞观同命庞观有等人将武器物资送交四中队，自己只身掩护，壮烈牺牲。敌人割下他的头颅，挂在龙头圩关帝庙前的榕树丫上示众。同月，陇水乡副乡长赵土春与张某某奉命破坏国民党陇水乡政府通往黄坡的电话线，回到白雾村边与国民党龙头自卫中队遭遇，张被捕，赵土春中弹牺牲。赵土春被害后，头颅也被挂在龙头圩口示众三天。国民党反动当局如此残忍，吓不倒坡头人民，坡头人民在武装斗争中不怕牺牲，为革命做出了贡献。

1947年春，中共茂电信特派员王国强率领茂电信六连（茂电信独立大队）到化州参加中垌、甘村会战，取得胜利后，回师茂电信。在经过滨海区淡水沟、烟楼、沙城等村庄时，整顿队伍总结经验。滨海区党支部书记李时清及李华池等人，发动群众巡逻放哨，并组织人员化装到附近圩镇打探敌情，保护队伍的安全。

在此期间，群众还腾出房屋给军队住，给军队做饭。有一次，听说国民党的军队要到烟楼、沙城"清乡""扫荡"，党支部就叫党员叶芳卿（女）立即组织船队做好准备，如是少数敌人过来，共产党的部队就消灭他们，若敌人太多，部队就坐船过海撤退。结果，国民党的军队没有出动。王国强率领的队伍在淡水沟、烟楼等地休整3天。当地群众积极参军参战，支援部队，根据地的军民关系充满鱼水之情。

滨海区在重新划回吴川管辖前，武装斗争已初具规模。划归吴川后，随着形势的发展，武装斗争更加快速地发展起来。区武装队收缴了三合、十四、十五等好几个保的武器，武装和加强了区武装队。区武装队根据所在地方特点，采取灵活的战术打击敌人。当得悉国民党自卫队要进驻三柏圩油行时，即派人将油行烧掉，迫使敌人不敢在圩上逗留。区武装队还在路上布置地雷，埋伏截击敌人，使敌胆战心惊，无法在三柏圩立足设点。同时区武装队还以税站为阵地，引诱和打击敌人。在滘口税站，区武装队击毙国民党一名特务长和一名少校军官。国民党原吴川县县长林幼鸿之子伙同国民党梁志自卫中队常到南寨、烟楼、乾塘一带收租、抢粮，滨海区烟楼等处游击小组就设法进行袭击。1947年5月，滨海区李雄独立大队，袭击坡头一国民党军据点，把国民党麻登乡公所撤入坡头的枪支全部缴获，总计步枪40多支，弹药一批。1947年7月，独立大队遭到叛徒出卖，大队长李雄和李育英被杀害，大队解体。滨海区游击小组寻机把杀害李雄的凶手李观有抓获，在三柏圩公审、处决。同月滨海区手枪队队长李华池带领手枪队，会同陈意率领的南三乡游击队20多人，再次袭击驻巴东圩的国民党南三区公所、自卫队。当游击队实施包围时，被区公所卫兵发现，战斗受挫。手枪队队员钟土德中弹牺牲，游击队迅速撤离，转移到坡头、乾塘一带。1947年9月，国民党出动两船兵力约100多人攻打税站，武装连在区长李时清的带领下，英勇还击。打伤两名敌兵，敌船无法靠近，最后逃走。1947年11月8日，坡头北山村海上交通员庞行富、庞茂华、庞茂丰父子3人驾驶渔船护送杨子儒等8人转移到遂溪南坡，在海上遇到国民党巡逻船检查。情况危急，父子3人利用渔船中的鳝笼作掩护，将8位同志安全送到目的地。根据地人民就是这样，利用自己的聪明才智与敌人周旋，掩护革命同志脱险，为人民的解放事业做出贡献。

西南区连成立后，即收缴反动武装隐藏的枪支弹药，工作卓有成效。1947年5月，根据龙头塘头村秘密交通联络站提供的龙头、山车、山岱等国民党军据点的情报资料，吴化主力新四团集中兵力一天内同时攻打三个据点。各据点内的国民党兵被解放军的强大攻势吓破了胆，不战而降。新四团缴获步枪、短枪10多支，弹药一批。7月，国民党军一个中队从上圩方向袭击大峒西南区政府。庞鹤年率领区连队30个指战员立即应战，在上圩桥伏击敌中队。战斗打响后，国民党军慌忙撤退。7月31日，适逢塘㙍圩日，吴中区部队乘新四团在家宅埇歼敌的胜利余威，奇袭塘㙍圩，消灭国民党通津乡公所乡兵。其时中区连（战斗人员80人）担任塘㙍圩包围敌两据点和突击通津乡公所的任务；杨土培连（20多人）和通津乡人民政府乡队（27人）担任警戒，截击中堂、上杭增援的国民党部队。杨子儒还布置西南区连警戒龙头方面敌人。战斗从上午10时打响，至中午12时，全歼通津乡公所之敌。计缴获步枪28支，手枪2支，弹药一批。

1947年9月，吴川全县展现一片革命大好形势。吴中区、吴西南区与化南、廉东南，吴、化、梅、茂边区，基本连成一大片游击区，国民党军和反动武装被分割在各自孤立的据点，如吴中区只有上杭、中堂、塘㙍、石埠等几个敌据点，西南区只有龙头、上圩、新圩仔据点。他们在一段时间内，龟缩于据点中，不敢随意出来。这时，全县游击区已扩大到全县面积的80%以上。同时，党组织在各区连队中发展一批党员，还在交通联络站中挑选一批骨干加强培养，从中挑选建党对象。

三、粉碎国民党军的重点进攻，夺取坡头全境解放的胜利

1. 国民党军的重点进攻

1947年9月，国民党反动集团为了挽救其行将失败的局面，派宋子文到广东，集党政军大权于一身，加紧策划对人民武装力量的进攻。宋子文在南路和粤桂边地区，分别在高州和湛江设立第七、第八"剿匪"指挥部，对共产党和人民武装以及革命根据地展开更大规模的"清剿"。1947年冬，国民党粤桂南区"清剿"总指挥张瑞贵集结了保安第一、第十团和茂（名）电（白）信（宜）自卫大队共约3000人进入化县，从北开始向化吴地区大举进犯。当时国民党少将指挥郑为楫的指挥部就设在大垌村。郑为楫将居家大楼作"清剿"指挥机关，将他家一座有四间书房的房屋改作监狱，另用闲屋作营房。他们搜罗了一批反动官僚头子，以及地主恶霸组成"还乡团"，以步步为营的碉堡战术，用"拉大网""耙田""梳篦"等方式花样，反复对化吴游击区进行疯狂的"扫荡"。化吴地区在敌人的疯狂"清剿"中，有700多名党员、干部、战士及家属遭到屠杀。仅1947年11月22日这一天，郑为楫的"清乡"队在大垌就抓了36人，在坑陇村抓了10人。大垌行政村主任郑培安、大垌村农会会长郑德民、吴西南区副区长郑康惠的胞兄郑恒如、坑陇村村长庞苏、村民庞国恩都遭受酷刑。之后，郑培安等10多人被押往黄坡县政府监狱，不久，郑培安、庞苏遭杀害。后来，陇水乡乡长郑连志，被"还乡团"在被共产党处决的反动分子郑继璜坟墓前杀害。大垌村干部郑洪

及其妻庞爱菊被枪杀。石门乡乡长陈洪的父亲陈流昌被抓坐牢。木夹村交通情报联络站站长詹燕祥被敌人拷打，但始终不向敌人泄露半点机密。吴西南区几个月就被郑为楫杀害20多人。与此同时，滨海区也遭到由国民党杨爱周（绰号"杀人王"）、李振宏、李茂初率领的保安团、吴川县自卫队的联合"清剿"，南二副乡长李锦新和梁次生向敌人投降，陈子泉带10多支枪投靠敌人，造成南二乡28人被捕，其中副乡长骆实林和李亚福、陈富元、冯阳保等15人在三柏坉城头村的文笔塔下惨遭杀害。南三黄村农会会长黄奇才因掩护李时清、廖祥和等干部和游击队队员撤退到乾塘，被国民党南三区联防队杀害，黄村多名群众被捕，多间民房被烧。游击队队员陈教被杀害于淡水冲。霞瑶村、南灶陈村被"清剿"，游击队队员陈邹、陈意、陈教、陈发兴、刘见等人的家被洗劫一空，家属惨遭毒打。南三北头寮党组织遭到破坏，革命家属、堡垒户惨遭迫害。

为保存革命力量，已暴露的党员、干部和游击队队员被迫转移到东海岛等地，留下来的小部分人员分散隐蔽。部队则转移到遂溪等地。当时化（县）吴（川）地区受挫撤退到遂溪的部队有230余人。吴西南、滨海区又一次笼罩在白色恐怖之中。在这艰难时期，杨子儒找到蔡华元，指示他："要坚决开展反'扫荡'斗争，在关键时刻要经得起考验。"蔡接受任务后，带领武工队到南二乡北头屋村李永元处，在他家屋内和粪池、鸭寮边挖地洞，还到西园村梁寿龙牛栏等处挖地洞隐蔽。在地洞住了一段时间后，引起敌人的注意。一次，敌人在"扫荡"时用铁钎到处探查地洞，李时清带人连夜从地洞撤离。1947年农历大年三十晚上，敌人在除夕的爆竹声中入村疯狂"扫荡"，蔡华元、李瑞初等人在下坡儿村地洞隐蔽，其时李瑞初回家取衣服超时未归，引起蔡华元的警觉，他立即带领武工队撤离地洞。不到30分钟，李带敌兵包围了地洞，用机枪对着洞口扫射，并强迫群众拉柴草塞进洞内，放火焚烧，结果敌人一无所获。1948年初，坡头乡钟蔽廷（绰号"花子"）的自卫队配合"扫荡"，李时清通知留下来坚持斗争的同志分散隐蔽。杨子儒指示韦成荣、沈德润，找船安排陈祥芳、陈普祥、许真轩到东海岛寻找党组织，其余同志陆续撤到东海岛。其后，蔡华元、李信明、李信尧、李德春化装成"补镬佬"，挨村过巷，通过敌人的封锁线，经湛江、遂溪两地到达东海岛参加西山村会议。由于国民党军"扫荡"来得迅猛，化吴游击队被分割封锁，粮食、弹药供应缺乏。吴川县内各区之间联系极为困难，中区、西南区和县委领导杨子儒的联络暂告中断，两区的党组织各自为战，坚持反"扫荡"斗争，并千方百计设法与上级领导取得联系。在敌人大军压境的情况下，中区、西南区党组织不得不将武装部队化大为小，以适应反"扫荡"斗争的需要。其时县委领导杨子儒在滨海区指挥反"扫荡"斗争，由于敌情严重，也无法与中区、西南区党组织取得联系。1948年1月，吴中区领导陈枫带领叶玲以及西南区庞斗才，在极端困难的条件下，终于找到杨子儒，向他汇报两个区的情况。随后，杨子儒指示陈枫、叶玲经银岭回吴中区，将党员、骨干分别组成几个战斗小组，进行隐蔽活动，继续坚持斗争。然而，由于敌人残酷"扫荡"，形势更趋恶劣严峻，中区与大区的联系又告中断。西南区庞鹤年、庞观生、郑国强、庞芳、郑强甫等坚持战斗，分散挖地洞隐蔽，于敌人心脏边缘的村庄，进行反"扫荡"斗争。面对国民党军队的疯狂进攻，广大党员、干部和人民群众并没有被吓倒，他们毫不退缩，还机智地寻找机会同国民党反动势力进行英勇顽强的斗争。人民群众千方百计掩护逆境中的党组织和人民的武装力量，支持反"扫荡"斗争。石门乡泮北村农妇致昌婶，独自带着幼小的儿子，生活极度困难，她拿不出现成的粮食帮助革命同志，就天天捡猪粪卖，换成钱给武工队买米买菜。西南区武工队共产党员庞观生，躲在山野中几天没吃东西，仍严格遵守"三大纪律八项注意"，不摘群众一薯一叶，坚持到深夜才半行半爬到交通堡垒户庞鹤年家取粮食充饥。在坡头革命根据地，这些故事还有很多。它向人们展示，在严峻的革命斗争形势下，军爱民、民拥军的军民鱼水情比海还深。

正是得到根据地人民群众的掩护、支持，凭着中国共产党人坚韧不拔的意志和勇敢的斗争精神，至1948年春，在遭受国民党军队长达半年的残酷大"扫荡"后，吴川三个区连以上的骨干基本不受损失，南三除北头寮党组织遭到破坏外，其余各村党组织仍保持完整，各区的党组织巍然屹立，成为坚持革命斗争的坚强领导核心。

2. 恢复老区，开辟新区，开创革命新局面

1948年春，中共中央香港分局对粤桂边区的革命武装斗争做了重大的战略部署，决定撤销中共粤桂边地委，成立中共粤桂边区委员会（简称"粤桂边区党委"），区党委的成立，党领导的加强，是边区武装斗争和各项工作的一大转折点，标志着边区、南路武装斗争进入新阶段。

1948年5月下旬，梁广在东海岛西山村主持召开中共粤桂边区党委扩大会议，并在会上做了《去年化吴武装斗争的初步总结报告》。报告一方面对过去一年多来化（县）吴（川）地区党组织和广大干部在发动群众，发展武装建立主力，扩大游击区等方面所取得的成绩给予充分的肯定；另一方面又指出在执行政策过程中存在过"左"的问题，如在个别村庄提出"吃大户、分余粮、分浮财"等肃反扩大化口号，政策界限不清，甚至侵犯部分中农利益，脱离群众，客观上孤立了自己，给敌人以可乘之机，对此，应认真吸取教训。这次会议之后，区党委部署全区各

地党组织和部队开展整党整军运动，帮助撤退到遂溪的化（县）吴（川）地区的干部和部队的指战员克服悲观思想，振奋革命精神，吸取正反两方面的经验教训，提高战略战术水平。

1948年秋，粤桂边区人民解放军在遂溪、廉江一带驰骋战斗，游击区域不断扩大，革命形势大好。然而，在吴西南地区，由于远离主力部队，而且海尾、河汊层层阻隔，仍处在反动派的严密控制和残酷统治之下。区内堡垒林立，石门乡在方圆一公里内就有泮北、那梭圩和荔枝坡等3个国民党反动碉堡。国民党兵日夜出动，到处搜查、伏击游击队。相当部分群众存在着畏惧的思想，不敢大胆接近武工队。这一切，都使转移到遂溪的化吴部队的干部、战士再也坐不住了，纷纷要求打回老家，恢复老区。边区党委也认为，经过整党整军运动，学习华东野战军的战略战术思想后，加上新四团又在前段时间连克敌人，广大指战员在实战中得到锻炼，战斗力大大提高，完全有能力担负起扫除化吴一些敌据点，帮助地方恢复地区建制，拓展游击区的任务。至此，恢复化吴的条件已基本具备。此时，粤桂边区党委提出"依靠群众，贯彻党的路线，恢复老区，开辟新区，坚持武装斗争"的方针。为此，化吴党组织派出武工队陆续回到各区，积极开展武装斗争，开创革命新局面。吴西南区领导陈枫率领陈洪、黄海、廖祥和、庞鹤年、庞芳、李权、宋文礼、郑强甫、刘汉、陈基昌、郑国强、刘润东、庞观生等人组成的武工队回到吴西南区，率先在坑陇村庞鹤年家恢复了交通站，并把交通站从庞家转移到村边密林中一座两间房的茅屋里，由庞鹤年的弟弟庞东住在交通站接待往来的同志。后来又恢复了泮北、华握、东蒲堤等老区村庄的活动，并扩大到其他村庄。8月，庞鹤年遵照陈枫的指示，最先在坑陇村吸收青年庞国棋、庞权、庞中平、庞志明、郑剑均参加游击小组。郑剑均是庞鹤年的妻弟，大垌村人，大垌村反动武装戒备森严，不易进入，郑剑均就将在大垌村收集到的情报定期送交庞鹤年。庞鹤年的父亲庞国平也利用常到大垌村的机会收集情报。坑陇村私塾教师庞国明利用教师身份做掩护，传播革命思想。吴西南区群众冒着被封村、被杀头的危险，坚定地掩护、支持自己的子弟兵。武工队迅速找到立足点，随即展开大规模的宣传发动、教育争取工作。武工队大力宣传全国解放战争的大好形势，并通过革命家属、亲友串联活动，将全国解放战争大好形势的消息广泛地传播开来。同时，开展争取和瓦解国民党乡保队官兵的工作，对他们亲属的教育也同步展开。武工队还注意做好上层乡绅和受到过"左"政策伤害的人员的思想疏导工作，使他们放下成见，转变态度。到11月间，石门乡的半数村庄，建立起游击小组，以坑陇村为中心的陇水乡20多条村庄，以新屋地村为主要活动点的特思乡10多条村庄，以及塘溪乡10多条村庄，都已是武工队的活动范围。根据地在不断扩大，新局面已开始呈现，党组织开始发展。此时，西南区的国民党军堡垒，已成为阻碍革命形势发展的主要障碍，群众强烈要求将其拔除。陈枫派出武工队队员陈源昌打入泮北保安队做内应，派郑剑均打入大垌保安队侦察，很快摸清泮北、大垌、荔枝坡等堡垒内工事结构、武器数量、摆放位置以及人员活动规律等情况，并绘制出准确的平面图，向上汇报，要求主力部队增援拔除敌据点。化吴中心县委书记李郁和新四团党委听取了吴西南武工队的汇报，当即批准了他们的请求。1948年12月15日夜，团长叶宗玙、副团长钟燕飞率领指战员260人，从廉江大塘区出发，16日夜挺进西南区，17日凌晨，天刚蒙蒙亮，部队便同时包围了泮北、大垌、荔枝坡等3个国民党军据点，全歼守敌，并缴获轻机枪1挺，步枪多支，弹药一批。在围攻大垌敌据点的同时，担任警戒的加强排击退从龙头方面来援的国民党马德辉自卫中队。下午部队在北上廉江平坦地区时，途中又击退在笔架岭高地妄图截击新四团的国民党梁正中自卫中队。杨梅根碉堡的守军，慑于解放军的威力，弃堡狼狈逃命，于是该敌据点也告拔除。翌日上午，新四团乘胜连续作战，在扫除杨志埇敌据点时，化县反动头子王辉率领化县两个自卫中队和吴川国民党杨仲南、梁志两个自卫中队共300多人从塘㙍方向来援。经两个小时激战，新四团缴获捷制轻机枪1挺，弹药一批。下午2时许，新四团在回师廉江大塘区途中，在木夹村附近与赶来增援的国民党保安独立营300多人遭遇，双方展开激战，一直战斗到黄昏。是役毙敌20多人，缴获轻机枪、步枪子弹20箱。新四团战士大林等6人牺牲，另6人轻伤。新四团带着连克敌人的胜利喜悦，撤离吴西南，连夜回师廉江大塘区。吴川各区武工队抓住这一大好形势，陆续回到原地，大力开辟新区，恢复老区。

　　武工队在回各区开展工作之初，都面临着政治环境极其恶劣、斗争极为艰苦的严峻形势。南三参议员黄汉秋和自卫队队长（黄劳兄）整天率兵四出"扫荡"，"扫荡"范围从南三乡扩展到南二乡和坡头乡。这样对恢复老区和发展新区造成很大阻力，李时清派李禄向他们做统战工作。李禄到黄汉秋家住了一天一夜，跟黄讲形势指出路。自此，开辟新区，恢复老区的工作开展得十分顺利。其时，东北野战军进行了持续数月的冬季攻势后，消灭了大批国民党军的有生力量。1948年夏，东北全境接近解放；华东、西北野战军，华东军区等野战部队，都已向蒋军开展战略进攻，并收复了延安。武工队在大力宣传全国革命形势的同时，还宣传区委的政策和任务，并对1947年秋"左"的政策偏差，做了自我检讨。群众和一些上层人士对此甚为满意。

　　1949年1月，吴西南区和滨海区的税收工作逐渐恢复，企坎、五里山、石门、沙城、三合窝、灯塔、南三等税站为主力部队新四团源源不断地提供经费。交通联络站除北头寮交通站停止使用外，其余各站点也恢复了联系，同时还发展了光明黄村、岭脚村、米占村、山儿村等一批新的交通站点。吴梅茂边区地下交通线路也日臻完善，开辟了一条以梅菉为中心的地下交通走廊。与此同时，滨海区通过统战工作，成功促使国民党南三区副区长陈桂林弃暗投明。陈桂林多次向党组织提供国民党军"扫荡"麻林、新华、南灶、北灶、黄村的情报，使党组织和游击队及时转移。一次，国民党南三区自卫队"围剿"南灶村，抓走革命群众多人，陈桂林谎称他们是自己的盐工，进行营救。南三党组织还争取霞瑶村陈耀棠、滘脊村邹有太等保甲长为革命工作，并通过他们选派了陈本二、陈文其、陈发林、陈亚廉、李秀标等一批党员和革命群众到区、乡公所工作，获取国民党内部情报，为以后南三的解放打下基础。

随着武装斗争的不断发展，党组织也在斗争中不断发展壮大。1949年2月，滨海区党总支成立；1949年夏，吴西南区成立中心支部。有党的坚强领导，游击区迅速扩大。这一阶段，不但很快恢复了原地区，还开辟了不少新区。鉴于滨海区地理位置的重要性，吴川县工委书记杨子儒亲自率领滨海区区长李时清以及曾德材、蔡华元、吴振声、李信明、陈祥芳、李禄、李池等回该区工作。蔡华元、李信明、李信尧小组回到川西乡、南二乡恢复老区，把新区开辟到塘基村一带，发展了一批武装组织，壮大了武装力量，还吸收蔡华钦、李德春、林广等参加党组织。吴振声小组回坡头、麻斜、张屋、麻瑶和南三北涯、特呈岛开辟新区，发展了张炳、张治、张忠、张太初、张昌树、张和、张花秀、陈济民等人入党。随后，为了加强滨海区的领导，调欧学明、屈雪莹回该区担任区领导。陈仲昌（又名"陈奎"）调南三工作以加强领导，不久，屈雪莹、劳冰石也调到南三工作，并在巴东、北涯头一带发展朱柯生、朱其正入党。

1949年春夏间，党在吴川地区开展的武装斗争不断深入，并不断取得胜利，穷途末路的国民党军也在作垂死挣扎，动用大批军队和地方武装，又一次对吴川滨海区和西南区进行"清剿"。5月6日，滨海区交通员张亚敬获悉国民党"清乡"大队将对南灶陈村"扫荡"，星夜赶回南三通知党组织负责人李时清。李当即决定游击队分头向南寨、东海岛、南二等地转移。向南寨方向转移的人员在张屋渡口海面遇到国民党黄坡缉私队，由于敌我力量悬殊，只好弃船跳水，麻斜税站站长陈洪和游击队队员陈尚福不幸牺牲。向南二转移的人员遇上国民党广东省保安第十团，坡头乡乡长许华秋被捕，在北灶尾村海边遭到杀害。

5月22日，中共吴川县委书记杨子儒和县工委委员、宣传部部长高炎，中共西南区武工队指导员吴振声及张家隆、李权、陈富等6人刚从滨海区来到石门乡龙霞村交通站林福基家，就被特务发觉，那梭圩和石门乡公所乡兵40多人包围了龙霞村。突围中吴振声中弹牺牲，高炎负伤后边打边撤，把敌人引向自己，直至子弹打尽，拆毁枪支，壮烈牺牲。

8月，为了迎接解放，县工委决定重建区乡政权，滨海区下辖川西、南二、南三、坡头四个乡。

3. 夺取坡头全境解放的胜利

1949年4月21日，毛泽东、朱德发布向全国进军的命令，中国人民解放军迅速向未解放的广大地区举行规模空前的全面大进军。1949年下半年，中国人民解放军以雷霆万钧之力、摧枯拉朽之势，向中南、华南进军，追歼南逃的蒋军和打击盘踞在这些地区的蒋军，解放中南、华南。是时，吴川的游击区已占全县80%以上的村庄，为此，县工委的中心任务，是做好全面准备，迎接全县解放。

在滨海区，武工队多方出击，争取坡头、南三的解放。1949年3月，吴川武工队大队长翟林率领50多名武工队队员返回坡头圩活动，在椰子根村党小组组长林广、行政村主任林世才和游击小组以及村民的配合下，很快站稳了脚跟。当时，坡头圩周围驻扎着国民党区自卫大队和南二第二保武装。在武工队强大的政治攻势和武装斗争的有力打击下，第二保保长钟国祥眼见革命洪流势不可挡，再做抵抗已毫无意义，即主动求和缴械。作恶多端的自卫队队长钟黻廷感到末日将到，仓皇逃往香港。李池带领武工队深入走访群众，物色接任保长人选，最后选中久有村思想进步的知识青年钟志雄担任。钟在1948年已经参加游击小组，以村校文敦小学教师身份做掩护，从事革命活动。他暗中提供武器给游击队使用，向党组织传递敌人情报。进驻椰子根村的县大队正酝酿解放坡头的作战计划时，突然接到命令，要到吴西北执行任务。

1949年7月，吴西南区武工队突袭石门乡那面村国民党军碉堡，拔除了该据点，缴获步枪5支，子弹一批；收缴国民党尖山村保安队枪支12支，子弹一批。同月，粤桂南地委指示吴川县工委，要迅速建立中国人民解放军吴川县大队。8月，吴川县工委决定乘粤桂边部队第二次进入湛江市之机，在全县发动群众参军参战和展开政治攻势，滨海区武工队也在这时多方出击。李池、蔡华元、李禄等突袭区保安队，收缴长、短枪20多支，手榴弹1箱，子弹一批；陈祥芳、欧学明先后收缴麻斜张文斗、张登保安队步枪30多支，手枪11支，子弹一批；还收缴麻东、麻西保安队长、短枪30多支。蔡华元得到李镇才做内应，在李光有值班时，带人在三柏村收缴了国民党一个中队的武器装备。李池、董文波通知坡头第二保保长、游击小组负责人钟志雄把该保的长、短枪10多支，手榴弹1箱，子弹一批带到三柏村李华家集中。次日，李池通知南二乡十四保（三片）保长李祥周把该保的10多支枪带到三柏村集中，为县大队的成立筹集了武器弹药。1949年10月，解放大军南下，势如破竹。位于麻登村的第三保保长吴宾南、五合村的第十一保保长陈陆溪和米稔村的第十三保保长陈锦泉纷纷缴械。滨海区公所的成员预感到蒋家王朝行将灭亡，龟缩在区公所内不敢轻举妄动。只有国民党区自卫大队仗着有自卫团团长陈子文撑腰，还在垂死挣扎。

1949年秋，中国人民解放军已逼近湛江市，追歼南逃的国民党军，国民党大势已去，湛江即将解放。在新的形势下，中共吴川县滨海区党总支根据中共吴川县工委关于"通过统战工作，和平解放南三"的指示，决定于9月19日夜收缴南三区公所、自卫队、联防队及盐警队的枪支弹药。欧学明亲自写信给南三区副区长、自卫队队长陈桂林，并派中共南三乡支部委员劳冰石于当天傍晚赶到霞瑶村向游击小组成员陈智良、陈福、陈光、陈清传达党总支的决定，并进行具体部署。首先派陈宴如到巴东圩区公所请陈桂林回家，尔后，劳冰石在陈智良、陈福的陪同下，会见陈桂林并将欧学明的信交给陈桂林，陈桂林表示同意并约定待其将4支驳壳枪由岗楼吊下时才行动。随即在其兄弟陪同下赶回区公所作准备。劳冰石组织陈光、陈清、陈福、陈智良分头行动，陈光、陈清、陈智良等组织发动霞瑶村游击小组（外称"武工队"）和革命群众80多人，于当晚8时左右赶到巴东圩包围区公所自卫队驻地。陈福即到南兴、下地聚、麻林、上木历、南灶等村通知游击小组到巴东圩相助。队伍在外静候陈桂林发出信号。这时陈桂林正在劝说区长刘克和率部缴枪投诚，但刘克和任职不久，思想犹豫，迟迟不做决定，陈桂林急了，他说："你不同意缴枪，我同意。四面已被武工队包围了，武工队如果打进来，大家一起死不如缴枪投诚，保存20多人生命。"迫使刘克和同意缴枪投诚。这时，已是子夜。岗楼上放下4支驳壳枪的信号发出了。劳冰石带着陈智良、陈福、陈光、陈清、陈应光等10多名武工队队员陆续进入区公所，一方面把区兵集中在一个房间看管，另一方面收缴其枪支弹药，清理文件。与此同时，陈意、陈应中等也收缴了自卫队枪支弹药，不到一小时，战斗结束，计收缴长枪22支，驳壳枪4支，手榴弹20余颗，各种子弹一批。

9月20日凌晨4时，队伍转移到霞瑶村后大岭，进行休整，上木历村的郑王贵、郑恒兴，南兴村的张亚容、张亚串等武工队队员和群众赶到，加入队伍。劳冰石与陈智良、陈福、陈光、陈清等趁休息时间部署下一步行动，他们决定把缴来的枪支发给武工队队员，组织一支有20多人的武装队伍，由劳冰石带领包围盐警队，然后派陈宴如以牌友关系，带着穿着敌军军装的陈智良，以有要事找队长为名，通过岗哨进入盐警队驻地。这时，盐警队正处于人心惶惶之际，陈智良趁机向他们指出："武工队已缴了区公所、自卫队全部枪支弹药，你们现在已被包围，何去何从，你们看着办！"盐警队看到大势已去，被迫交出全部枪支弹药。这时，陈清得到情报，还有两名盐警在海边看守粮船，于是他飞快地赶到海边把这两名盐警的枪也缴了过来。至此，盐警队的枪支全部缴过来了，计有轻机枪一挺，枪榴弹筒一具，炮弹20发，长枪73支，驳壳枪5支，各种子弹8担。

斗争取得了胜利，队伍进一步扩大，除霞瑶村武工队队员外，还有上木历村郑王贵、郑恒兴，湖村的张镇良、张元昭，南兴村的张亚容、张亚乾，南灶村的罗振兰、罗观喜，田头村的陈进行、陈进隆、陈献崇等武工队队员陆续加入队伍。于是劳冰石等决定重新编队，组建一支100多人的武装队伍，于当天上午8时由霞瑶村浩浩荡荡出发，迅速赶到白沙圩，包围国民党联防队驻地"亚婆庙"。武工队队员陈一飞抬着机枪抢占制高点，控制联防队，劳冰石等带着武工队队员10余人进入联防队，找到联防队队长黄桂枝，命令其缴械。黄桂枝见势不妙，不敢多言，只好急急说"缴枪，缴枪"。这样，又顺利收缴了国民党联防队的枪械。至此，南三岛不费一枪一弹和平解放了。

是年秋，根据形势需要，中共吴川县工委委员的分工做了一些调整。工委委员、宣传部部长陈枫不再分管吴西南工作，调县专抓宣传教育工作，并协助杨子儒抓迎接解放各方面的准备工作。西南区工作由庞斗才全面负责。

为迎接解放，县工委加紧培训干部。1949年9月，成立吴川县政治工作团，由陈登乔任团长，林向荣任副团长，吸收各区进步知识青年或游击小组组员进行培训。第一期共培训了40多人。经培训的青年绝大多数都安排在县机关和区、乡工作。对在农村中吸收的党员，一般都让他们脱产，跟随乡区武工队一起工作，帮助他们提高工作能力。

1949年9月底，国民党吴川县代县长郑为楫指使自卫大队大队长郑培才带领梁炳章中队以及特思乡乡兵等约140人，配轻机枪两挺，到新屋地、上蒙一带抢粮。敌军刚过罗梓里桥，即在马肚岭高地遭刘汉、宋文礼、詹辉养等率县武装部队伏击，只好狼狈逃回龙头圩。

1949年10月1日，北京天安门广场举行了隆重的开国大典。毛泽东主席庄严宣布中华人民共和国中央人民政府成立。全国大部分地区已经解放，国民党反动派彻底灭亡已成定局。然而，地处祖国大陆最南端、与海南岛一海之隔的高雷地区，仍为国民党军重兵盘踞。大批败退下来、准备撤退到海南岛的国民党军队，到处抢船、抢粮、拉夫。中共粤桂边地委针锋相对，不断壮大人民武装力量，开展保粮、保草、迎接解放的斗争。

1949年10月，中国人民解放军吴川县大队在塘塽成立，翟林任大队长（后为刘汉），杨子儒兼任政委，陈平任副政委。下设三个连：第一连连长庞鹤年，指导员张治；第二连连长陈宝发，指导员（待查）；第三连连长庞芳，指导员陈登乔。全大队指战员共200多人。该大队配合中国人民解放军粤桂边纵队第六支队第十七团回吴川活动，接连拔除了樟山、高岭、茅山等国民党重要据点，后又在中堂袭击国民党军队。

1949年10月14日，广州解放后，中国人民解放军挥师西进追歼逃敌。11月初，郑为楫从黄坡圩撤退，据守龙头圩，做最后的挣扎，且有逃往湛江的企图。当时，在共产党统一战线的策动和领导下，驻湛江西营的国民党六十二军军部警卫营起义，驻博铺的国民党广东省保安第三师第九团三个营1000多人也起义。郑为楫逃遁无望，要求与中共吴川县工委谈判。为敦促国民党方缴械投降，11月3日夜，中共吴川县工委书记、县长杨子儒派县工委委员陈枫、欧学明与国民党代表杨果夫、蔡志龙进行谈判（当时欧学明在滨海区未能到会），谈判地点先在新屋地村詹杰才书房。由于对方不接受投降条件，没有达成协议，县工委立即向粤桂边纵队主力部队提出要求，要消灭这股顽敌。11月15日夜，吴川县大队和钟永月率领的粤桂边纵队第一支队第一团包围了龙头圩，并向敌展开进攻。翌日下午，黎攻、卢文率领的边纵第七支队第十九团、第二十四团和独立营也前来参战。粤桂边纵队十七团在黄坡负责警戒坡头、湛江之敌。11月17日晚上7时，吴川县人民政府发出军字第七号令，限令郑为楫率部于1小时内缴械投降。郑为楫见兵临城下，大势已去，不得不接受条件。粤桂边纵队第七支队与吴川县人民政府共同接受敌人投降，计接收步枪540多支，轻、重机枪7挺，手枪10多支，手榴弹200多颗，子弹2万发。是役俘获国民党少将、代县长郑为楫及其部队兵员（包括政府官员）400余人，打伤敌军10余人。龙头获得解放。

11月18日，中共吴川工委书记杨子儒率领人民政府工作人员，武工队、政工团干部和指战员200余人进驻吴川县城黄坡。杨子儒就任中共吴川县委书记兼吴川县人民政府县长，欧学明任组织部部长，陈枫任宣传部部长，李钦任公安局局长。吴西南区负责人庞斗才与区领导机关从坑陇村迁至龙头圩，同时任命吴西南区三个乡的乡长：特思乡乡长宋文礼，陇水乡乡长庞国祺，石门乡乡长陈基昌。

龙头解放后，大队长翟林率领吴川县大队挥师坡头，再次进驻椰子根村。经林世才、林广父子的教育争取，在国民党自卫团当兵的椰子根村林茂生、林永隆答应做内线接应。11月19日夜，县大队、椰子根村游击小组和该村70多名手持刀叉、锄头的革命群众，把国民党滨海区自卫大队的据点——关帝庙团团围住。解放大军一面以猛烈的炮火攻击，一面命令其缴械投降。国民党滨海区自卫大队四面楚歌，不得不在子夜缴械。国民党滨海区区长林凤仪得知自卫大队已被缴械，自己也没有反抗的力量，于是在次日凌晨2时许竖起白旗。区公所楼顶的青天白日旗被鲜艳的五星红旗所取代。从此，国民党在坡头统治的历史结束了。

11月20日，坡头全境解放。这天正是农历十月初一，适逢坡头圩日。赶集的群众看到迎风招展的五星红旗，以及区公所前不一样的哨兵，便知坡头解放了。人民都十分欣喜，奔走相告。

与此同时，吴川县开展组建政府工作，成立了吴川县和各区的支前司令部，发动群众缴税征粮，没收官僚资产，接管粮仓，迎接南下大军。庞斗才任吴西南区支前司令部司令员，招壁昌任副司令员；屈雪莹任滨海区支前司令部司令员，李池为副司令员，蔡华元、陈祥芳专职负责滨海区具体的支前工作。吴川县大队投入解放湛江的战斗。随后，获得翻身解放的坡头人民，在开始建设新生活的同时，又开展解放海南岛的支前工作，为夺取全国解放的胜利和新中国的建设发展继续做出贡献。

第三章
新中国成立以来的建设和发展

　　新中国成立后，在中国共产党的领导下，坡头辖区人民发扬老区的革命斗争精神，艰苦奋斗，全面进行社会主义建设，各项事业得到很大发展，人民的生活水平不断提高。党和政府十分关心老区村庄的建设，在财力物力上给予大力支持。老区村庄群众在坡头区的大发展中分享到更多成果，生活水平大幅提升，幸福感不断增强，老区村庄经过几十年的建设和发展，面貌发生了很大变化，涌现出一大批文明村。新中国成立近七十年来，老区的建设发展从时间历程上可分为四个发展时期：新政权的建立与巩固时期、社会主义建设探索发展时期、改革开放国民经济快速发展时期、改革开放新时代建设和发展时期。

第
一
节　新政权的建立与巩固

一、区乡政权机构的建立及演变

1949年11月17日，吴川县城解放。1949年11月18日，杨子儒率吴川县政府工作人员、人民解放军吴川县大队、政工团干部和指战员共200多人进驻吴川县城黄坡，并就任中共吴川县委书记兼人民政府县长，这标志着解放后吴川县级政权机构的建立。1952年5月6日，吴川县、梅茂县合并为吴梅县，县政府机关驻梅菉镇。1953年4月30日，吴梅县改名为吴川县，县政府机关驻梅菉镇。1955年1月，湛江市和各县人民政府改称人民委员会，各区改为以区府所在地命名。

1949年11月20日，坡头全境解放，也相继建立区乡政权机构。坡头隶属吴川县，分设有吴川县的二区（龙头）和滨海区（包括坡头、乾塘、南调、麻斜和南三）。二区（龙头）区公所驻龙头圩，滨海区公所驻坡头圩。1950年2月，滨海区划归湛江市辖。1950年8月24日，湛江市人民政府决定各区公所改称为人民政府。随后，滨海区人民政府成立，区府驻地坡头圩，辖五里、葑湖、南滘、田头、麻弄、白沙、新南、大辣、灯塔、光明、麻东、麻西、民有、麻登、上垌、五合、高山、新塘、太平、沙城、乾塘、米稔、三合窝23个乡。1951年11月，广东省人民政府发文，将湛江市滨海区划归吴川县（麻斜和南三岛的北涯、调东仍属湛江市）。1952年1月滨海区被撤销，原滨海区分为坡头、南三两区（其中的麻斜、麻新，南三的调东、北涯划归湛江市潮满区），坡头称吴川县第六区，南三称吴川县第七区。1952年9月，吴梅县区域大调整，原第二区（龙头）改为第七区，原第六区（坡头）改为第八区，原第七区（南三）改为第九区（1953年12月12日，南三及调东、北涯两乡划归雷东县，称雷东县四区，1954年1月，湛江市特呈岛划归雷东县第四区管辖，置特呈乡，至1958年11月雷东县撤销后，南三归湛江市管辖）。

1957年3月撤区建乡，坡头地区共设9个乡。原吴川县第七区（龙头）划分为龙头、大垌、石门3个乡，原吴川县第八区（坡头）分为坡头、南二、太平3个乡，原雷东县四区（南三）分为田头、巴东、灯塔3个乡。

1958年9月撤乡建立人民公社，坡头地区设3个公社：龙头人民公社、坡头人民公社、南三人民公社。

1961年2月实行区辖公社体制，设3个区下辖11个公社：龙头区下辖龙头公社、上圩公社、石门公社；坡头区下辖坡头公社、乾塘公社、麻东公社、五合公社、高山公社；南三区下辖田头公社、巴东公社、灯塔公社。皆属湛江市郊区委员会领导。1963年1月撤区并公社，原来的11个公社合并为龙头（含现在的官渡）、坡头、南三、乾塘（由坡头区析出建置）4个公社，属湛江市郊区委员会领导。1971年8月24日，湛江市革委会决定：南三公社特呈大队（岛）划归霞山区海头公社管辖。

1957年5月，湛江市郊区办事处成立，为湛江市人民委员会派出机关，行使郊区政府职权。1958年4月30日，湛江市郊区调整乡的范围，由6个乡并为4个乡，将麻斜乡（1957年1月1日，湛江市人民委员会决定取消法国租占广州湾时留下的"西营""东营"名称，将"东营"改称"麻斜"）并入中平乡。1958年10月4日，雷东县辖地并入湛江市，南三公社由湛江市郊区管辖；同月，吴川县超英公社（龙头区）和红旗公社（坡头区）划入湛江市郊区管辖。1970年8月12日，湛江市委决定，成立霞山区和赤坎区革委会，撤销郊区革委会。海头、麻章两公社分别划归霞山区、赤坎区管辖，坡头辖区各公社由市直辖。1973年3月，经广东省委批准，中共湛江市郊区委员会成立，恢复湛江市郊区革委会。市郊委、市郊区革委会分别由湛江市委、市革委会直辖，按县一级设置机构，下辖龙头、坡头、乾塘、南三等12个公社和湖光农场。1973年9月21日，中华人民共和国燃料化学工业部批准在湛江市郊区麻斜海东、莫烟楼渡口以南相关地段建设南海石油勘探基地，负责南海石油勘探后勤补给工作。次年6月，南海石油勘探指挥部从茂名市和海康县官茂迁至此基地。1975年11月，经国务院批准，湛江市恢复为省辖市，辖霞山、赤坎、郊区3个区14个公社，11个街道办事处。

二、支援解放海南岛

解放海南岛战役，是1950年3月到5月发生于广东至海南岛的一场战役。

总面积3.4万多平方公里的海南岛，是中国第二大岛，素有"南中国海的门户"之称，战略地位十分重要。

广州解放后，由广东溃逃的国民党军余汉谋集团残部迅速逃往海南岛，统由海南防卫总司令薛岳指挥。薛岳将这些建制不全的残余力量，整编为19个师，对海南岛实行环岛防御，企图凭借海峡天险，阻止解放军渡海登陆。

这场战役是渡海作战，与过去解放军所有作战的经验完全不相同，对渡海兵团来说是一个新课题，必须有大量的船只和熟练的船工。

1949年12月初，随着广西战役的基本结束，中国人民解放军第四野战军前委受命部署解放海南岛作战任务，以第十五兵团司令员邓华、政委赖传珠统一指挥第四十、第四十三军等部共10万人，组成渡海作战兵团，于1949年12月进驻雷州半岛及沿海地区，并进行征集船只、动员船工、开展战术技术训练等战前准备工作。

1950年1月3日，南路专员公署根据中共中央华南分局《关于解放海南岛作战的决定》，成立南路支前司令部，李进阶任司令员，刘田夫任政委。南路各县、市也相继成立支前司令部。龙头区（吴川县第二区）支前司令部司令员为庞斗才，副司令员为招璧昌；滨海区支前司令部司令员为屈雪莹（女），副司令员为李池。

1950年1月28日，南路支前司令部召开第一次会议，要求各县、市支前司令部做好征集船只，招募船工、民工，筹款集粮，修筑公路等工作，支援解放海南岛。龙头区、滨海区党组织号召广大干部群众发扬老区的革命精神，积极做好支前工作。辖区干部群众踊跃支持，尤其老区村庄群众热情高涨，积极筹备粮草、木船，支援南下主力部队，帮助运送弹药和粮食，开展对解放海南岛的支前工作。其中，坡头乡、南二乡共征集船只80多艘，舵手、船工150名。

1950年2月1日，中共中央华南分局书记叶剑英、第十五兵团司令员邓华以及第四十军、第四十三军、琼崖纵队等主要领导在广州召开作战会议，针对海南岛敌人环岛防御、兵力分散等特点，会议制定了"积极偷渡，分批小渡与最后登陆相结合"的战役指导方针。即首先以小部队分批偷渡，加强岛上力量，尔后以主力强行登陆，实施内外夹击，力求全歼岛上守军。根据这一作战方针实施作战，最终如期解放了海南岛。

1950年7月29日，中共湛江市委、市人民政府、中国人民解放军第四野战军第十五兵团、第四十三军善后委员会第二分会、广东省人民政府善后委员会湛江分会在西营中国大戏院举行解放海南岛渡海船工庆功大会，各县市190多名支前代表出席了庆功大会。

三、开展清匪反霸斗争

全国解放前后在新解放区开展大规模的清匪反霸斗争，是通过大规模的军事活动，清剿土匪、特务，巩固革命秩序；同时发动群众，进行反对恶霸地主的斗争，摧毁封建统治势力，建立人民民主政权。这一斗争为以后农村进行土地改革做好了政治上和组织上的准备。

坡头地区解放后，国民党败逃时还留下一批特务、反革命分子和土匪，他们与恶霸地主相勾结，进行反革命活动，残害百姓。为巩固新生的人民政权，维护社会稳定，坡头地区在南路地委和高雷地委的领导下积极开展清匪反霸斗争，广泛发动群众检举揭发反革命分子、土匪及其罪行，坚决进行打击。

1950年3月22日，南路地委（9月改为"高雷地委"）发出《关于开展减租、退租运动，战胜春荒，完成春耕的指示》，要求各地把减租退租运动与剿匪反霸、生产救灾等相结合。坡头地区建立和健全了农会，建立了民兵组织，增强了农民的团结和政治优势，组织和动员群众积极参与清匪反霸斗争。

1950年11月1日，吴西南区队和民兵在尖山岭东村围歼国民党"忠义救国军"的"鬼王"股匪。该股匪匪首李锦隆原是国民党吴川县政府的短枪队队长，极为反动凶恶，解放龙头圩时他逃脱了，后与反动头子林焕琨组织国民党忠义救国军，成员有30余人，隐蔽活动于黄坡和龙头一带的村庄，不断破坏征粮、支前工作和基层组织建设，抢掠群众财物。11月1日凌晨，群众报告该股匪到东山村抢劫，区政府立即组织武装民兵进行"围剿"，股匪发现后即向尖山岭逃窜，民兵奋起追击，打伤多名匪兵，击毙两名匪首，缴获步枪30支，手提机和卡宾枪各一支，二十响快掣驳壳手枪和左轮手枪各一支，各类子弹一批。逃散之匪兵后在人民政府的号令下纷纷向政府自首，该股匪即告覆灭。

1950年11月18日，高雷专署发出《关于坚决镇压不法地主破坏活动的布告》，对不依额缴交公粮、不依法减租退押或武装抢割租谷和强迫交租的地主依法严惩，对挑拨离间、造谣生事、制造械斗、破坏生产和扰乱社会活动的行为坚决查办。坡头地区认真执行专署的指示，发动群众检举揭发，大力开展斗争，维护社会稳定。

1951年2月18日，高雷地委、高雷专署联合发出《关于加强镇压反革命工作的指示》，作出四点指示：（一）"镇反"的主要对象是匪首，假自新的土匪、特务、恶霸、大地主，对他们应杀的要坚决杀，抓捕权由县委掌握；（二）大力清理积案；（三）加强狱政工作，严格管理制度，惩罚与教育相结合；（四）将"镇反"工作与登记反动党、团结合起来。坡头地区认真执行上级指示，深入开展"镇反"运动，基本上肃清了国民党残留的反革命势力和土匪，镇压了一批恶霸地主。2月，南三岛内股匪两名匪首在坡头圩伏法。

坡头地区在上级党委的领导下，深入开展"清匪反霸"斗争，巩固了基层政权，维护了社会稳定，为土改工作的开展打下坚实基础。

四、支援抗美援朝

抗美援朝，是20世纪50年代初爆发的朝鲜战争的一部分，仅指中国人民志愿军参战的阶段，也包括中国人民支援朝鲜人民抗击美国侵略的群众性运动。

1950年6月25日，朝鲜人民军南进作战，朝鲜战争爆发。7月5日，美国出兵侵略朝鲜。7月10日，"中国人民反对美国侵略台湾朝鲜运动委员会"成立，抗美援朝运动自此开始。10月，中国应朝鲜政府的请求，作出"抗美援朝、保家卫国"的决策，中国人民志愿军赴朝作战，拉开了抗美援朝战争的序幕。

1950年8月21日，根据中共中央华南分局关于各地要扩大和平签名运动的指示，南路地区、湛江市九大人民团体联合发出"争取南路百万人签名"的号召，动员湛江人民开展反对美国侵略台湾、朝鲜运动，坡头人民积极参与这一活动，组织集会，发起签名，坚决反对美国的侵略行径，保卫和平。

1950年10月25日，中国人民志愿军赴朝作战，坡头地区人民积极响应党中央号召，踊跃参加志愿军奔赴朝鲜战场，捐钱捐物，开展"抗美援朝，保家卫国"运动。坡头地区人民在党的领导下积极支援抗美援朝战争，组织声援反对美国侵略中国台湾、朝鲜，动员青年参加志愿军赴朝作战，打击美国侵略者，保家卫国，为抗美援朝的胜利贡献力量。

1950年12月1日，中央人民政府人民革命军事委员会、政务院发布《关于招收青年学生、青年工人参加各种军事干部学校的联合决定》，区、乡党组织呼吁青年团员、青年学生响应祖国号召，报考各种军事干部学校，为巩固国防和抗美援朝培训军事人才。

1951年6月1日，中国人民抗美援朝总会发出《关于推行爱国公约、捐献飞机大炮和优待军烈属的号召》，坡头地区人民踊跃捐献人民币、银元、金银首饰等，积极支援抗美援朝。区、乡政府逢年过节组织人员慰问军、烈属，还组织代耕队帮助军、烈属耕种，解决其生产和生活上的困难，以实际行动支援抗美援朝。

1953年7月27日，战争双方在《朝鲜停战协定》上签字。至此，历时2年9个月的抗美援朝战争宣告结束。其后，坡头地区切实做好归来志愿军的安置工作和对烈属的安抚工作。

五、土地改革

1949年前，半殖民地半封建的旧中国，仍维持封建土地制度，占农村人口不到百分之五的地主、富农，占有百分之五十的土地，而占农村人口百分之九十的贫农、雇农和中农，却只占有百分之二十至三十的土地。这种封建土地制度严重阻碍农村经济和中国社会的发展。新中国成立后，占全国三亿多人口的新解放区还没有进行土地改革，广大农民迫切要求进行土地改革，获得土地。

1947年9月，中国共产党在河北省石家庄市西柏坡村举行全国土地会议，通过了《中国土地法大纲》。1947年11月，一个以土地改革为中心的群众运动，很快在解放区广泛开展起来。1950年6月30日，中央人民政府根据全国解放后的新情况，颁布了《中华人民共和国土地改革法》，它规定废除地主阶级封建剥削的土地所有制，实行农民的土地所有制。《中华人民共和国土地改革法》将过去征收富农多余土地、财产的政策，改变为保存富农经济的政策，以便更好地孤立地主，保护中农和小土地出租者，稳定民族资产阶级，以利于早日恢复和发展生产。

1950年12月1日，中央人民政府人民革命军事委员会、政务院《中华人民共和国土地改革法》公布以后，在3.1亿人口的新解放区分期分批地，有计划、有领导、有秩序地开展了土改运动。

1950年12月底，湛江市认真贯彻《中华人民共和国土地改革法》及中央的要求，以新鹿区为土地改革试点区，拉开了湛江市土地改革运动的序幕。1951年5月，湛江市郊区新鹿区土地改革试点结束，在认真总结新麎区土地改革经验的基础上，全面铺开郊区土改运动。

1952年6月，龙头、坡头、南三各区、乡作为吴川县第二批土地改革乡村（共92个乡）开始土改运动。依照《中华人民共和国土地改革法》，贯彻党的"依靠贫雇农，团结中农，中立富农，有步骤地有分别地消灭封建地主阶级，发展农业生产"的阶级路线，土改运动分三阶段进行：（一）土改工作队下乡访贫问苦，发动和组织农民群众成立、改组农会，斗争反动的封建地主、恶霸，减租退押。（二）划分阶级成分，如划分地主、富农、中农、贫农、雇农等，没收、征收、分配土地和财产。（三）土地复查，对漏划、错划阶级成分进行补划和纠正，处理土改遗留问题，结合发土地证和对农民进行翻身教育，提高农民的生产积极性。

1952年10月21日，吴梅县土地改革委员会公布"退租退押"政策。退租年限一律从1949年秋起实行"二五"减租，退还押金和废除农民所欠地主的一切债务。

1953年4月9日，中共粤西区委召开土地改革干部扩大会议，庆祝廉江、徐闻、遂溪、海康、雷东等县土地改革工作顺利结束。吴梅县进入土改复查和查田定产、颁发土地证阶段。龙头、坡头、南三各区的土地改革运动也同时转入查田定产，发土地证工作。农村普遍开展帮工换工，成立互助合作组织。

1953年6月21日，粤西行署颁发《广东人民政府粤西行政公署布告》，宣布粤西地区土地改革胜利完成，标志着粤西区农村以土地革命为主要内容的民主革命阶段结束。土地改革解放了农村生产力，发展了农业生产。

1962年9月，坡头地区各公社开展颁发土地证工作，从法律上确定了国家和集体、大集体和小集体、集体和个人在所有权方面的关系，使农村的生产关系进一步稳定。

经过土地改革，积极支持和参加革命的老区人民终于享受到了革命的胜利果实，坡头辖区广大无地或少地的农民群众获得了土地和生产资料，促进了生产的发展，提高了生活水平。

六、农业社会主义改造

1. 农业的互助合作

早在1949年前，共产党在解放区就组织成立了互助组。解放初完成土地改革后，政府就号召广大农民成立互助组。

农村建立的互助组，是在保护农民财产所有权的基础上，自愿组织的。互助组成员的土地、耕牛、农具都是个人所有，互助组成员之间主要以劳动互助为主，因此互助组的发展对当时农村的经济发展起到了促进作用。

1952年4月，湛江市郊和各县开始出现农业互助组，为农村互助合作运动的序幕。

1953年5月15日，中共中央发布《关于农业生产互助合作的决议（草案）》。8月，吴川县开展成立互助组的试点工作，第九区（南三）区委领导分别到南三岛灯塔乡沙头村和田头乡埱蛇村搞试点建立互助组。

在建立互助组的基础上又发展农业合作社。合作社与互助组不同，合作社要求农民以土地入股，"统一使用土地，合理使用工具，共同劳动，实行计工取酬，按劳分红"，这样农民的土地私有权便只是名义上的了，因为农民已经失去了自主在土地上生产并取得收益的权利，这在一定程度上影响了农民的生产积极性。

1954年3月，根据粤西区委《关于党开展农业互助合作运动的指示》精神，坡头地区掀起互助合作新高潮。1955年初，南三岛办起5个初级农业社，至年底共办初级社56个。1955年冬，吴川县委派出工作组到龙头镇东所村试办一个高级农业生产合作社。

1956年1月24日至25日，粤西区委为了加强对粤西区农业合作化运动的领导，先后发出《对当前合作化问题的紧急指示》《关于农业生产合作社由初级社转高级社几项具体政策问题的意见》《区党委关于开展春节文艺活动组织合作化大生产宣传高潮的指示》等文件。10月，坡头地区经过并社、扩社，高级社调整为64个，初级社为3个。至12月底，坡头地区基本建立了高级农业合作社，提前完成了对农业的社会主义改造。

1956年5月21日，湛江地委农村工作部根据部分农业合作社因领导没有抓好生产，春收作物分配政策执行不好而出现社员退社和有些合作社散伙的现象，发出《关于必须迅速停止目前农业社退社现象的通报》。6月16日，地委发出关于对当前生产整社等问题的指示，要求在7月10日前突出把生产和整社工作搞好。6月中旬至7月初，坡头地区各地大力贯彻省委和地委的有关指示，使大部分退社的社员思想情绪迅速稳定下来，约有25%退了社的社员重新入社。

1956年10月，坡头地区农业合作社调整为高级社64个，初级社3个。至年底，全区基本实现农业合作社高级化。

2. 建立人民公社

农村人民公社化运动是为探索中国社会主义建设道路所做的一项重大决策。以1958年8月毛泽东主席提出"还是办人民公社好"和北戴河中央政治局扩大会议通过的《关于在农村建立人民公社问题的决议》为标志，"人民公社化"运动迅速在神州大地掀起。

1958年8月29日至30日，湛江地委在徐闻县召开湛江专区县委第一书记会议，传达中共中央北戴河会议精神，贯彻中共中央

《关于在农村建立人民公社问题的决议》。会议提出9月底以前全区实现人民公社化。

1958年9月25日，雷东县建制正式撤销，南三人民公社正式成立，湛江市调东、北涯等地划入南三人民公社。9月30日，超英人民公社（龙头）、红旗人民公社（坡头）成立。9月底，吴川全县实现公社化。实行公社化后，取消自留地，实行组织军事化，行动战斗化，生活集体化，分配供给制。

1959年8月，超英人民公社、红旗人民公社分别改称龙头人民公社、坡头人民公社。

1960年8月，湛江市和湛江专区各县对农村人民公社体制进行调整，实行以生产大队为基本核算单位的三级所有制。

1960年11月，中共中央发出《关于农村人民公社当前政策问题的紧急指示信》（即"十二条"）。根据规定的政策，湛江地委在湛江专区选择了13个公社为试点，开展以纠正共产风为主要内容的整风整社运动。这次整风整社运动，主要是清理"一平二调"问题，包括清理劳动力下放归生产队，着手分配和调整自留地，处理群众被拆、被无偿占用的房屋，开放初级市场，恢复圩期，将粮食指标分配到户等。至此，1958年冬以来的"共产风"问题，开始得到纠正。

1971年，农村推广"定人员、定地段、定成本、定工分报酬、定产量，超额完成给予奖励"的"五定一奖"生产责任制，把生产承包给作业组经营管理。坡头地区各公社粮食总产量比上年增长10%，平均亩产达到《全国农业发展纲要》规定指标。

1972年10月中旬，为贯彻落实中共中央《关于继续实行粮食征购任务一定五年的通知》《关于农村人民公社分配问题的指示》，坡头地区各公社实行粮食征购"一定五年"和执行年终分配等农村经济政策，有效地调动广大农民的生产积极性。

1983年6月，坡头地区开展农村管理体制改革，撤销人民公社，公社一级行政组织改设区公所。10月，龙头区公所、坡头区公所、南三区公所、乾塘区公所、官渡区公所设立。大队改设乡政府，生产队改为村民委员会。

3. 农村社教运动

为了提高人民群众对社会主义优越性的认识，全国各地开展了大规模的社会主义教育运动。

1955年9月4日，中共粤西区委做出了《关于开展大规模社会主义宣传教育运动，迎接合作化高潮的指示》。之后，粤西区开展大规模的社会主义宣传与教育运动。

1957年8月8日，中共中央做出《关于向全国农村人口进行一次大规模的社会主义教育的指示》。湛江地委决定将湛江专区6000多个合作社作为第一批试点，开展社会主义教育活动。教育的中心内容是：（一）合作社优越性问题；（二）粮食和其他农产品的统购统销问题；（三）工农关系问题；（四）肃反和遵守法制问题。至10月份，坡头地区各农业生产合作社普遍开展了社会主义教育运动。

1962年9月，根据湛江地委20日做出的《关于开展社会主义教育试点工作的意见》，坡头地区各公社开展一次社会主义宣传教育运动。主要内容是总结贯彻执行《农村人民公社工作条例（草案）》和以生产队为核算单位以来的农村变化，开展形势教育和两条道路教育，制定生产规划，完善各种制度，为即将开始的农村生产高潮打下坚实的思想基础。

1962年，坡头地区各公社农村开展社会主义教育，建立田间管理责任制，落实社员自留地和社员定工、定勤、定肥的"三定"等政策，调动了群众的生产积极性，巩固了生产队的经济基础。

社会主义建设探索发展时期国民经济在恢复中稳步发展

一、大规模围海造田

坡头地区三面环海，海岸线长，海滩涂广，而耕地面积少，沙坡地多，粮食产量低，且常受台风海潮侵袭，影响农业生产，因而坡头地区群众缺粮的问题比较突出。建国后，党和政府决定发动群众筑堤围海造田，既保护现有耕地不受台风海潮侵袭，又可向海要粮，改善群众生活。

其实，1949年以前在坡头地区已有围海造田的先例。1944年，许爱周在他的本乡坡头博立村的海边修筑近1.9千米海堤，筑起太平围，开发了大片耕地。1946年，他在南三南部的海边修筑一条长1.06千米的大堤，筑起了和平围，开发土地40公顷。他把围起的土地分给无地的农民耕种，这些土地经过开垦改良都成了农田，以种植水稻为主。建国后，党和政府吸取了这两围的成功经验，从1950年起带领群众艰苦奋斗，先后成功筑起了一大批海围，开垦出大批农田，广大农村新增了大批耕地，大部分老区村庄都受益，如南三联岛让全岛所有的老区村庄都增加了不少耕地，乾塘围垦也让大部分的老区村庄增加了耕地。而耕地增加了，就大大增加了粮食，改善了人民的生活。

围海造田弘扬了老区人民的革命精神，彰显了艰苦奋斗的精神力量。那时筑堤围海，全靠手铲肩挑，还要赶潮水，每天与潮水追逐，工作异常艰苦。广大群众不计报酬，不畏艰难，积极参加围垦战斗。堵海最艰险的是大堤合龙，南三光明大堤合龙时正值严冬，流水湍急，投下一个沙包即刻被冲走得无影无踪。面对急流与寒风，党委书记邹建理高呼："共产党员跟我来！"第一个跳进急流，共产党员纷纷跟着跳下去。他们咬紧牙根手挽手用身躯筑起"人墙"挡住冰冷急流，随即一个个沙包投下去。经过一昼夜的战斗，大堤终于胜利合龙。正是这种艰苦奋斗的精神让一个个围海工程获得了成功。

1. 南三联岛

南三岛原是十个小岛组成的群岛，其间海水横流，常常受海潮侵害。当台风袭来，海潮凶猛，掀翻渔船，淹没农田，灾情惨不忍睹。建国后，在党的领导下，广大群众从1950年起开始围海连岛工程，经过多年的艰苦奋斗，南三十岛终于联成一个面积为123.4平方千米的大岛，版图为之改写，创造了伟大的人间奇迹。

1950年4月，南三岛围垦工程联合围建成，后经多年维修、加固和改造，堤围总长5.1千米，围垦土地221.2公顷，其中耕地187.87公顷，虾塘33.33公顷。

1950年，老区村庄木历村农会发动农民修筑木历海围，老区村庄霞瑶村和南罩村农会发动农民修筑霞罩海围，各围垦土地13.33公顷。

1951年，老区村庄田头乡政府发动农民修筑解放围，围垦土地面积40公顷。1952冬，田头乡政府和南滘乡政府发动农民修筑北灶海围，与解放围相连，合称"北灶围"，围垦土地6.7公顷。1954年后，经多次维修、加固和改造，使其堤围总长达2.79千米，围垦土地606.47公顷，其中耕地564.67公顷，鱼虾塘40公顷。

1955年11月，光明围垦工程动工，次年10月竣工，围垦土地1000公顷，其中耕地823.33公顷，虾塘176.67公顷。

1957年7月，五里海围工程动工，次年10月竣工，围垦土地980.67公顷，其中耕地553.33公顷，鱼虾塘426.67公顷。

五里围工程的全面竣工，标志着南三联岛工程的全面完成。经过几年的努力，共筑堤围垦48宗，其中围垦土地667公顷（万亩）以上3宗，67公顷（千亩）以上3宗，6.7公顷（百亩）以上10宗，6.7公顷以下32宗，扩大土地面积2393.33公顷。

南三联岛工程巨大，投入大量人力物力，共筑起62条大坝，总长49.36千米，筑土方200多万立方，如果筑成一个底座为一百平方米的塔，可高耸20多千米，它就是一座巍巍的历史丰碑。南三联岛的巨大业绩与造林绿化一起受到国务院的嘉奖，受到各级领导和社会各界的高度关注。

1960年10月，中共广东省委书记陶铸亲临南三岛视察十岛联围工程和人工营造防护林带工程（至1963年陶铸曾三次到南三岛视察），并把南三岛作为广东省抓开发海岛的点。

1962年1月17日，中共中央政治局委员、国务院副总理贺龙一行到南三岛视察，听取南三区委领导汇报营造防护林带和联岛工程的情况。

1962年5月，著名剧作家田汉参观南三岛防护林带，写下了赞美南三人民联岛造林的诗作："不许风潮犯稻粱，沿滩百里木麻黄。北涯南滘岛连岛，东陌西阡秧接秧。曾说白沙遮日月，今看绿水泛鸳鸯。归来已是湛江夜，灯塔回眸万丈光。"

2. 乾塘围垦

乾塘围垦由三大工程组成：乾塘海围、飞沙海围和北马围。乾塘是革命老区，共有34条老区村庄，广大群众发扬老区革命精神，积极参加围垦工程建设。这三大工程的建成，大大改善了当地尤其是老区村庄群众的生产和生活条件，推动了老区的发展。

（1）乾塘海围

乾塘海围是当时的一项重点围垦工程，于1953年秋动工建设，由吴川县第八区（坡头）组织筹建，吴川县农建科负责指导施工，粤西区行署水利处投资兴建，工程于翌年冬竣工投入使用。工程建成后，增加围田166.67公顷。在乾塘围堵口施工时，创新了大堤堵口技术，能在流量大、流速快的情况下，日夜两潮堵口成功，为当时全省堵口施工创造了一项成功的经验。

（2）飞沙海围

1959年11月，飞沙海围工程动工兴建，由郊区水利电力局设计，于1960年建成，围垦土地76.67公顷，后并入北马海围，扩大了海围面积，土地受益面更广。

（3）北马海围

北马海围是一宗大型防洪排涝的围垦水利工程，位于乾塘镇的东南面。鉴江流经乾塘的东面，一支流流入乾塘，形成飞沙江、梅魁江和乾塘江向东南流去奔入南海。三江汇合处形成了巨大的漩涡，人们称之为"三合窝"。北马海围工程就在此处横筑一道大坝，截断三江，外堵海潮，内筑江水，也围垦出大片耕地。

1966年10月，北马联围工程动工，由乾塘公社组织建设，于翌年6月竣工。工程主堤长3.88千米，建拱式排洪闸一座。这一工程截住了三江水，形成了一个大水库，大大提高了农田灌溉能力，扩大了土地耕种面积，提高粮食产量。改革开放后在水库上游开发出万亩莲藕种植基地，就因为有这库水的润泽，水库周边的南寨、三片、大仁堂、三合、沙城等片区的大部分老区村庄都种植了莲藕，走上了致富的道路，乡村出现了新的风貌。

3. 官渡海围

官渡海围是一宗防洪排涝的围垦水利工程，位于官渡西北部的湛江海湾，海堤成了325国道在官渡海湾上的一段通道。

官渡海湾南北延伸入官渡的腹地，南接湛江海湾，北接廉江流入的新圩河。没筑海堤前，海水沿着官渡海湾涌到新圩一带，船只可驶到新圩，使这里成了一个水埠，也就形成了新圩。由于海水常常泛滥，新圩河两岸的土地无法耕种。

1968年秋，官渡海围动工兴建，海围集雨面积72平方千米，围垦土地833.33公顷，捍卫人口5000人，把牛路、劳四、马猴、鸭屋、海棠东、海棠西六个垌围并入官渡围内。海堤上建六孔弧型排洪闸一座，泄洪量320立方米/秒。在官渡海围动工兴建的同时，治理新圩河也随之进行。经治理后，新圩河两岸农田既得到蓄水灌溉，又大幅度地免遭洪涝灾害。围海工程于1969年9月建成，总投资126.5万元。1979年下半年，广湛公路干线规划从官渡围堤面经过，根据工程需要，堤身高由原来的5.3米提高到6米，堤顶面宽由原来的4米扩至9米，沥青路面，外铺护坡石，达到防御九级台风加暴潮的标准。

官渡是革命老区，共有老区村庄70个，在官渡海围围垦范围内散落着埠头、高岭、黄桐、高山、岭尾等村委会的大批老区村庄。官渡海围的建设，开发了大片新耕地，也保护了新圩河两岸的土地，提高了新圩河的灌溉能力，使周边的许多革命老区村庄受益，群众生活改善了，村庄面貌改变了。

4. 坡头围垦

坡头（含现在的南调）围垦由四大工程组成：麻西围、南调围、龙王围、塘尾围。前三大工程位于南调的西面、湛江海湾的东岸，后一工程位于坡头东面的塘尾。

（1）麻西围

麻西围是当时一项重点围垦工程，于1953年秋动工建设，由吴川县第八区（坡头）组织筹建，吴川县农建科负责指导施工，广东省水利局投资兴建，工程于次年冬竣工投入使用。工程建成，既有效地保护了原有的耕地，又新增了166.67公顷耕地，扩大了种植面积。

（2）南调围

1961年11月，南调海围工程动工，由坡头公社组织筹建，郊区水利电力局设计，于次年秋建成，围垦土地380公顷。南调围外堵住了海水，杜绝了潮患；内截住了南调河，提高了南调河的灌溉能力，大大改善了生产条件。

（3）龙王围

1971年9月，龙王围工程动工，由坡头公社组织筹建，由市水电农机局水利组负责设计施工，于1972年秋竣工，围垦土地253.33公顷。

（4）塘尾围

塘尾围位于坡头塘尾村东南面，前临南三河（其实是海湾）。塘尾围工程未动工前，塘尾村及附近大片土地常受到海潮威胁。1968年10月，塘尾围工程动工，由坡头公社组织筹建，郊区水利电力局负责设计施工，于1970年竣工，围垦土地120公顷，有效地保护了塘尾村及附近原有的土地。

麻西围、南调围、龙王围这三大围，在上世纪80年代后又发生了很大的变化。改革开放搞活经济，这三大围开发了许多池塘养虾养鱼，大力发展水产养殖业。因这三大围在湛江海湾东岸，得地利之便，而成了湛江城市扩容提质的主战场，海东新区的核心区就诞生在这片土地上。

5. 龙头围垦

龙头围垦由两大工程组成：巴调海围和肖坡海围，这两项工程建成，有效防止海潮侵害，又扩大了耕地面积。

（1）巴调海围

1950年冬，巴调海围工程动工建设，由龙头区委组织群众施工，翌年4月竣工，围垦土地12公顷。

（2）肖坡海围

肖坡海围位于龙头镇西北的老区村庄莫村西面，于1971年9月动工建设。该工程是一宗防潮治涝围垦工程，集雨面积65.5平方千米，围垦土地1079.6公顷，捍卫人口1.05万人。工程由龙头公社组织施工，湛江市郊区水利水电局负责勘测设计。在陇水河出海处的肖坡海面横筑长1.1千米的防潮大堤，将莫村、东灶、泥井屋、企坎、陈背等5个小垴围并入肖坡围内。治理陇水河与肖坡海围工程同步进行，该工程采用当时比较先进的工艺设计，建有一座5孔净宽17.5米的水冲压启闭排洪水闸，泄洪量165立方米/秒。肖坡海围工程量大，数千群众分别驻扎在肖坡海东岸的莫村和西岸的米稔、山塘、榕树根、赤沙等村庄，在海湾的两面同时施工。1974年春节刚过，堵海工程进入合龙的关键时刻，龙头公社党委动员全公社32个大队，无论是否受益，发扬团结协作的精神，派出"青年突击队"参加决战。工程投入资金229.74万元，于1974年3月竣工。工程建成后，发挥了较好的经济效益和社会效益，陇水河下游两岸不再受涝，周边村庄尤其是莫村、泉井等老区村庄受益很大。

二、大力兴修水利

坡头辖区三面环海，淡水资源缺乏。1949年前水利设施十分落后，农民耕种主要靠天，旱灾经常发生，造成农作物减产或失收，此后也出现多次大旱灾，如1953年秋发生大旱，自7月起连续142天无雨，严重影响晚稻种植，农作物严重失收；1955年1至5月，出现百年一遇的特大春旱，山塘干涸，旱死禾苗5400亩。建国以来，党和政府急民之所急，除大力组织抗旱救灾外，还投入了大量的人力物力兴修水利，以从根本上解决干旱问题，并解决发展中工业用水和群众生活用水问题，推动经济和社会发展，提高广大人民群众特别是老区人民的生活水平。

上级党组织十分关心湛江地区的治旱及水利设施建设。1955年4月，广东省省长陶铸到粤西指导抗旱救灾工作，帮助解决春荒问题。1958年12月18日至23日，全国南方十四省水利施工现场会议在霞山召开，农业部副部长何基沣主持会议。会议组织参观了徐闻会溪、三阳桥水库、雷州青年运河和市郊自流井、堵海工程等，对湛江地区依靠和发动群众大办水利的经验予以肯定。这给湛江地区干部群众以极大的鼓舞。

从解放初以来，在党的领导下，坡头地区的水利建设从小到大，从易到难，先是挖塘打井，再到小型大型水库建设、提水工程、治水工程，一步一个脚印，取得了很大成绩。

1. 开塘打井

1951年10月7日，高雷专署召开农村水利工作会议，决定在全区开展"一村一林一小型水利"运动，加强农村水利建设。12月，高雷专署又决定开展"一村一塘，大村两塘"运动。坡头地区人民积极投入造林和兴修小型水利工程建设。各村自行组织群众挖筑水塘，从利于储水、便于浇灌、布局合理出发，选择在田间或田边的岭脚下开挖。挖水塘全靠手铲肩挑，干部群众不畏困难，艰苦奋斗，短短几个月就开挖出一大批水塘。水塘大小不一，小的数亩，大的十数亩不等，有的村庄挖出四五个水塘之多。这些水塘在一定程度上解决农作物的浇灌用水问题，缓解了干旱的困扰，而且还养鱼，增加了农民的经济收入。这些水塘大部分至今仍发挥着浇灌作用，或被承包作鱼塘。

20世纪50年代初，坡头地区组织群众投入开采地下水工程建设。1953年，水利部门组织技术人员深入乡村勘查规划，发动群众打井抗旱，从人工挖掘田头井发展到用机械动力打井。井灌工程成为坡头地区农田水利建设的重要组成部分。

1955年9月，粤西行署举办市、县打井技术培训班，南三和坡头分别成立打井专业队，配备竹弓弹力井机，打竹筒自流井，深度10—20米，每眼井可灌农田0.33—0.55公顷。后改为用手摇钻机冲压水喷土法打井，打出40—70米深、直径12公分的竹筒自流井，每眼井能灌农田2.67—5.33公顷。在此时期共打竹筒井69眼，挖大口径衬砌井62眼。

打井工程以南三岛为重点。1955年9月，雷东县人民政府拨款支持海岛干旱地区的水利建设，吴川县打井队开赴南三岛，12台手摇打井机同时动工，历时3月，共打成自流井53眼，灌溉农田353.33公顷。1956年10月30日，南三岛采用两个"小泵"打自流井试验取得成功，省水利厅组织各专区40多名打井干部到南三观摩，并在全省推广这一方法。

20世纪60年代初起，坡头地区开始组织打大型井。1963年，湛江市郊区购进河南省大锅锥打井机20台，配给南三岛两台，坡头公社1台，以南三岛、坡头、麻斜为重点推行打大锅锥井。大锅锥井深30—50米，内径75—95厘米，用250＃水泥混凝土制作井管，每眼井可灌溉农田2—4.67公顷。全辖区打大口径井414眼。1966年9月，湛江市郊区打井大会战在南三岛揭幕，郊区钻井机队和省第一地质大队钻井队以及该岛二台锅锥机钻井队组成打井大队，共150人投入打井会战。经过六个月的奋战，共打深机井54眼，河南式锅锥井242眼，总灌溉面积987.33公顷。

从1953年至1988年，坡头地区机械动力打井1089眼，其中深机井191眼，竹筒自流井69眼，大口径井829眼（含衬砌井97眼），可灌溉农田2764.67公顷，有效地解决了群众的生产和生活用水问题，很大程度上缓解了旱情，也提高了群众用水的卫生水平。

吴川县第八区高山乡谢世英在打井抗旱工作中成绩显著，被评为1955年广东省劳动模范。

2. 甘村水库

甘村水库位于龙头镇325国道南面的甘村。1958年4月，甘村水库动工兴建，由中共吴川县委委员兼坡头乡委书记全祥贵任工程指挥部指挥，吴川县水利电力局负责勘测设计。水库设计蓄水库容1056万立方米，灌溉面积1000公顷，与雷州青年运河二联干渠相连，引水流量4.5立方米/秒。建设甘村水库，投入大量人力物力，工程总投资115.18万元，其中国家投资88.18万元，公社自筹27万元，投入劳动工日46.4万个。参加工程建设的广大群众发扬老区的革命精神，不畏困难，在水库工地上艰苦奋斗了两年九个月，工程终于在1960年12月竣工投入使用。

库区移民工作与水库建设同步进行。按照工程设计，库区要搬迁上甘、下甘、陆屋、岑屋、大氹、邓屋、孔桐等7个村庄共1000多人。1958年至1959年间，安置到坡头圩镇落户的有40人，安置到国营湖光农场、五里、鲁秀、高旧、新坡（尾）、红桥分场落户的共650人。1964年底至1965年初，先后安置360人到湛江市郊区麻章公社，单独成立移民新兴生产大队。这些村庄的群众为甘村水库建设做出了巨大贡献。

甘村水库建成后，龙头公社在水库建起了龙头自来水厂，为龙头圩镇及附近村群众提供生活用水。龙头自来水厂属集体所有制企业，由于经营管理不善而出现亏损。21世纪初期，官渡工业园动工兴建，需从甘村水库引水，龙头水厂已不能适应发展需要，于是政府对龙头水厂进行转制拍卖。企业家叶亚福成功拍得水厂，把水厂改名为"福民自来水厂"，并投入大笔资金对水厂进行改造建设，提高供水能力。水厂除了给龙头圩镇居民和企业供水，还远道给官渡工业园供水，后又给龙头工业园区供水。甘村水库对改善周围群众的生活用水，提升群众的生活质量，对坡头区工业的快速发展发挥了重大作用。

3．组织参加雷州青年运河建设

1958年5月15日，中共湛江地委做出《关于兴建雷州青年运河的决定》，由中共湛江地委和专署主持筹建。雷州青年运河第一期工程是在九洲江干流上修建鹤地水库，跨流域从九洲江引水灌溉雷州半岛南渡河以北地区的耕地。6月10日，受益的湛江市（含市郊和坡头）及廉江、遂溪、海康，吴川、化州五县，组织5万民工进场施工。广大民工发扬艰苦奋斗精神，日夜奋战，至1959年9月，库区工程基本完成。库区集雨面积1440平方千米，总库容量为11.51亿立方米。

1959年9月，雷州青年运河第二期工程动工。工程集中力量开挖过水流量110立方米/秒、长76千米的主河道，并相继建成东海河、西海河、东运河、西运河、四联河等五大运河。1965年运河全面发挥效益，年供水量155000万立方米，总灌溉面积103580公顷，其中坡头辖区灌溉面积3000公顷。

1960年冬，四联河坡头地区引青灌溉工程动工。工程设计过水流量4立方米/秒，灌溉面积3000公顷。由受益区龙头（含官渡）公社、坡头公社和海头公社麻斜大队分别组织施工队伍进场施工。至1965年春，四联、二联、坡头3条干渠竣工，总长39千米，其中防渗渠19.81千米。四联干渠从廉江县南圩大岭至官渡北埠，建三角、黄桐、北埠、风山、丽埇支渠5条，灌溉面积266.67公顷。二联干渠从廉江县平坦禾草埇起，经吴川县塘㙟进入龙头甘村水库，再经吴川县中山至坡头海关楼，建大垌、那洋、莫村支渠3条，灌溉面积533.33公顷。坡头干渠从坡头海关楼至沟尾，修筑五合、高山、南河、麻登、麻东、瑶贯、麻斜7条支渠，设计灌溉面积1666.67公顷。两年后，效益下降，至1988年仅能灌溉266.67公顷，大部分渠道因长期没有放水，既无维修也没有管理，遭到废弃。

这是一项巨大的水利工程，建设任务十分艰巨，投入了大量的人力物力，工程投入使用后的经济和社会效益非常显著，受益面很广，惠及一市五县，在坡头地区惠及官渡、龙头、坡头、麻斜，尤其官渡、龙头、麻斜的许多老区村庄受益较大，推动了老区经济和社会发展。

4. 兴建小型水库

1956年10月，中共吴川县委提出"改变农业生产条件，大搞农田水利建设"的号召，龙头区根据本区地处丘陵、水源缺乏的特点，组织发动群众掀起兴建山塘水库热潮。同年冬，龙头的水利骨干工程下洋水库建成，为建设山塘水库提供了新鲜经验。吴川县水利电力局就地组织培训水利施工员30多名，解决了技术力量的不足，有效地推动水利建设广泛开展。至1974年，龙头官渡各地共建成小（二）型水库27宗和山塘84宗，集雨面积42.7平方千米，总库容量1056.2万立方米，正常库容量324万立方米，灌溉面积764公顷。建起了一批山塘水库，为龙头官渡大批村庄包括许多老区村庄解决了农业灌溉用水，促进了生产发展。

1965年1月，南三岛动工兴建光明围水库，计划蓄水面积300公顷，库容量567万立方米。该水库是利用光明围大堤外堵海水内蓄淡水而筑成。水库完工后，当地政府在水库上建起了水电站抽水灌溉，有效地促进光明围内的土地开垦，大大地增加了耕地面积，周围许多村庄受益不少，尤其是南三最大的老区村庄田头村受益最大。

5. 建设提水工程

1968年至1975年，是坡头地区投入建设提水工程高峰时期，共建提水工程245宗，其中电灌站31座，机灌站16座，水轮泵站7

座，流动抽水机组191个，总装机容量1466千瓦/31台和2325匹马力/215台，配备各种型号抽水泵250台。架设高压电线路11.85公里，低压电线路25.5公里，修筑灌溉渠351条，长79.1公里，其中防渗渠37.7公里，建筑物358座，合计提水流量7.91立方米/秒，灌溉面积2068公顷。工程投资131.54万元，其中国家投资58.99万元，集体、群众投入72.55万元。这些提水工程的建设，很大程度上解决了当地的农业生产用水，推动了农业发展。

6. 乾塘治水工程

乾塘地处沿海，三江穿流，而地势较低且平坦，易引发洪涝灾害，造成农作物很大损失。1956年至1967年，乾塘洪涝区采取防潮排涝引灌相结合进行治理。1956年秋开始前期工程，建成南寨、乾塘、飞沙3条防潮堤，总长7.3千米，建排洪闸4座15孔，总净宽37.5米，排洪量490立方米/秒。后期工程于1957年秋动工，建成北马第二道防海潮大堤，堤长3.7千米，建有排洪闸1座8孔，总净宽28米，泄洪量330立方米/秒，开通涫儿、梅魁、万屋、八哥、三合等五条6至12米宽疏洪排涝渠道，总长36千米，以防御洪涝灾害。接着开展引鉴灌溉工程，至1992年春，全灌区开通南寨、岭上、梅魁、北马东、北马西、飞沙东、飞沙西、那洪（含乌泥段）、三合共9条引灌干渠，总长30.6千米，支渠128.8千米，建成鉴西乾塘灌区，自流和提水灌溉面积1466.67公顷。这些工程效益十分明显，使乾塘老区成了坡头地区的主要产粮区，老区人民的生活水平大幅提升。

三、广泛植树造林

坡头地区三面临海，自然环境恶劣，风沙海潮危害大，尤其是南三岛及乾塘东面受风沙影响很大，既危及群众居住安全，也造成农业生产灾害。建国后，各级党组织充分认识植树造林对于防风固沙、改善生态、保持水土、促进生产发展具有重要意义，积极发动和组织群众开展植树造林工作，取得了显著的成效，使坡头地区走上了绿色生态发展道路。1990年9月11日，坡头区成为全省第一批、全市第一个被广东省委、省政府授予"绿化达标县（区）"称号的区。

1. 掀起造林运动

建国初期，各级党组织在互助合作和公社化过程中，依靠组织起来的集体力量，不断发动群众开展大规模的植树造林运动。

1954年春，粤西区开展大规模的开荒植树造林活动，促进了林业生产的发展。沿海的吴川县坡头、雷东县南三等地开始营造沿海防护林带。龙头区首次在尖山岭种植马尾松树。1954年秋，广东省林业勘察队对坡头地区沿海防护林进行勘察和规划设计，大大推动了防护林营造的进程。

1955年12月26日，中共粤西区委发出《关于积极做好准备迎接一九五六年造林运动的指示》，要求12年内基本消灭荒地，1967年以前要全部绿化。吴川县委于1955至1965年积极组织龙头、坡头、吴阳等地沿海地区农民营造防护林2千多公顷，大大改善了生态环境。

1956年3月21日，湛江地委绿化指挥部成立。根据地委《关于加强绿化工作的领导，开展清明前后大规模群众造林和护林运动的指示》，坡头地区依靠农业合作社采集种子，培植树苗，组织开展群众性植树造林运动。南三、乾塘两地在沿海沙滩种植木麻黄，在不毛之地推广种植飞机草，效果显著。

1963年4月6日，湛江专区公路绿化带营造管理委员会成立。实行专业队伍和群众相结合，在坡头地区公路干线两侧高标准营造公路树带，主要树种为木麻黄树、桉树和台湾相思树等。

1972年2月，坡头地区各公社大搞群众性造林绿化运动，大办社、队林场，扩大造林规模，提高造林质量。

2．南三林带

南三岛内大部分土地贫瘠、沙化，尤其是东海岸最为明显，1949年前有大面积沙荒，致使沙暴频繁，岛上居民生活十分艰难。

1949年后，南三岛人民在党的领导下，在上级林业部门的大力支持下，广泛在东部沿海沙滩上种植木麻黄防护林，成效显著。

1952年，专署林业处先后三次派工作组和测量队对南三岛开展植树造林的组织发动和技术指导工作。1953年，区委做出决定，造林消灭南三沙灾。县委和湛江地委、专员公署陆续派林业技术员孙品才、林其标、陈泽等到南三岛指导造林，国家资助育苗造林经费，调动了群众植树造林的积极性。

1954年，广东省林业厅防护林勘测队、粤西行署林业处防护林工作组深入到南三岛调查研究，编写出《设计草案》，规划南三岛的灯塔、光明、新南三个乡营造防护林带8条，林带总长度34.756千米。这个《设计草案》对南三岛营造木麻黄防护林带提供了科学依据和指导方针，南三岛此后的植树工作便按此草案实施，从点到面到带推进。

1955年，南三区委决定加速造林绿化、消灭沙灾的进程，指示各乡成立造林绿化委员会，加强对造林绿化工作的领导。为了提高植树成活率，各委员会加强管理，落实"三包"（包工、包产、包成本）责任制。除群众性突击造林外，男女青年造"青年爱国林"，妇女造"三八纪念林"，应征青年造"应征林"，实行责任管理。同时订出护林公约，加强了对林木的保护。

至20世纪60年代初，南三岛开展了多次大规模的植树活动，把按《设计草案》营造的8条防护林带连成一体，出现了一条由靖海宫到老区村庄莫村，长20千米、宽3千米至5千米的防护林带，加上环岛各村的防护林，林带总长度达57千米，覆盖全岛三分之一的土地，成为全国最大的木麻黄防护林基地之一，人们称之为"绿色长城"。

南三岛人民造林绿化成绩显著，是全国的一面旗帜，受到国务院、林业部、省、地、市等的表彰奖励。加上联岛的成功，1958年12月，南三公社被国务院授予"全国农业社会主义建设先进单位"称号。原灯塔小乡乡长凌乾发被评为省特等造林模范，灯塔乡团支部书记陈彩文被评为"全国青年建设社会主义积极分子"。

南三岛造林绿化的业绩，在社会上获得良好的声誉，引起外界的广泛关注。1961年10月，著名作家陈残云到南三岛参观考察防护林带，撰写了《南三岛小记》，发表在同年11月4日的《人民日报》上。1962年3月28日至4月1日，广东电视台记者到南三岛拍摄反映南三造林绿化的电视专题片。1962年12月1日，中央新闻电影制片厂派员到南三岛林带拍摄新闻纪录片《园林放牧》，播放后在全国各地引起很大的反响。1962年12月6日，中南区召开区内各省（自治区）专区以上林业领导会议，与会代表156人到南三岛参观防护林带。1964年1月22日，广东省作家黄谷柳、暨南大学教授文乃山、《每日新闻》记者司徒乔到南三岛林带访问3天，黄谷柳、司徒乔撰写的《模范学英雄》发表于同年6月22日的《南方日报》。1973年，著名画家关山月三下湛江，深入到南三岛林带体验生活，创作了国画《绿色长城》。1962年至1977年，越南林业考察团、联合国粮农组织林业考察团、巴基斯坦林业考察团先后到南三岛参观防护林带。

3. 广植红树林

坡头地区东临南海，西临湛江海湾，南临广州湾，且在其中穿行的海湾众多，大的海湾有石门湾、官渡湾、肖坡湾、龙王湾、南调河、南三河等，临海面广，海岸线漫长。每遇台风袭击，坡头地区往往受到海潮侵害，损失很大。1949年后，党和政府采取积极措施防止海潮灾害，在筑堤围海的基础上，大力种植红树林。

红树林是热带、亚热带海湾、河口泥滩上特有的常绿灌木和小乔木群落，是陆地向海洋过度的特殊生态系，它的突出特征是根系发达、能在海水中生长。红树林具有防风消浪、筑淤保滩、固岸护堤和营造良好生态的功能。因而，坡头地区在沿海种植红树林是最好的选择。

坡头地区广阔的海滩涂原先自然生长着不少红树林，在此基础上广泛种植，把原来的点点片片连在一起，既加强堤岸的保护，也营造了优美的绿色景观。1956年3月起，坡头地区多次组织开展在沿海种植红树林的运动。通过以点带面的方式，先重点抓好南三和乾塘两地沿海红树林种植，广泛发动群众，依靠组织起来的集体力量，在上级部门的支持下，逐步在沿海滩涂种植红树林。根据南三岛植树的规划，东海岸的沙滩主要种植木麻黄林带，南面、北面及西面的滩涂主要种植红树林。从1956年起，南三岛便在这三面大规模种植红树林，经过几年的努力，红树林由片连成带，对保护南三的联岛堤围起到重要作用。乾塘种植红树林主要在东海岸和南海岸，北马围外围的红树林规模很大，片片相连，一望翠绿，既成了一幅美丽的风景，也很好地保护了北马围海堤的安全；沙城东海岸的红树林规模也较大，种植的是高茎品种，又是另一种风景。在抓点的基础上，红树林种植便在本地区的海岸线上铺开，规模较大的红树林有官渡海湾的红树林、石门海湾的红树林、龙王海湾的红树林。

坡头地区内的海滩上也有连片的天然红树林，规模较大的有龙头老区村庄莫村和官渡麻俸村片的红树林。莫村地处三面环海的半岛，有近三十公里的海岸线，茂盛地长着天然的红树林，高低错落，一望起伏的翠绿。麻俸红树林位于官渡麻俸村西北面的海湾上，这里是石门河与官渡河的交汇处，海中有五个小岛，像五颗星星散落在海面上，生长着大片的红树林，郁郁葱葱。

红树林具有极强的自我繁殖能力，经过多年的繁殖发展，已织成了坡头辖区的红树林网，既有效地保护了沿海堤围，也成了沿海一道绿色的生态景观。

四、加快农业发展

坡头地区农村占大头，农业是主要产业，但1949年前由于封建所有制的束缚和耕作粗放，自然条件差，生产处于落后状态。新中国成立后，人民政府对土地制度实行改革，大力兴修水利，加强农田基本建设，推广农业新技术，农业生产得到较大发展，老区群众的生活水平有了较大提高。

1. 农田基本建设

农田基本建设是发展农业的基础。1949年前，坡头辖区的农田基础设施基本空白，一些简单的设施如田头井由农民自行挖掘，生产设施十分落后。1949年后，党和政府重视农田基础设施建设，投入大量人力物力，努力改善生产条件，促进农业发展。

从解放初期以来，坡头地区掀起了一轮又一轮大规模农田基本建设的热潮。如1974年11月3日，湛江地委做出《关于大搞农田基本建设，夺取明年农业生产更大丰收的决定》；12月28日，湛江地区农田基本建设指挥部成立，坡头地区各公社投入农田基本建设的劳动力有10万人；1976年2月中旬，地委组织干部下乡，帮助生产队落实早造生产计划，搞好春耕生产，坡头地区4个公社累计投入农田基本建设和春耕备耕的劳动力达10多万人。

由于采取了切实措施，广泛依靠集体的力量，农田基本建设取得较好成效。

大力开发淡水资源。坡头地区三面临海，淡水资源缺乏，致使旱灾频发，严重影响农业生产。建国后，当地政府多措并举，大力开发淡水资源，努力解决农业灌溉用水。一是开挖水塘，每村根据农田布局，合理开挖数口池塘，收储雨水，旱天用于灌溉。二是打井，在上级水利部门的支持下，本地区广泛开展打井，尤其以南三为重点，每村都打几眼深井或机井。三是蓄水库，大型水库有甘村水库，小型水库主要分布在官渡、龙头和南三，还引进鹤地水库的水源。通过采取以上措施，在很大程度上解决了旱灾问题。

加强基础设施建设。一是修建排灌渠。解决水资源问题，必须与修建排灌渠同步进行，才能有效实施排灌。各村根据农田分布情况，合理规划排灌渠，既利于灌溉，也利于排洪，确保旱涝保收。修渠一般在农闲时节，不影响农业生产，每年还对修建的水渠进行维护。官渡潭滩渡槽工程是较大型的引灌工程，于1971年秋建成，全长0.37千米，过水流量每秒0.8立方米。引灌工程的建成，解决了大面积农田灌溉用水的问题。二是修建机耕道。20世纪70年代初，为了适应手推车、牛车、手扶拖拉机等进入田间参与生产，减轻群众的体力负担，提高生产效率，在田间合理规划修建一定的机耕道。新开发的耕地，规划得更加科学合理，既有机耕道、排灌渠，又搞大田化，每块田面积为0.15公顷，便于生产劳作。如20世纪70年代初新开垦的南三光明围大片耕地，便是大田化的示范点。

2. 农业技术推广

建国前的农业是粗放型农业，品种不良，产量低下。建国后，政府重视农业技术推广工作。20世纪60年代初，湛江市郊区成立农业技术推广站，各公社成立农科站，配备专业人员，拨给推广技术试验田，开展优良品种试验推广工作。

开展农业技术培训指导。1964年1月，各公社开展农业先进技术扫盲活动，邀请一批来自汕头、广西等地的种田好手和本地高产队的代表组成传授队到后进队、低产队传授高产经验，主要传授水稻、番薯、黄豆、花生四大作物的栽培技术及有关养蚕、种棉和畜牧业的生产知识，培训生产队队长等，请这些种田好手进行"传帮带"。1964年3月，各公社贯彻湛江专区第二届农业科学技术工作会议精神，开展农业技术改革工作和"比学赶帮"竞赛活动。1964年8月，广东省水利厅厅长余翰文和湛江专署水利电力局工程师刘晋任带领省地沿海生产建设工作组到乾塘公社沙城大队蹲点，深入调查研究，规划沿海地区生产建设，指导推广农业技术，并支持该地修复光昌围，兴建广文抽水机站，扩大耕地，发展生产。1976年上半年，各公社开展水稻三系（保持系、恢复系、不育系）、化杀（化学杀雄）杂交育种研究、试验、推广工作，各大队派出知识青年参加技术培训。

培育引进优良品种。区的农业技术推广站和各公社的农科站负责做好优良品种的培育和引进工作，通过推广新品种，大大提高了农作物的产量。1954年12月，引进甘蔗新品种"台糖134"和"印度331"等，其中"台糖134"成为坡头地区甘蔗当家品种。1963年，坡头地区农村普遍引进推广水稻良种"珍珠矮""广场矮"。1964年，湛江专区水产局在官渡石门蚝场以水泥柱代替石头做附着物进行养蚝试验，取得增产2至3倍的显著效果，并在本地区推广。1964年，湛江地区农科所育成花生新苗种"湛油1号"，在花生产区坡头一带大面积种植。1970年，湛江地区农科所育成花生新苗种"战斗2号"，分批在花生产区坡头种植推广。1972年2月坡头地区推广水稻新品种"科六"。1972

年，湛江引进的水稻良种"桂朝2号"，成为龙头、坡头、乾塘、南三等12个公社的水稻当家品种。1976年7月，坡头地区首次推广杂交水稻"广汕优"。

3. 推广农业机械化

实现农业机械化是农业发展的必由之路，成为广大农民企盼的一个目标。从解放初开始，政府便重视农业机械的推广使用，致力减轻农民的劳动强度，提高劳动效率。

在20世纪50年代大搞围海造田和兴修水利时期，农村劳动力紧缺，因而大力推广"车仔化"。"大跃进"和人民公社化时期，采用滚珠轴承胶轮手推车作为运输工具。60年代中期，公社农械厂学习外地经验制造人力脚踏水稻脱粒机，供应生产队购买使用。70年代中期，生产队普遍使用机械脱粒机，也广泛使用机械抽水机进行灌溉。70年代后期，出现了中型拖拉机和手扶拖拉机，但因指标有限及生产队缺少资金，使用不够普遍。由于推广使用农业机械，减轻了农民群众的劳动强度，在一定程度上提高了劳动效率。

在计划经济时期，各种农业机械是重要的生产资料，由上级计委和农机公司把指标下达到公社，再由公社分配到大队生产队购买使用。70年代初，公社成立农机管理站，是公社集体单位，既是农机的管理部门，也是农机经营企业，主管上级分配的各种农机指标报公社按计划分配给各大队生产队购买使用。改革开放后，随着市场经济的发展，农机站管理职能消失，成为自负盈亏的企业单位。

4. 积肥与改良土壤

肥料是改良土壤提高粮食产量的重要生产资料。为了有效地改造低产田，广泛提高粮食产量，从新中国成立以来，政府部门就很重视堆积使用有机肥，大力号召农村开展积肥运动。1959年

1月，湛江地委发出《关于开展积肥运动的紧急批示》，1963年1月，广东省委发出《关于迅速掀起积肥高潮的指示》，湛江地委发出《关于立即开展一个规模巨大的积肥运动的通知》，坡头地区各公社认真贯彻上级的指示精神，积极组织各大队、生产队开展大规模的积肥运动。1965年1月，坡头地区各公社开展改造低产田运动，重点放在沿海、丘陵和山区地区。广大农民也充分认识到积肥的作用，积极响应上级号召，利用农闲时节广泛进行积肥。

积肥主要分为几类：一是植物肥。收获完花生，将枝叶晒干堆积起来；割下苦楝树的叶子和岭头上的坡青草晒干收储起来，耕种时下到地里，用泥土盖住沤烂就是很好的肥料。二是土杂肥。每年冬水塘少水时，把塘底的泥挖起来晒干砸碎堆积起来；把牛栏下面渗过牛尿粪的泥、水沟里的泥及柴火灰等收集起来，再和上粪便搅拌也是很好的肥料。三是猪粪便。20世纪70年代初，各生产队统一集中建猪舍，将猪圈养起来，既有效防止猪毁坏庄稼，又不让猪粪便搞脏村里卫生环境，更便于将猪粪便收集在粪池里，再派群众到海里捡回"小泥猪"（当地人对长在海滩上的一种似猪状的小动物的称呼）放在粪池里沤，便成了很好的有机肥，这种肥量大，在很大程度上解决了农作物的用肥问题。

种植农作物用上这些有机肥，有效地改良了土壤，尤其是对围垦新开发的耕地改良效果更好。这些肥肥效长，植物耐长，有效地提高了作物的产量，而且种出的果实都是健康绿色食品。开展积肥运动，广泛推广使用有机肥，有效地促进了农业生产良性发展。

5. 农业学大寨

20世纪60年代，大寨被树为中国农业的一面旗帜，全国掀起了一场轰轰烈烈的"农业学大寨"运动。大寨精神是自力更生，艰苦奋斗。大寨人敢于战天斗地，治山治水，改变了靠天吃饭的状况。全国各地积极响应号召，不断深入地开展"农业学大寨"运动。

1964年12月，坡头地区各公社组织开展"农业学大寨"运动，广泛宣传学习大寨精神，号召广大干部群众通过自力更生、艰苦奋斗改变落后面貌。1971年1月18日，湛江地区革委会做出《关于进一步深入开展农业学大寨群众运动的决定》，坡头地区各公社掀起"农业学大寨"的群众运动新高潮。1972年12月5日，全国农业劳动模范陈永贵到湛江传授大寨经验，给湛江地区干部以极大的鼓舞，推动了"农业学大寨"运动的深入开展。1975年10月30日至11月3日，湛江地区革命委员会第十二次全体会议召开，传达贯彻国务院召开的全国农业学大寨会议精神，讨论制定全地区5年普及大寨县的规划，坡头地区各公社先后制定普及规划。

坡头地区干部群众在学大寨运动中，发扬自力更生、艰苦奋斗精神，大力兴修水利解决干旱问题；大规模实施堵海围垦工程，有效防止海潮灾害，又开垦了大面积耕地；积极推进荒地的开垦，扩大坡耕地面积，提高番薯、花生、木薯等作物的种植量；通过广泛积肥，大力改造低产田，提高粮食产量，推动了农业的发展。

五、壮大渔业经济

坡头地区临海，尤其是南三、乾塘东临南海，紧靠世界著名的北部湾渔场，海洋资源十分丰富，有着悠久历史的渔业生产，是当地的重要产业。如南三岛共有纯渔村7条，半渔半农村94条，渔村和半渔半农村占自然村总数的97%，所占比重很大。建国后，党和政府重视渔业的发展，积极推进渔区民主改革，改善渔业生产条件，不断壮大渔业经济。在渔区中有不少老区村庄，如乾塘的沙城、三合窝、沙环、中长巷、长巷、大仁堂、岭上、南寨、烟楼，南三的莫村、龙头的莫村，这些老区村庄充分发挥资源优势，积极开展渔业生产，提高了经济收入，群众的生活水平有较大提高。

1. 渔区民主改革

1951年11月，根据中共中央华南分局《关于配合城市民主改革与农村土地改革，系统地开展沿海渔民运动的指示》和高雷地委发出的《贯彻分局关于沿海渔民民主改革及镇压反革命工作的通知》，坡头地区的沿海渔村在上级党委的领导下，开展了以清债反霸、恢复生产为中心的民主改革运动，建立了渔民乡、村政权。1953年8月，粤西区第二期沿海渔区改革工作，在坡头、龙头、南三沿海半渔半农村全面铺开。1953年11月，渔民民主改革运动结束，渔村普遍成立了互助组，广大渔民走上集体化道路，壮大了渔业的力量。党和政府也从经济上、物力上对渔业生产给予支持，改善了生产条件，调动了渔民的生产积极性，从事渔业生产的人口也逐渐增加。

1954年7月上旬，吴川县召开渔业互助合作会议，训练办社渔工、渔民骨干分子，为建立渔业生产合作社做准备。1956年4月中旬，湛江专区对渔业实行社会主义改造掀起高潮。在渔业互助组的基础上，经过大规模的建社、扩社、并社，南三的光明、新南和乾塘、龙头等地实现了渔业合作化，为个体分散的渔业生产转为集体的有组织有计划的大规模生产和机械化生产创造了重要条件。在合作化过程中，渔船和网具有较大发展，渔业村增加了大船，提高了远海捕捞的能力，推动渔业生产更快发展。

1958年推行人民公社化时，渔业社合并称为"渔业营"（后称"渔业大队"），由各渔村或农村纯渔户参加，属纯渔业大队。单干渔民也参加渔业队，成为公社社员。渔民参加公社渔业队后，同样实行生产责任制的"三包"（包产、包工具、包维修）奖罚制度。纯渔业队还要包水产品上调给国家，由水产公司水产站按牌价收购，由国家定量供应粮食，给渔民提供了较好的生产生活条件。

2. 南三大网

南三四面环海，尤其是东海岸面临南海，海产资源十分丰富，这里是天然的渔场，因此渔业十分发达。南三的渔业有远海捕捞和浅海捕捞两种。深海捕捞是较大的渔船到深海去拖网打鱼，浅海捕捞是较小的渔船在浅海上撒网把鱼围住，再在岸上用人工把网拉起来，俗称"拉大网"。

拉大网先前是南三的主要渔业，景象也十分壮观，远近闻名。南三东海岸有绵长的海滩，容得下多堂大网同时拉网作业。每堂大网拉网作业的场所就是一个海埠，海滩上就形成多个海埠。海埠没有什么标记，也没有什么设施，只是在沙滩上停泊着渔船。渔船出海归来卸完鱼虾，渔民便把渔船推上海水浸不到的沙滩上，出海了又把它推下水去。各个海埠都停放着大大小小数量不等的渔船，面前这大片海域便是他们打鱼的场所。

渔区民主改革后，渔业走上了集体化道路，一般是一条渔村经营一个海埠，有的渔村有几堂大网。早上，随着一阵响亮的海螺号声响起，海埠便忙碌起来了，推船的推船，抬网的抬网。早年还是使用帆船的时候，各个海埠的渔船同时出海，正是"天接云涛连晓雾，星河欲转千帆舞"，景象十分壮观。当渔船把网撒下围拢，渔民便在岸边拉网，鱼客在围观守候，海滩十分热闹。打鱼丰收了，海滩上堆起一堆堆小山似的鱼虾，当地人称为"大着"。等鱼虾过完秤，鱼客挑着鱼担快步赶去市场，称为"赶鱼鲜"。

渔业集体化后，大网的数量有所增加，1954年南三有大网27堂，网具也有较大发展，捕鱼效率得到了提高，渔业产量稳步提升。

3. 远海捕捞

随着渔业的发展，南三和乾塘的远海捕捞逐渐成为渔业的主要产业。渔业走上集体化后，党和政府对渔业给予大力支持，渔船提升和发展较快，各渔村都发展了大船，这就推动了远海捕捞业的发展。

每年的渔业生产旺季一般分为春汛和秋汛。春汛捕鱼期大体为1～5月，秋汛为8～12月。捕鱼的渔场一般东至电白水东，西至北部湾甚至更远，南至海南岛沿海海域。政府对渔业生产十分重视，湛江地区成立了渔汛生产指挥部，统一指挥沿海各县（区）的渔业生产，协调、安排出海渔场，保证后勤供应服务。如南三供销社设有莫村、五里、特呈等几个供销社渔业分社，负责供应渔船所需的生产资料，如木材、柴油、桐油、胶丝、黄麻、麻绳、圆线、铁丁。出海渔船实现动力机械化，网具胶丝化，通讯现代化。如有台风，可以迅速通知渔船回港避风，防止受到台风袭击造成人员伤亡和财产损失。

20世纪70年代以后，各渔村又注重发展大机船，搞远海、深海捕捞。南三老区村庄莫村，人口有两千多人，位于南三岛的东北面，东临南海，大力发展远海捕捞业，渔业快速发展，不但有海埠，而且有渔港，1972年有大机船7艘，每艘100匹马力，主要是用拖网捕虾，日均捕虾达140担，被评为广东省捕虾先进单位。莫村党支部书记陈全如出席了广东省渔业先进单位代表会议，南三捕虾的先进经验在全省推广。莫村渔业迅速发展，村集体经济不断壮大，群众的生活水平有了较大提高，砖瓦房楼房建设走在全岛的前列，村中还建起了学校、文化室、小集市等，莫村成了早期的社会主义新农村。

远海捕捞的海产品十分丰富。鱼的捕获以黄花、白鲳、三礼、曹白、马鲛、马友、敏鱼、墨鱼、鱿鱼等优质鱼为主，带鱼、红鱼、黄鱼、门鳝等各种一般鱼类捕获也不少。虾类捕获以大明虾、白虾、斑节虾为多，还有花虾、黄虾、泥虾、九虾等。那时的黄花鱼捕获量很大，如南三岛1958年11月25、26日两天，共出海98对渔船捕捉黄花鱼，一夜就捕获3000担，两夜共捕获4000担，渔船满载而归。远海捕捞创造了较大经济效益，推动了渔区经济更快发展。

4. 乾塘渔港

乾塘是个典型的水乡，内有三江穿流，东临鉴江出海口及南海，这大片海域咸淡水交汇，微生物十分丰富，海产品丰富而肥美，是天然的大渔场。汇集于此打鱼的不仅有乾塘的渔船，还有电白、茂名等地的渔船，因此乾塘成了渔船汇集、补给、避风之所，自然形成了一个较大规模的渔港。

乾塘渔港位于乾塘的东南面，与南三岛的北头寮隔海相望，在北马围水闸的外侧。这个渔港是一大片内凹的三角形港湾，港湾的东、西、北三面为陆地和大坝环抱，是一个天设地造的优良港湾。东面是港区，码头或用青石垒起，或用钢筋混凝土筑成，是不同时期修建的。渔港停靠着大大小小许多渔船，船多时每天有几百艘进出。渔船打了鱼便驶回渔港停靠卸鱼。在渔汛期，渔港停满了船，十分繁忙，各船都请人来捡鱼、装鱼、卸鱼，每天渔货量有上万乃至数万千克，一辆辆海鲜车把海鲜运到外地去。渔港的旁边是三合窝圩，市场上时常摆满鱼虾，因乾塘海产品出名，来购买鱼虾的人很多，十分热闹。乾塘的渔业以渔港为依托，带动市场发展，从而推动经济发展。

乾塘渔业的发展，带动了三合窝、长巷、沙环、沙城、上淡水沟、烟楼、南寨等一批革命村庄的发展，尤其是三合窝以渔港为依托，发展渔业市场，带动圩镇建设，促进经济发展。

六、因地开发盐业

坡头地区三面环海，适宜开发盐业，南三、乾塘、坡头等地都开发了盐业。南三岛南临广州湾，湾内水质优良，咸度较大，且岛上海滩涂多，更具有发展盐业得天独厚的条件，因而南三岛充分利用资源优势，大力发展盐业，开发出在湛江地区具有较大影响力的大型盐业基地。

1. 南三盐业的发展

1949年前，南三岛已有盐业。据乾隆时期《吴川志》记载：茂晖场管辖南三、乾塘、滘脊、寮陇等盐区，有池漏300余口。茂晖盐场是当时规模较大的盐场，其时南三厂系晒收生盐，分南厂（今老梁村一带）和西厂（今凤辇村附近）。法租广州湾时期，南三岛也修筑了不少盐田，如霞瑶村有盐田68.67公顷，木渭村有盐田6.8公顷，南滘、田头、新村、南兴也修筑了不少盐田。

1949年后，南三岛通过筑堤堵海围垦，修筑了大量盐田，盐田面积逐年扩大，年产盐量逐年提升。1958年3月2日，南三巴东乡与湛江市调东乡共建的五里围盐场四条主堤堵口完工，堤长3.5千米，可开垦盐场面积589公顷，成为湛江专区大型盐场之一。

1954年，粤西盐场管理处在南三设立盐业管理所，负责盐业生产管理、产品收购、调配、盐税征收和查缉私盐工作。1955年，随着农业合作化的发展，盐民也走上合作化道路。南滘乡盐业生产合作社最先于9月5日成立，由原10个生产小组组成，有社员120人，其年产原盐占全岛产量的61%。随后又筹建巴东、田头两个小型盐业社。1956年秋五里盐业社也建立起来，至当年年底，田头、巴东、五里三个小型盐业社并入南滘盐业社。

1958年9月，南三人民公社成立，南滘盐业社改为盐业大队，地址在南灶陈村，后改为公社盐场，场址迁到凤輋村附近。此外经营盐业生产的还有灯塔、白沙、田头、南米、南滘、凤霞、巴东、五里、调东、湖海、特呈等12个单位。湛江专署盐务局、雷东县盐务局为加强盐业生产管理，在南三设立盐务管理所。1958年随着南三联岛工程的胜利完成，公社党委发动群众大筑盐田，抽调1万多名劳动力，突击一个月，到这年年底建成盐田357公顷，使南三盐田生产面积由147公顷扩大到504公顷，原盐的产量达到891吨，总产值为22.8万元。1958年6月30日，湛江盐场开始兴建，该场位于湖光料村、东海岛西湾和南三岛的海滩上，总面积14000公顷，是我国第二大盐场，南三盐场成了湛江盐场一个重要组成部分。

1963年，根据广东省人民委员会关于进一步调整盐业管理体制的指示，经市委、市郊委同意，组建"湛江市国社合营南三盐场"，下辖公社盐场、巴东大队、凤霞大队、南滘大队、田头大队、蓝田大队、新梁大队、白沙大队、麻弄大队、竹围大队、灯塔大队、岭尾大队等12个生产单位，职工510人，盐田面积扩大到545公顷。由于体制的改变，盐场加强了领导，改善了经营管理，加强技术指导，加上国家大力扶持，盐业生产面貌起了很大变化，盐工积极性显著提高，原盐生产大幅增产，1963年原盐产量达到16500000千克，比1962年增长63.36%。原盐质量也有很大提高，1963年一等盐占总产量的67.7%，1964年一等盐达86%。因海水水质洁净，浓度较高，产出的盐品质优良，食用味觉口感好，十分畅销。

1971年，盐场管理体制下放，国社合营的南三盐场下放给南三公社管理，更名为"湛江市南三盐场"。南三盐场下辖6个生产单位（初称为"连队"，后称为"工段"）36个生产班和水木工组、砖厂各一个，企业人员493人。在这期间，盐场深入开展"工业学大庆"运动，以大庆为榜样，加强企业管理，大搞技术革新，努力提高单位面积产量，全年完成生产原盐13500000千克，提前一个月超额8%完成全年生产任务。盐业的增产，不但增加了国家税收，而且使社队和盐工增加了收入。

南三盐田面积大，分布面广，其周围涉及许多老区村庄，如田头、霞瑶、罗村、中村、南灶陈村、陈屋、南兴、上木历、老梁等村都参与了盐业生产，因此南三盐业的发展大大带动了老区村庄发展，群众的生活水平得到较大提高。

2．全国盐业现场会

1958年9月，全国盐业资源综合利用现场会议在霞山召开。代表团参观了雷东县南三联岛工程、盐田工程和湛江专署盐务局在南三盐业站的试验田。会上，国家轻工部、盐务总局把奖旗分别颁给中共雷东县委、盐务局及南三区委等先进单位。

七、加强交通建设

1949年前，坡头辖区的交通很不便利，交通设施落后，与西营、赤坎城区的交往靠小渡口，所用的交通船只是木头船，来往十分困难。1949年后，党和政府大力加强交通设施建设，修道路，架大桥，建码头，增运力，方便群众出行，推动经济发展。

1．麻斜海湾通轮渡

麻斜渡口位于坡头区麻斜街道办的西南面，与霞山隔海相望。古时，此处已有一个小渡口。麻斜渡口历史悠久，饱经沧桑，当年法国侵占广州湾先在南三岛登陆建立南营，后在此渡口岸上建立东营，后转往霞山建立西营，东营与西营来往就是靠这个渡口。1949年前，此渡口来往交通靠的是木船，航行慢，运力小，还存在安全隐患，制约了麻斜经济的发展。

麻斜是革命老区，有老区村庄5个，在解放战争时期为革命做出很大贡献。建国后，为了推动麻斜乃至坡头地区的经济发展，党和政府十分重视麻斜渡口建设，投入资金扩建了码头。1953年1月，西营至东营公共轮渡航线开航，国营机动轮渡粤湛渡01号和02号投入营运，结束了湛江市仅靠帆船、舢板维持水上公共交通的历史，方便了两岸交流。2006年，又将渡口建成车渡码头，开通了车轮渡，进一步便利了两地交往，推动了经济发展。

麻斜渡口由老区村庄麻斜村经营管理，成立了麻斜渡口所。由于经营管理得好，渡口产生了良好的经济效益和社会效益，麻斜村每年都从麻斜渡口所提取一定的资金投入教育、环境等公益事业建设，大大改变了麻斜村的面貌。

2. 南三轮渡及贯岛公路

南三岛四面环海，过去与外界的交往全部靠渡口，主要的渡口有南三至坡头的石角渡、新场渡，南三至麻斜的张屋渡，南三至霞山的新门口渡，所使用的船只是小型的木船。

1963年，南三在高寮村北兴建客货运码头，宽4米，长30米，面积120平方米，是南三交通机动船停泊，人员、货物进出的主要码头，交通使用的是机动船只，既加快了交通，又提高了安全性。1987年，又投资54万元对码头进行扩建，建成长120米、宽80米、面积9600平方米的车渡客货合渡码头，于7月1日竣工投入使用，车渡开始运营，结束了机动车不能进入南三岛的历史。

1949年前，南三有十个小岛，岛与岛之间交通十分不便，从田头圩到南三码头不到12千米，要经过四个横水渡，陆路又是一些弯弯曲曲的小路。通往灯塔的地方是一片流沙，来往十分艰难。1958年7月，随着南三联岛工程的完成，党和政府又发动群众修筑公路，广大群众积极响应，在不到30天的时间里，于8月23日建成一条横贯原5个小岛，宽5米、长12千米，从湖村湾至田头圩的沙土公路。1959年6月，南三岛第一辆汽车由湖村湾开往田头圩，沿途群众欣喜若狂。1959年，又修通了高寮至淡水冲、田头圩至灯塔的公路，加上原已修通的湖田线，主干公路延伸至36千米，穿越原6个小岛和16千米沙滩；并修筑乡村大道310条，总长为302千米，使南三岛交通大为改善。1962年，由于战备需要，党和政府又发动和组织群众，沿着防护林带义务修筑由南三林场至灯塔大队沙腰村的国防公路，宽5米，长8千米，加大了南三的道路交通网络。

3. 平乐车渡码头

1949年前，坡头地区南调通往海湾对岸城区有一个龙王渡口，位于南调龙王围北面，这是今南调、坡头等地过往西营、赤坎的主要海上通道。龙王渡交通工具主要是木头船，运力很小，制约海东经济发展。

为了加快海湾两岸海上交通建设，1954年，湛江市公路局湛江渡口所（市民习惯称为"平乐渡口"）成立。1956年6月初，广海南线湛江渡口新建平乐码头，由省公路局基建队建成投入使用，开通了车渡，运力大增，大大改善了两岸海上交通条件。这是湛江市最大的公路渡口，是连接市区到坡头（南油）主要的交通通道，也是市区到吴川主要的交通路线。码头东岸连接省道黄海线，直通广州；西岸连接市区，可达海南，车辆交通十分繁忙。2006年12月31日，湛江海湾大桥建成通车，湛江渡口此后只有行人和电动车通过，渡口码头就变得冷清了。

4. 石门大桥与325国道

湛江石门大桥位于湛江市西北部官渡的石门河海湾，南距赤坎14公里。1949年前，官渡石门河有一个石门古渡，此渡成了被贬往雷州、海南官员的必经之渡，故称为"官渡"。因此渡而在周边形成了一个比较繁荣的古埠，称为"石门古埠"，后在抗日战争时遭日机炸毁而逐渐萧条。

1956年湛江平乐车渡码头建成后，通往广州的车辆均由该渡口通过。为了实现广湛公路湛江境内无渡口通车的局面，1974年，广海南线石门桥改线工程动工兴建，改线工程从龙头到沙湾公路，全长30.1千米。1976年7月，官渡石门大桥动工兴建。该桥是广东省第一座由地方公路部门——湛江地区公路部门设计、施工建造的预应力钢筋混凝土T梁公路大桥，也是当时省内建于海湾上最长的此类桥梁，开创了湛江公路桥梁史上在海湾建桥的先河。大桥全长361米，宽11.6米，桥墩12座10孔，跨径32.7米，桥下水深流急，可通行10吨级船只。石门大桥于1979年1月7日举行通车典礼，结束了广州—湛江的车辆在平乐渡口待渡经常误点和因强风大雾不能过渡的历史，实现了广湛公路湛江境内无渡口通车的愿景，为湛江改革开放经济飞跃营造了良好的交通环境。

连接石门大桥的公路是325国道。325国道起点为广东广州，终点为广西南宁，全程868千米。325国道在坡头辖区内贯穿官渡与龙头，是坡头的交通大动脉，大大推动了坡头区的经济发展。

5. 区内三道贯通

坡头辖区除南三岛外，区内有坡头、龙头、官渡、乾塘、南调、麻斜（坡头区建区前，南调、麻斜属坡头），而坡头在交通上处于枢纽地位，为把区内各地交通有效贯通，政府加强道路交通设施建设，修建了廉坡公路、坡乾公路、麻斜公路。

廉坡公路，全长31千米，是连接廉江与坡头的公路，在坡头辖区内纵贯龙头和坡头，与325国道交汇，是坡头辖区一条主要交通干道，也是坡头区向北出口的交通要道。廉坡公路始建于20世纪50年代初，2012年完成扩建，全线按一级公路标准征地拆迁，二级公路标准建设，路面平坦宽阔，交通更加畅顺。

坡乾公路，连接乾塘与坡头。由于乾塘地处坡头区的东端，离市区较远，大部分地区被江海分隔，历史上乾塘交通十分不便，人们出入乾塘需过几重渡。新中国成立前，乾塘没有公路，民众要前往湛江市区也只能坐木船渡河再经麻斜海到市区。直到20世纪50年代末，乾塘才建成了一条沙土公路经坡头圩连接廉坡公路。这条沙土公路虽然简陋狭窄，路面坑洼不平，但初步解决了乾塘人陆路出行的问题。改革开放后，乾塘公路进行扩修，铺设沥青路面，交通发生了很大变化。

麻斜公路，是从麻斜渡口至坡头沟尾的公路，全长8.3千米，北接廉坡公路，西连黄海线至平乐渡口，是麻斜陆路交通的主干道。2006年，麻斜公路进行扩建，工程总投入960万元，于当年8月1日建军节前投入使用，使麻斜的交通更加畅顺。

通过进行码头、大桥和道路建设，坡头地区的主要交通网络基本建成，老区镇（街）官渡、乾塘、麻斜完全纳入了这个交通网，方便了群众出行，扩大了对外交往，且在沿线陆续兴建了企业，加快第二产业发展，建设了市场，繁荣了商业，推动了经济社会较快发展，提高了广大群众的生活水平。

八、推进电力建设

新中国成立前，坡头地区电力建设十分薄弱，乡村几乎没有电力供应，群众的生活照明主要是煤油灯，一些大户人家或村里举行神诞活动、做大戏等，用的是煤油汽灯。1949年后，党和政府重视电力建设，积极发展电力。1958年人民公社成立后，辖区内的公社先后兴建小型火电站，主要是供应公社机关、医院、农械厂等少数单位的急需用电。随后加强地方电网建设，接入地方电网，逐步解决了用电问题，加快了工业发展，提高了农业生产效率，改善了群众生活，推动了经济和社会发展。

1．坡头地方电网工程

1972年4月坡头地方电网工程动工，由湛江市郊区水利电力局勘测设计，经广东省水利电力厅和湛江专署水利电力局批准，投资65万元，建设坡头三级电灌站，湛江市郊区成立工程指挥部，三级电灌站和电网工程同步施工。至1975年9月，电网工程建成通电，坡头地区除南三岛外结束了无电历史。从湛江市赤坎110千伏变电站架设35千伏高压跨海线路至坡头圩变电站，全程42.5千米，变电容量为12800千伏安；再加接高压电线路至坡头三级电灌站，总装机容量930千瓦/6台；提取鉴西蕉子岭排洪渠水源，每秒流量3.9立方米，灌溉面积2133.33公顷。投产发挥效益后，由于三级站抽水耗电量大，灌溉用水成本过高，后来停止使用。随着国民经济的发展，电网逐步扩大配电容量，1988年坡头再扩建主变电容量5000千伏安两台，为工农业生产和城乡人民生活用电服务。

2．南三岛海底电缆

南三岛四面环海，电力建设难度很大，要连接坡头电网，需铺设海底高压电缆。因此，南三岛的电力建设在坡头辖区内相对滞后。

1962年，南三岛潮汐发电试验站建成，装机容量60千瓦，以低压架空线路向巴东圩居民和商户供电。

1975年秋，湛江市郊区机电排灌总站建成，南三公社把水利、供电合并为南三水电站。

1976年，南三岛电网建设工程开始启动，由郊区水利电力局组织勘测、设计、施工，主要任务是铺埋设1千米跨海底高压电缆和10千伏高压线路，把电从大电网坡头麻登变电站引接到南三岛，总投资50万元。工程经过一年多的建设，于1977年冬建成送电投产。自此，南三千百年来无电的历史终于结束了。随后，在这条主干线上连接支线至各村庄。1978年主干线向西延伸至老区村庄湖村、北涯。至1979年建成全程32千米的供电线路，年供电量14万度。1991年，主干线向东延伸至老区村庄莫村、南三林场、旅游区。随着南三电网的建成通电，坡头辖区全部（包含所有老区村庄）实现了通电。

1993年海底地埋线已运行16年，是全省海底地埋线寿命最长的一条线路。现在已经开始老化了，若不及时更换将影响全岛的用电。湛江供电局为支持海岛发展，先后拨款410万元，架设南三过海线路。考虑到南三的发展，线路按照大线路110千伏双回路设计，在海上筑人工岛，采用高32米的双回路镀锌铁塔，导线截面积240平方毫米，于1997年建成通电，降压运行，代替海底地埋线，保证了南三的用电。

九、扩大圩镇建设

圩镇具有农村生产资料和生活资料、农产品收购和交易的功能，还具有教育、医疗、娱乐、交通中心等功能。坡头辖区的大多圩镇古已有之，但1949年前的圩镇大多交通不便，规模较小，设施简陋。1949年后，随着社会经济的发展，圩镇不断发展扩大，改造了旧街道，新建了道路，扩建了市场，改进了设施，商铺随之增多，商贸逐渐活跃，市场逐渐兴旺。圩市的发展大大带动了农村经济的发展，广大老区村庄群众因此而增加经济收入，提高生活水平。

坡头地区的圩市不少，每个镇都有2至3个大小不一的圩市，而乡镇机关驻地或附近的圩镇发展更快，成了乡镇经济、文化中心。

田头圩，是南三岛最大的圩，位于南三岛的东部，始建于明代，因傍田头村而得名，镇政府机关在圩附近的南面。1949年前，田头圩主要街道只有正街和横街两条，有商铺和住户共67户，多为泥砖茅草房，设施简陋，海鲜、蔬菜、种苗、三鸟等许多产品均在露天摆卖，农历一、四、七为圩日。1949年后，田头圩不断发展扩大，尤其在改革开放后，发展更快。现有解放路、建新路、新市路、新发路、建设路、文明路、交通路共七条街道，沿街商铺林立，新建了大规模的市场，商品种类齐全。圩内兴建了一批文化教育设施，有学校、文化楼，有曲艺社、诗社等文艺团体。南三贯岛公路从圩边经过，交通十分便利。因南三是一个大镇，离市区较远，这里的市场十分活跃。田头村是南三岛最大的老区村庄，人口近三千人，该村因紧靠田头圩，经济受其带动很大，不少村民在圩内从事商业、服务业、运输业等，也有不少村民种植蔬菜供应市场，村民在圩市发展中走上致富道路。

三窝圩，形成于清朝后期，位于乾塘东南面的海边，南面与南三岛隔海相望，是乾塘镇政府机关的所在地。这里，曾经是乾塘江、飞沙江、梅魁江出海口的汇合点，三江水奔流激荡而形成无数漩涡，人们名之为"三合窝"。因这里有一个优良港湾，许多渔船便在此泊岸，进行补给、交易渔获，于是此处自然形成了圩场。新中国成立后，党和政府加强了渔港建设，扩大港湾，完善了有关设施，也扩建了三窝圩，盖起了室内市场，商店不断增多。三窝圩的海鲜非常著名，这里出售的海鲜是刚从海里捞上来的，特别生猛，种类又多，所以客商甚多。三窝圩的圩日为农历的三、六、九日，虽然集市规模不大，但十分热闹。老区村庄三合窝是三窝圩的所在地，这是一个杂姓居住的村庄，人口近300人，不少村民是由渔民上岸定居而来的。村民早期以渔业为主，随着三窝圩的发展，村民大多从商，走上致富道路，生活水平有较大提高，村中面貌也发生了很大变化。

坡头圩，地处坡头地区的中部，地理位置优越，黄海公路、廉坡公路、坡乾公路贯穿而过，交通四通八达，是坡头镇政府机关所在地。坡头圩历史悠久，成圩于明永乐二年（1404），拥有建于明清时期的古老街道。1949年前，坡头圩的集市贸易已相当发达，油行、布行、饭店、旅舍、商铺林立。黄坡、龙头、乾塘、南三、麻斜的村民都来此趁圩。化州、廉江等地的许多客商也来坡头圩赶集。因此，一直流传着"世界都是坡头圩大"的流行语。1949年后，坡头圩扩建了许多新街，尤其是改革开放后，在黄海公路的两旁开发了两大新市场，整个圩市更加大气，街道纵横交错，商店沿街林立，商品琳琅满目，山珍海味、香烟美酒、日用百货、五谷杂粮、土特产等，应有尽有。每逢圩日，来这里赶集的人络绎不绝，熙熙攘攘，好不热闹，呈现出一派繁荣景象。

龙头圩，位于325国道与廉坡公路交会处，是龙头镇政府机关所在地。龙头圩建于明朝，至今已有500多年的历史，是湛江地区最古老的圩场之一，因圩北的山顶有龙祖石而得名。圩期为农历的二、五、八日，贸易多为农产品、山货，著名的"牛坡"（耕牛交易场所）为周围圩场所独有，在很长的一段时间内，坡头、黄坡的人都要来龙头圩进行耕牛买卖。1949年新中国成立前夕，龙头圩曾为国民党吴川县政府机关所在地。新中国成立后至1958年为吴川县七区区政府驻地。新中国成立后，政府对圩场进行扩建，完善了交通设施，90年代又建起了大型市场，圩内设有供销社、信用社、卫生院、邮电局、中小学校，建有中国红牌集团、威力神酿酒集团等知名企业，圩内有龙祖石、龙祖庙、关帝庙等古迹，有影剧院、文化活动中心等文化设施，是龙头镇的政治、经济、文化中心。

官渡圩，是官渡镇政府机关所在地，位于官渡堵海大堤东侧，325国道从圩中横穿而过。官渡圩西有石门古渡口，原为交通要道，昔日官员到雷州赴任必由此过，故称"官渡"。官渡圩始建于1979年，是坡头辖区最年轻的圩场。1978年原龙头公社分为龙头、官渡两个公社，官渡公社驻地选址于此。此后，周边便陆续建起了工厂、商店、市场、民居、学校等，于是形成了官渡圩。随着石门大桥的建成，325国道经过官渡堵海大堤，官渡圩的交通已十分方便。官渡圩沿325国道延伸，有主街一条，圩内高楼林立，商客众多，以销售海产品为主，因官渡石门蚝远近闻名，鲜蚝销量最大。

十、积极发展文化教育事业

1949年前，坡头地区的教育落后，法租广州湾以前，启蒙教育的办学形式是私塾。从20世纪30年代起，辖区的一些村庄办起了小学，如龙头的下水埠村，官渡的高岭村、大垌村、泮北村、埠头村。当年的中共党组织正是利用这些学校作为据点，培养干部，发动群众开展革命活动。抗日战争胜利后，从1946年起，各主要村庄陆续把私塾改办为国民学校，但入学率很低。

1949年后，党和政府十分重视教育事业，接管原有的私塾和私立学校，大力兴办乡村小学，陆续在各镇办起了中学，广泛动员适龄儿童入学读书，大大提高了入学率，努力实现义务教育，并重视学前教育，办好幼儿园，同时大力开展扫除文盲教育。

1. 扫盲与业余教育

1949年前，由于儿童入学率低，群众接受教育程度低，坡头地区有文化识字的人不多。据1947年版《湛江概况》第八章《湛江市的教育现状》载：湛江市的文化教育，过去在法国的统治之下，水准甚低，尤其僻处一隅的乡村，更无文化教育可言。

1949年后，人民政府重视扫盲和业余教育，通过办冬学、夜校的形式，利用业余时间让群众学文化。1954年12月3日，中共粤西区委根据中央教育部和团中央1954年冬学工作的指示，发出《关于一九五四年冬学工作的指示》。1955年11月18日至23日，粤西区行署文教处和共青团粤西区工委召开粤西区工农文化教育会议，决定在全区开展大规模的识字运动。

坡头辖区认真贯彻上级指示精神，积极开展农民识字运动和农村文化运动。利用各种大小会议、文艺宣传队、黑板报、宣传栏等阵地，广泛宣传扫盲的重要性，提高群众学习文化的积极性和自觉性。开展培训群众教师、文艺骨干，为扫盲工作提供师资。动员农村青壮年入学，针对扫盲对象年龄大、生产忙、家务重等实际，因人、因地、因时施教，采取集中上课和分散学习、上门送课等形式进行教学。为提高扫盲成效，教育部门把扫盲工作列入计划，将扫盲阵地放在小学，扫盲力量主要依靠教师，利用寒假开展扫盲和教育青壮年识字学文化，广大农民积极参加各种形式的扫盲班、培训班、夜校，不断掀起办冬学扫盲识字的热潮。1960年，为了提高识字效果，巩固和发展扫盲成果，湛江市郊区举办"广州话、吴川方言和雷州方言拼音方案学习班"，培训公、民办教师学会方言拼音方案，帮助扫盲对象识字，大大提高扫盲对象学习文化的积极性和识字效果。

通过多种形式广泛开展扫盲工作，取得明显成效，坡头辖区基本扫除青壮年中的文盲半文盲，即学会1500个常用汉字，会写简短应用文和书信，算术能做加减乘除和日常生活的计算等。

2. 小学教育

1950年1月，湛江市军管会决定，全市各中小学维持原有的编制和现状，对教师采取留用政策，坡头地区各小学仍属私立学校。1月下旬至2月上旬，坡头地区各小学顺利开课，课程按人民政府规定，废除民国时期的公民课，废除训育制度，禁止体罚学生。

1951年，中央人民政府政务院发布《关于改革学制的决定》，小学实行六年一贯制，执行全国新的教学计划、教学大纲和新编教科书，坡头地区各小学认真贯彻这一决定，办六年一贯制学校。

1952年，人民政府决定把小学接收为公办小学，坡头辖区绝大部分小学被接收为公立小学，一些规模很小的学校仍属私立学校，各小学按所在乡村命名。在接收私立学校的同时，大力兴办乡村小学，许多老区村庄陆续办起了学校，如南三的莫村、田头、岭脚、霞瑶、湖村、地聚、上木历、麻弄，官渡的埠头、新屋、泮北、三角、木侯、高岭、大垌、东岸、黄桐、北陂、岭尾、马劳地、麻俸、新村，乾塘的沙城、大仁堂、岭上、万屋、烟楼、南寨、乾塘，龙头的莫村、泉井，坡头的南河、久有，麻斜的张屋、黄屋、麻斜，没有设立小学的老区村庄的儿童也都能就近入学。不少老区村庄很边远，政府也都送去关怀，给那里的孩子提供入学条件，使农村适龄儿童的入学率大幅提升。

1959年，中共广东省委、广东省人民委员会发出《关于加强人民公社对教育工作的领导和管理的几项规定》。根据规定，坡头地区各人民公社设教育办公室（简称"教办"），管理公社各小学，大力抓教学质量，各小学的教学秩序逐步得到好转。

1962年至1965年，各学校组织教师学习贯彻中央颁布的《全日制小学暂行工作条例（草案）》，全面贯彻党的教育方针，以教学为主，合理安排教学和劳动时间，促进学生德智体全面发展。1962年，广东省召开文教群英会，进一步贯彻党对知识分子的政策，调动教师积极性，教师的思想比较稳定，教学质量得到了较大提高。

1966年5月，开展"文化大革命"，各小学均受到冲击，一些教师被错批错斗或被遣送回乡。1968年3月，实行贫下中农管理学校，学校出现了管理上的混乱。1969年，小学开始由六年制改为五年制。

1972年8月，为贯彻湛江地委召开的湛江地区普及小学教育工作电话会议精神，执行中共中央和省委指示，坡头地区各公社普及小学五年教育，掀起发动学龄儿童入学的高潮。

1979年4月，坡头地区贯彻党的十一届三中全会精神，拨乱反正，迅速把教育工作的重点转移到教学上来，大力提高教育教学质量，并切实抓好普及小学教育工作，小学教育迅猛发展，先后增办了一大批小学，办学规模不断扩大，儿童入学率和巩固率大大提高。

为了改善办学条件，自1981年起，政府积极发动群众集资办学。群众支持办教育的积极性空前高涨，多方筹措资金，新建了一批教学楼和教师宿舍楼，添置了各种教学设备。1987年5月，经省市教育部门检查验收，坡头各小学校舍实现了"一无两有"，即校校无危房，班班有教室，学生人人有课桌凳。

3. 中学教育

坡头地区中学教育相对小学教育要晚一些。1948年，南三岛田头村成立的文禧中学（初中）第二年就停办了，只能说是中学教育的肇始。1957年始，坡头地区的南三、坡头、龙头才先后办起了中学，坡头才有真正的中学教育，并逐步发展壮大。

坡头地区的中学教育从1957年起始，发展较快，规模不断扩大，质量不断提高。"文化大革命"时期，中学教育受到较大影响。1970年7月，根据上级部署，废除考试制度，实行推荐升学制度，高等院校招收"工农兵学员"，"农民学员"由大队、公社逐级推荐。同时，根据"读高中不出公社，读初中不出大队，读小学不出村"的要求，坡头地区各地初级中学改办为完全中学，在完全小学一律附设初中班，导致民办教师急剧增加，教学质量出现下降。

1977年12月11日，全国高等学校和中等专业学校恢复考试招生制度，教育界欢欣鼓舞，教育行业由此焕发了勃勃生机，坡头地区中学师生教与学的积极性空前高涨，教育质量大幅提升。恢复高考后，坡头地区的中学生参加高考，成绩十分显著，走在全市前列，大批学生进入高等学府深造，成了社会有用人才。

1979年，坡头地区各中学由市下放郊区教育局管理，1984年坡头区成立后由坡头区教育局管理。

南三岛的中学。1957年上半年，南三岛的第一所中学在南三西部的淡水冲村南面基本建成，9月正式开学上课，属初级中学。当时南三属雷东县管辖，学校命名为"雷东县第二中学"。1958年下半年，雷东县拼入湛江市，学校更名为"湛江市第七中学"。1968年，学校开设高中，定为完全中学建制。1973年，市教育局下发通知要求，市区中学以数字序列命名，郊区中学以所在公社名称命名，学校便更名为"湛江市南三中学"。1970年，南三利用田头圩南面旧香茅厂办起高中，1983年该校改为初级中学。1985年南三中学高中部改为职中，办职业教育。1987年南三中学（主要是职中部）转到田头圩南面的初级中学校址与初级中学合办完全中学。2017年南三中学职中被撤销，学校成了初级中学。1987年在南三中学原校址办南三中学分校，开设初中班，1995年更名为"南三第二中学"。1993年，因中学学位紧缺，南三镇在白沙圩南面建南三第三中学，华侨也投资20万元，另被命名为"德威中学"，为初级中学。

坡头镇的中学。湛江市爱周中学是香港爱国同胞许爱周先生于1957年捐资创办的一所完全中学。学校始名为"吴川县第五中学"，后更名为"湛江市第九中学"，1974年改称"坡头中学"。为纪念许爱周先生，于1990年改名为"爱周中学"。爱周中学规模较大，校园占地面积65333平方米，校舍建筑面积37292平方米。经数十年建设，学校不断发展壮大，教育教学质量不断提高，先后获得广东省一级学校、广东省文明单位、湛江市特色文化校园、全国青少年校园足球特色学校等称号。1984年坡头镇又在坡头圩建了一间坡头圩中学，后于1990年和爱周中学合并。随着人口的增长，坡头镇初中学位紧缺，1994年，政府又在坡头圩东面建起了坡头第二中学，开设初中班。学校规模大，面积达150亩，规划布局合理，校园绿树成荫，环境优美，被省评为绿色校园。

龙头镇的中学。龙头中学成立于1959年，前身是湛江市第十中学，为初级中学，始建于北马村（庞忠敏故居），两个月后（即1959年11月）搬到上圩村委会的埇埇村边。1963年学校从埇埇搬到上圩，1968年设立为完全中学，1973年改为"湛江市龙头中学"。1987年龙头中学由上圩搬到龙头长更岭与成立于1982年的龙头初级中学合并。2017年龙头中学高中部被撤销，学校改为九年一贯制学校。1987年，在龙头中学上圩原校址继续办初级中学，定名为"龙头中学上圩分校"，后改名为"上圩中学"。上圩中学承接龙头中学的历史，办学历史较长，规模也较大，办学条件比较完善。龙头中学与上圩中学分别位于龙头镇东西部，布局合理，便于学生就读。

官渡镇的中学。官渡中学创办于1980年，是官渡镇于1978年从龙头镇析出后建立的中学。学校校园面积150亩，位于官渡镇政府驻地的325国道北侧，交通十分便利。学校于1996年8月和与学校毗邻的官渡职业高级中学合并，成为一间既承担职业教育又承担普九教育的学校。2003年8月，官渡镇石门中学并入官渡中学，学校办学规模进一步扩大。官渡职业中学创办于1985年，对职业教育做出一定贡献。其并入官渡中学后，成为官渡中学职业高中部，仍保留职业教育职能。因近年来高中招生逐年萎缩，2017年官渡中学停办高中，成了一间初级中学。石门中学是一所镇级初级中学，创建于1981年，位于官渡镇黄桐村委会北面，交通不便，且规模较小，为优化教育资源而并入官渡中学。撤并后，2004年坡头区教育局在原石门中学校址创办湛江市坡头区中小学生实践教育基地，由坡头区教育局直管。东岸中学创办于1989年，占地38亩，位于325国道北面，东接官渡西堤，北靠东岸村，交通十分便利，是一所初级中学，规模较小，办学条件比较完善。官渡镇有两所中学，可以满足全镇学生入学的需求。

乾塘镇的中学。乾塘镇有两间中学：乾塘中学和米稔中学。乾塘中学创建于1964年，原址在乾塘村，原是一间农业中学。1968年随人民公社驻地迁移而迁到现址（乾塘镇政府驻地的三窝圩北面），并更名为"湛江市乾塘中学"，定位二年制普通高中，1969年正式招生。1984年撤高中建制，改为初级中学。学校面积30亩，校舍布局比较合理。学校注重校园文化建设，突出荷文化主题，切合乾塘莲藕种植的实际，建造了荷园，展现了深厚的荷文化氛围。米稔中学建于1994年，位于乾塘米稔村的南面，因而命名为"米稔中学"。学校面积46亩，由米稔村无偿捐地建成，是一间初级中学。

坡头区1984年建区后，麻斜、南调划设为街道，也先后建起中学。麻斜中学创建于1986年，南调中学创建于1992年，均为初级中学。1985年在城区创建坡头区第一中学，为区重点中学。

4. 许爱周捐资办学

许爱周原籍坡头区博立村，生前是本市旅港巨商、中华总商会永远名誉会长、侨港许氏宗亲会永远名誉会长、高雷同乡会永远名誉会长、元朗博济医院名誉顾问。许爱周十分关心家乡的教育事业，认为要改变家乡面貌，就得培育人才。

1912年，许爱周在家乡博立村兴建书房一座，取名"周兴书室"，作为私塾之用，并聘请文化水平高的人才担任教师教育村中的孩子，入学者均不收费。20世纪20年代，他又大力资助建设广州湾"益智学校"，这是在法国殖民统治时期，广州湾首间传输中华文化和爱国思想的中学。20世纪30年代中期，为了满足家乡孩子读书的需要，他又在家乡博立村开办一所"育才小学"，学校的全部办学费用由他负责，入学者全免费，成为广东南路第一间全免费的学校。他还不惜重金聘请大学毕业的青年才俊任教，使育才小学成为一所远近闻名的师资水平最高的学校。1952年，他虽已身居海外，但当得知家乡准备兴办一间中学时，他提出捐赠建校全部资金。许爱周先后捐资16万元港币，于1957年7月建成坡头中学。学校有教室18间，图书室、实验室、饭堂各一座，教师宿舍16间，总建筑面积2600平方米。

许爱周先生的后人也承传了他的教育情怀，继续支持家乡教育事业。1991年，他的孙子许晋奎先生代表家族为爱周中学捐资50万元港币，1994年又捐资132万元港币，1995年再捐资88万元港币，帮助学校建起了科学楼、教师宿舍，购置了教学仪器，使学校办学条件更加完善。1995年以来，许氏家族还先后三次为育才小学捐资共136万港元，使育才小学得到更大发展。

5. 文化艺术

在漫长的历史发展过程中，坡头人民不仅努力创造物质生活，也创造了颇具特色的地方文化和艺术。木偶戏和八音班是当地流行且深受群众喜爱的文艺艺术。此外，还有粤剧、地方舞蹈、打十番、舞狮以及春游等文艺形式和文娱活动。

木偶戏。木偶戏在坡头地区有两种形式，一是以棍棒舞动木偶，称为"捧枝木偶戏"，俗称"鬼仔戏"，一是以牵线舞动木偶，此形式的木偶稍大，称之为"牵线木偶戏"。鬼仔戏用本地方言演唱，通俗易懂，在本地比较流行，而牵线木偶戏用粤语演唱说白，适应的地方更广。每逢年节或神诞，各村普遍请鬼仔戏班演出。坡头地区有多个鬼仔戏班，早在民国时期，南三就出了一个远近闻名的艺人李焕春，他被群众称为"木偶状元"。至于牵线的木偶戏，官渡的老区村庄大垌村的郑寿山是一位非常著名的演员。他1895年出生，自小跟随父兄演出，刻苦学艺，大胆改革，形成了独特的艺术风格。他参加省汇演和出国演出多次获奖，被誉为德艺双馨的艺术家。1963年，他被任命为广东省木偶剧团副团长兼艺委会主任，曾当选为广东省第三届人民代表大会代表。

八音队（俗称"锣鼓队"）。1949年前，大的村庄几乎都有八音队。八音队每队一般十几个人，采用的民族乐器有大鼓、小锣、大钹、小钹、小鼓、唢呐等，有的还有高胡、三弦秦琴，件数多寡，各队有异。每逢春节或神诞游神，八音队列于队伍之前，各人手执乐器，沿途演奏乐曲，乐音嘹亮萦回。八音队所到之处，观者无数，热闹非凡，为节日增添了喜庆气氛。

1949年后，党和政府十分重视文化事业的普及、提高和发展，提出"百花齐放，推陈出新"的方针，在传承优秀传统文化艺术的基础上，大力推进文化娱乐形式的多样化，群众娱乐的文化设施逐步建立起来，各种群众性的文化艺术得到较大发展，丰富了广大群众的文化生活。

传承发展木偶戏。在党和政府的重视和关怀下，鬼仔戏班不但壮大了队伍，增加了戏班，还在提高艺术水平上下功夫，通过举行鬼仔戏会演，戏班之间进行交流，互相学习，共同提高。

1953年6月，吴川县举办第一届木偶戏会演，各地纷纷组织强队参加，南三选派李文奎、张亚华、陈美华组成木偶班参加会演，荣获一等奖。

粤剧有较大发展。粤剧是当地群众喜爱的剧种。新中国成立前，坡头地区的粤剧团队不多，20世纪50年代，粤剧团队快速发展，各地较大的村庄几乎都有粤剧团，不少老区村庄也有粤剧团，南三田头村、官渡高岭村的粤剧团很有名气。每个粤剧团30至40人不等，均属业余性质，晚上排练，农忙时生产，节日或喜庆时演出。南三发展粤剧成绩突出，受到市文化局的表彰。新中国成立前，南三仅田头村有两个粤剧团，到20世纪50年代先后成立了32个粤剧团。

1955年1月16日至21日，粤西区举行戏曲汇报演出大会。演出节目有粤剧、木偶戏、雷州歌剧、民间舞蹈、山歌、民谣、民间音乐、民间杂技等。坡头地区组织了粤剧、木偶戏、山歌等节目参加了汇演，得到了各界的好评，这为坡头地区的文艺团体走出去提供了良好的平台。

1958年以后，电影在乡村得到较快发展，各人民公社先后成立了多个电影队，深入乡村放映，深受群众欢迎。一些较大的公社也在圩镇修建了露天电影院，定期放电影，还设了舞台供文艺演出使用，文娱氛围进一步活跃。从1974年5月10日起，湛江城乡开始举行为期一个月的"革命样板戏"电影汇映，共上映《智取威虎山》《红灯记》《红色娘子军》《白毛女》《沙家浜》《龙江颂》《海港》《奇袭白虎团》8个样板戏。改革开放后，随着电视的普及和文艺形式的多样化，露天电影逐渐退出了乡村。

1959年开始，发展起了有线广播，各人民公社成立了广播站。至1972年，进一步发展有线广播网，实现广播线进村，喇叭入户。广播用方言播音，早晚广播两次，主要是宣传党的方针政策。另外，除了播出新闻和文艺节目外，还宣传大队生产情况和好人好事，是一种很好的宣传形式，大大活跃了乡村的文化氛围。到20世纪90年代，无线广播代替了有线广播。

1960年开始，各公社先后建立了文化站。文化站是公社级文化事业单位，主要负责建设、管理乡村的文化事业，组织开展群众文化活动。文化站有文艺队、创作组、图书室等。文化站的建立大大推动了乡村文化事业的发展。每逢春节、五一劳动节、国庆节、元旦等节日，文化站大都组织球类比赛和文艺演出。1990年以来，文化站的硬件建设得到进一步加强，官渡、坡头、南三、龙头建起了文化大楼，许多乡村也建起了文化室，一批老区村庄如官渡的高岭、大垌、麻俸，龙头的莫村，乾塘的三合窝、大仁堂，南三的田头、莫村，麻斜的麻斜、张屋等村走在了文化建设的前列，尤其是官渡的高岭村文化建设成绩显著，被省评为文明村。文化楼和文化室的各种文体设施进一步完善，为活跃乡村文化活动提供了条件。

十一、提高卫生服务水平

1949年前，坡头地区医疗卫生水平十分低下，缺医少药，只在圩镇有一些私人开设的药材铺，有数量不多的使用中草药行医的老医生。1949年后，政府十分关注农村卫生状况差和群众缺医少药的问题，重视发展医疗卫生事业，逐步在各公社建立卫生院（所），在大的村庄包括许多老区村庄也设立了诊所，大量增加药店，还十分重视疾病预防，减少疾病发生，努力提高广大群众的健康水平。

1. 疾病预防

1949年后，各地认真贯彻"防治结合、防重于治"的方针，加强疾病防控，以"讲卫生、除四害"为主，同时做好预防接种工作。1956年2月初，坡头地区大规模开展消灭"四害"（苍蝇、蚊子、老鼠、麻雀，后麻雀改为蟑螂）运动。1958年1月，为贯彻湛江地委做出的《关于立即开展群众性的爱国卫生运动的决定》和地委召开的除"四害"（老鼠、蟑螂、蚊子、苍蝇）会议精神，坡头地区各公社随后成立除"四害"领导机构，迅速在全辖区开展除"四害"运动。

坡头地区为沿海地区，许多疾病容易发生。1949年前，丝虫病是一种常见的地方病，建国初期仍有发生。1950年至1955年，政府全面组织丝虫病感染调查工作，发现发病感染阳性率在2.22%左右。在调查的基础上，政府积极做好防控工作。1971年，中共中央发出第21号文件，指示加强丝虫病的防治工作。8月17日，湛江市开展血丝虫、钩虫和疟疾"三病"普查普治工作。坡头辖区采取发动群众与专业队伍相结合的办法，由公社、卫生院、大队医疗站等人员组成防疫队伍，深入各村对"三病"患者进行反复检查和治疗。经过多年努力，至1986年6月，经省、市防疫部门组织考核验收，全区基本上消灭了丝虫病，钩虫与疟疾病也基本消除。

天花病是1949年前常流行的一种烈性传染病，传染性强，病情重，死亡率高。预防天花病有效而又最简便的方法就是接种牛痘。新中国成立后，政府十分重视天花病的防治工作。坡头地区从卫生院抽调医务人员组成防疫队，深入各村广泛开展接种天花疫苗工作，从小孩到成人一律接种牛痘。1952年春，吴川县龙头区和滨海区完成种牛痘任务，天花病在此两区基本被消灭。

1953年2月，粤西地区发生流行性脑膜炎症，吴梅县第一区旺岭村发现死亡病例3例。吴梅、化县、茂名三县组成防治所，派出医务人员到各区乡进行防治，坡头地区也迅速组织做好防控工作，很快将疫情扑灭。

1961年6月中旬，霍乱病从国外传入阳江县后，再传入湛江市，7月中旬广泛流行。国家卫生部副部长贺彪亲临湛江指导防治工作。坡头地区人民立即投入到除病灭害的爱国卫生运动，10月中旬，疫情基本扑灭。

1978年8月2日，龙头公社米稔村出现湛江地区第一例"02"病人。疫情就是命令，湛江市和郊区等防疫部门紧急行动，采取紧急措施，进行疫点封锁，严格消毒，取接触者大便化验，让其定期服药，搞好饮水卫生和环境卫生等，有效地防止了疫源扩散，扑灭了疫情。

2．乡镇卫生院

1949年后，党和政府十分重视乡村医疗卫生设施建设，于1951年起先后在南三、坡头、龙头、官渡、乾塘建起了卫生院，努力解决当地群众的就医问题。

南三卫生院。1951年9月，南三建立第一间公立医疗机构——南三卫生所，建筑面积只有200多平方米，位于田头圩西侧。当时从医生到杂工仅有5人，因技术力量不足，设备简陋，故只设门诊。1957年，南三卫生所业务有所发展，卫生所易名"南三卫生院"。1967年，南三卫生院建起了砖瓦结构的门诊部和留医部，设有中西医门诊和化验室等。1980年，南三卫生院曾改名为"南三地段卫生院"，建起了一幢二层、面积1000多平方米的门诊大楼，增设了一批医疗设备，医疗水平进一步提高。为提高医疗质量，医院内引外联，成功地与湛江市中心人民医院成立医疗技术指导中心，又抽调各科室骨干到上级医院进行学习，多渠道提高医务人员业务水平。

坡头区人民医院。医院建于1951年，位于坡头圩北侧，省道黄海线和廉坡公路交汇后从院门前经过，交通十分方便。医院占地面积2.67公顷，经过多年建设，规模得到扩大，设施得到完善，已发展成为一间集医疗、教学、科研、预防、康复、保健于一体的综合性医院。尤其是从20世纪90年代初开始，许爱周家族为医院慷慨解囊，捐资兴建了门诊大楼，添置了救护车、B超机、多功能呼吸机、手术显微镜、除颤监护仪、心电监护仪、脑电图仪、血液透析机等一大批先进医疗设备。此外，许氏家族还先后捐资为坡头区白内障患者施行复明手术，使300多名患者重见光明。

龙头卫生院。医院成立于1955年，位于龙头圩内，在325国道与廉坡公路在此交汇，交通十分便利。经过多年建设，医院规模扩大，医疗质量不断提升，尤其是改革开放后，医院发展较快。医院现占地面积7000平方米，业务用房7300平方米。医院先后添置了一批先进的医疗设备，包括DR、小型C臂、彩色B超、全自动生化分析仪、全自动血凝分析仪、化学发光分析仪、十二道心电图机、麻醉机、手术显微镜、高频电刀等。医院是全国首批"爱婴医院"。

官渡卫生院。龙头与官渡分公社后，1979年11月政府创建了官渡卫生院。医院位于坡头区官渡广湛路136号，占地面积30亩，医疗业务用房4500平方米，业务范围包括内科、儿科、外科、妇产科、中医科、理疗科、医技检查（放射诊断、B超、心电图、检验）以及公共卫生服务等。主要设备有DR机、彩色B超机、救护车、检验设备等，基本满足官渡镇6万常住人口普通疾病的治疗需要。

乾塘卫生院。医院始建于1963年，位于乾塘三窝圩内，占地面积2414平方米，经过多年建设，已有业务用房2026平方米。由于医院地处乾塘镇东面，主要服务乾塘镇东部人口，业务量不大，发展较为缓慢。开设有内科、外科、中医科、儿科、眼科等科室，主要设备有彩超、黑白B超机、DR机、麻醉机、呼吸机、全自动生化分析仪、眼科显微镜等。医院逐步完善医疗设备，提高服务水平。

3．合作医疗

20世纪60年代初，党中央号召"把医疗卫生工作重点放到农村去"。为此，全国各地农村纷纷办起合作医疗。1966年，坡头地区各公社生产大队开始建立医疗站，并配备"赤脚医生"，在农村逐步推行合作医疗制度。"赤脚医生"是在特定历史条件下，对那些在农村为农民服务没有工资收入的农村医生的称呼。"赤脚医生"一般不参加生产劳动，在生产大队记工分分配口粮，主要由农村的知识青年经挑选培训后担任，给农民群众治疗一般疾病。"赤脚医生"除在医疗站坐诊外，还背上药箱到各生产队上门为农民看病。农民看病只收挂号费0.10元，不收药费，急性病转到医院治疗可全部报销医药费，慢性病可报销60%的医药费。为了加强合作医疗的管理，各公社成立合作医疗管理委员会（简称"医管会"），在各卫生院办公，主管审批农民看病留医者的医疗费报销手续。施行这一制度，方便了农民群众看病，但只是解决一些小病。

1968年9月14日，《人民日报》转载《红旗》杂志调查报告《从"赤脚医生"的成长看医学教育革命的方向》。毛泽东主席在该报告中加了批示。湛江专区在农村加强培训"赤脚医生"工作，广泛推行农村合作医疗制度。坡头地区每个生产大队都有2—3名"赤脚医生"接受培训，经过培训，"赤脚医生"的医疗水平得到提高。

4．妇幼保健

1949年前，坡头地区各乡村的孕产妇多在家中请产婆接生，由于卫生条件差及医术不足，如遇难产即束手无策，孕妇及婴儿死亡率高。

1949年后，各乡镇相继建立了卫生院，配有新一代助产医生，为孕产妇实行新法接生，并有计划地教育和改造旧产婆，让她们接受新法接生的知识和技术，同时加强培养年轻一代接生员。到20世纪60年代，新法接生逐步普及，70年代新一代接生员已经成熟起来，新法接生技术得到普及和提高，加上医疗卫生条件不断改善，孕产妇和婴儿死亡率明显下降。

20世纪80年代开始，国家开展围产期保健工作，对孕产妇举办围产期宣传讲座，对孕产妇从孕满28周起到产后7天这段时间，采取保健措施。卫生院设立围产期保健门诊，对前来就诊的孕产妇建立卡册，进行登记，做好产前检查，让孕产妇住院分娩，加强产程观察，产后访视，并做好检查和访视记录。一般产前检查5至8次，产后访视3次以上。对于高龄产妇、有异常妊娠、异常分娩史和有妊娠合并症等高危孕产妇，则实行专业管理和监护，保证产妇的安全和胎儿、新生儿的健康成长。

坡头区于1984年建区后即建立坡头区妇幼保健站，2004年更名为"湛江市坡头区妇幼保健院"，2015年7月与湛江市坡头区计生服务站整合。医院地处南调街沟尾，坡乾公路、廉坡公路、省道黄海线在此交汇，交通十分便利。医院担负区内妇幼卫生信息管理、计划生育技术指导及对辖区内卫生院妇幼保健工作进行技术指导的工作，还担任全区免费孕前优生健康项目检查及中小学、幼儿园学生入学体检和驾驶员健康体检的工作。

改革开放时期国民经济快速发展

　　党的十一届三中全会后，辖区群众在当地党委和政府的领导下，摆脱了极"左"路线的干扰，在改革中解放了生产力，集中力量抓经济建设，各行各业得到了快速发展。

一、大力发展"三高"农业

　　历史上坡头区种植业经常遭受旱、风、涝、潮四大灾害，土地贫瘠，耕作技术落后，农业生产发展缓慢。1984年建区时，粮食作物以种植水稻、番薯、木薯等作物为主，经济作物以种植花生、甘蔗、蔬菜、水果为主。农作物品种单一，产量低，经济效益差。1984年全区粮食作物面积21748.5公顷，平均每公顷产2535千克，总产量55217吨，全区农业总产值5599万元。

　　1. 实施联产承包责任制

　　1978年12月，中共十一届三中全会召开，揭开农村经济体制改革的序幕。本地区实行"定人员、定地段、定成本、定工分报酬、定产量、超产奖励"的"五定一奖"的生产责任制。1980年9月，中共中央下发《关于进一步加强和完善农业生产责任制的几个问题》的通知，本地区各公社进一步推行包产到户的联产责任制，社员生产积极性提高，增产幅度增大。1984年，坡头区继续推行家庭联产承包责任制。承包责任制主要形式有包产到户及包干到户。至1987年，全区全面实施联产承包责任制，完成分田

177

到户。

2．农作物实现良种化

坡头区建区之初，农作物种质低劣、产量低、品质差、农作物良种仅占15%左右，严重制约全区农作物单产和总产量的提高。针对这种情况，区农业技术推广部门积极从外地引进农作物优良品种进行试验，对种子的生产性、适应性、丰产性进行鉴定，并大力推广适合本区种植的优良新品种。据统计，水稻推广了汕优系列、汕晚一号、晚华矮等30多个优良新品种；2000年后，早造常规良种有大粒种、吨半种、三黄粘、香粘和特青，晚造常规良种有丰桂1号、香粘等。2000年初，区农业局在乾塘镇北戈垌搞了10多个水稻品种的比较试验，确定了2001年适宜在坡头区推广的一批水稻新品种：培杂77绿源占、华航一号、金优223、中优223、中优253、广优303等。花生共推广了汕油27、汕油71等10多个新品种。1995年，推广花生品种有泥地勾豆、勾鼻豆、大粒种、细粒种，2000年推广的花生品种有粤油55、粤油116、粤油187、湛油12和湛油30等。1991年坡头区花生"汕油27"获得全省"大面积推广二等奖"，受到广东省农业技术推广奖评选委员会奖励。

1993年在花生良种"汕油27""汕油71"规范栽培技术推广中，坡头区农业局获"全国农牧渔丰收奖二等奖"，受到中华人民共和国农业部的奖励。此外，甘蔗、番薯也引进一大批新良种。番薯的良种主要以洲农13和广薯16、紫罗兰为主，甘蔗的良种主要有台糖134、印度997、新台糖1号、粤糖63/237等。坡头区农作物良种普及率达到98%以上，为全区的农作物大面积增产创造了条件。坡头镇万屋村是革命老区村庄，万屋村的村前有近700公顷土地，这近700公顷的土地早造种番薯，晚造插秧。据村干部介绍，自从早造种植紫罗兰后，每公顷产量一般超过22500

千克。老区农民群众凭借良种的种植，生活也一天天好起来。

3．农业新技术的应用

由于坡头区地处城区边缘，大多数农民农忙时节在家务农，农闲时节进城经商，部分沿海地区农村亦渔亦农，科学种田观念淡薄，农业耕作新技术的推广和应用历来是一个薄弱的环节。1984年建区后，区委、区政府切实加强对农业的领导，实施科技兴农战略：一是增加对农业的投入；二是加强农科推广基础设施建设；三是健全农科推广网络。区农业技术推广部门通过举办专业培训班、开设固定专栏等形式，进行农科知识普及，使全区农业科学种田水平得到不断提高。1984年，全区推广施用钾肥，还推广"电子施氮计算器"。1988年推广"水稻高产稳产技术规程"栽培方法，全区示范面积800公顷。新栽培方法比传统栽培方法每公顷增产757.5千克稻谷。是年，全区推广"水稻规范化栽培技术"，除吸收低群体栽培和规程栽培技术精华以外，还把土壤、良种、"四期"（播、插、抽穗和收割）安排和综合防治等高产措施综合配套，制成图表，按图施工，水稻栽培技术又有大进步。是年，区内推广面积占水稻面积50%，稻谷每公顷产量60000千克以上。2000年区农业局在龙头镇张屋垌搞水稻抛秧示范点，面积4.8公顷，把投入经费解决抛秧所需的塑料软盘提供给农户。经区农业局及龙头农技站对该点实测验收，平均每公顷产量5280千克，比同等条件下的插植田每公顷产量增加1065千克。通过这个示范点，周围村庄的农户掌握了抛秧技术，2001年抛秧面积大幅度增加。

坡头区推广良种和农业新技术后，四大农作物的每公顷产量均有较大提高。下列表格即为四大农作物的每公顷产量数据（千克/公顷）

	1985年	1990年	1995年	2000年	2004年	2012年
水稻	3120	3645	3585	3150	4590	4860
番薯	1710	2385	2640	3195	3450	
花生	1155	1290	1170	1455	1305	
甘蔗	43395	48630	59100	63540	64080	

上述表格的数据说明，除了个别农作物的产量由于特殊因素，在某些年份有所波动外，大多农作物的每公顷产量随着农业新技术的应用不断提高。

4. "三高"农业成了龙头产业

1993年8月23日，湛江市召开"三高"（高产、高效、高质）农业会议。随后，"三高"农业在坡头区全面铺开，种植经济效益高的水果占"三高"农业很大的一部分。坡头区的水果主要有香蕉、荔枝和甘橙。荔枝、甘橙可利用荒山野岭种植，香蕉则利用高坡种植，不和主要农作物水稻争地，符合本地区的实际。1985年初，区农业局在革命老区镇官渡镇的高岭乡陈垌村承租土地2.4公顷进行香蕉种植，建立了全区第一个香蕉生产基地，把生产、科研、示范、推广结合为一体，取得一定的经济效益和经验，1986年又在该乡革命老区村庄高岭村承租土地近7公顷进行扩大生产，并向全区大力推广，使坡头区的香蕉种植面积到1988年迅速发展到437.3公顷，1991年达到3000公顷。香蕉生产发展的同时也带动了其他产业发展，如香蕉收购、包装材料、北运等行业迅速发展成为一定规模的产业。坡头区官渡、龙头两镇大部分农户，特别是老区村庄的农户靠香蕉产业找到脱贫致富的路子。坡头区的北运香蕉，远销全国二十多个省区。1998年底，全区水果产量为13640000千克，总产值5765万元，仅水果一项，就超过1984年全区的农业总产值。2000年，全区水果产量达17116000千克。2004年为19540000千克。2012年达31311000千克，总产值达7亿元。

在水果种植取得可喜成绩的同时，区农业局发出办好"三高"农业五大示范基地的号召。这五大示范基地是：官渡镇、龙头镇香蕉示范基地，面积1000公顷，每公顷产量24750千克；乾塘镇的莲藕示范基地，面积666.7公顷，每公顷产量18000千克；南三镇的红萝卜示范基地，面积233.3公顷，每公顷产量60000千克；坡头镇白萝卜示范基地，面积400公顷，每公顷产量52500千克；南调街蔬菜基地，面积800公顷，每公顷产量1875千克。

2012年，革命老区镇乾塘镇的莲藕种植面积达684公顷，总产量达12325000千克，总产值86275万元。是年兴建了莲藕粉加工厂，年加工莲藕粉4000000千克。乾塘镇的莲藕示范基地，形成种植、旅游、加工、销售一体化。乾塘镇万亩（近700公顷）莲藕基地的四周大多是革命老区村庄，其中以梅魁、沙城、大屋头、南寨村的莲藕最为著名，老区人民凭种植莲藕走上致富道路。

2012年，坡头区继续推行"公司+基地+农场""科技市场服务一体化"等有效组织形式，发展"订单农业""合同农业"，鼓励农业龙头企业建立风险基金，通过保护价收购、利润返还等联合机制与农户建立稳定的产销关系。2012年湛江宏博实业有限公司等6家农业龙头企业销售收入7亿多元，直接带动农户5000多户，户均收入3000元。2012年，发展农民专业合作社56家，合作社成员共2238个，带动周边农户4870户。

下表是改革开放后，不同年份农业生产总值表（万元）

1984年	1990年	1995年	2000年	2005年	2012年
5599	21344	52340	73177	87200	219556

5．农业基础设施建设

坡头区着力加强农业基础设施建设，改善生产和农村生活条件，加大农田水利建设步伐，以"五化"标准建设灌渠硬底化，建成"田成方，渠相通，路相连，旱能灌，渍能降，机能进，物能运，土肥沃，产出高"的现代化标准农田。特别抓好改水治旱，建设高产稳产良田。坡头区历来重视改水治旱工作，特别是1999年市委、市政府在坡头区召开现场办公会议以来，分别在坡头镇、官渡镇、龙头镇、乾塘镇共11个村委会的15条垌开展改造工程，总面积1024公顷，共投入资金280万元。到2000年底止，全区共投入劳工14万人次，完成土石方11.5万立方米，混凝土0.3万立方米，共开引水渠19条，总长约22千米，建成机耕路30条，总长约18千米，建设机耕桥15座，开挖永久性防渗渠45条，总长约23千米，修理或重建大小涵洞80座，抽水机站8座，装机容量约320千瓦，安装供电线路约10千米，打灌溉井35眼。经过治旱，一些原来干旱的耕地变二造为三造，使土壤结构及地力重新恢复。

6．生态农业示范点建设

生态农业是当今农业发展的主要方向，是农业走可持续发展的必然之路。农业要发展，必须搞综合开发，合理利用。通过山上建果园，园中养蜜蜂，果园套种瓜菜，园边种花卉，山下挖鱼塘，滩涂养鱼、虾、贝的立体开发利用，提高生态质量，同时也提高经济效益。坡头区生态示范点建在官渡镇岭尾村，面积约53.3公顷，其中种植水果33.3公顷，珍稀蔬菜6.7公顷，围垦滩涂立体开发面积13.3公顷。通过示范点建设，辐射周边地区面积达866.7公顷。

坡头区农业的发展，大大带动了农村发展，涌现出了一大批社会主义新农村。2006年，龙头镇的金鸡村、上甘村，坡头镇的高岭村，南三镇的禾地坡村，南调街的富美村被评为"湛江市最美村庄"。2007年，龙头镇上塘头村、北沙村，官渡镇的岭尾村，坡头镇的黄坡二村、李彰恪村，乾塘镇张余村，南三镇上垌村，南调街企屋垌村、陈烟楼村、山朱沃村被评为"湛江市生态文明村"；坡头镇垇屋村，乾塘镇沙岗村，南三镇上垌村被评为"湛江市最美村庄"。2008年，龙头镇东灶村、官山村、陆屋村，官渡镇南埇村、端山村、风岭村，坡头镇伏波村、亚罗村，乾塘镇梁圩村、坡塘村、滘口村，南三镇米占坡村，南调街林屋新村，麻斜街黄屋村、赤后村被评为"湛江市生态文明村"；官渡镇的黄泥埇村被评为"湛江市最美村庄"。2009年，乾塘镇北马新村被评为省级文明村；龙头镇的兰村、乾塘镇长田屋村、南调街黄屋村被评为"湛江市生态文明村"，龙头镇的叶东村被评为"湛江市最美村庄"。2011年11月21日，龙头镇的金鸡村荣获"广东省宜居示范村庄"的称号。

二、水产养殖业快速发展

坡头区海岸线长，港湾多，水质肥沃，饵类丰富，适宜发展水产养殖。坡头区沿海10米等深线的内浅海滩涂8000公顷，围垦区内海水养殖面积2666.7公顷，内陆淡水面积1333.3公顷，全区可养殖总面积相当于全区耕地面积的70%，是仅次于耕地的第二国土资源。

20世纪90年代，按照国家对海洋资源的保护和管理要求，坡头区对渔业生产进行较大的调整，把"以捕为主，捕养结合"调整为"以养为主，捕养结合"，大力发展水产养殖业。进入21世纪，渔业生产进一步调整为"以养为主，压缩捕捞，全面发展"。2004年，区内捕捞业与养殖业的比重为23∶77，结束了坡头区以海洋捕捞业为主的历史。

坡头区建区以来，水产养殖业迅速发展。1984年，区内水产养殖面积2915.1公顷，其中海水养殖面积1421.4公顷，产量436000千克，平均每公顷产量306.7千克；淡水养殖面积149307公顷，产量518000千克，平均每公顷产量346.5千克，渔业产值802万元。

在市政府"两水一牧"政策的推动下，水产养殖发展加快，1985年区内水产养殖面积3480.6公顷，产值1155万元。蚝的养殖由滩涂发展到浅海，养殖方式由插养到主体吊养，大大提高蚝的产量。1990年水产养殖面积4284.6公顷，2000年，养殖面积7771.1公顷，2004年达到8025.6公顷，其中淡水养殖面积1194.1公顷，海水养殖面积6831.5公顷，海水养殖单产524千克。海产面积和单产分别比1984年增长3.8倍和0.7倍。总产值35140万元，比1984年增长42.8倍。2005年全区水产养殖总产值达3.3亿元，占全区渔业总产值80%，约占全区大农业的40%。全区渔业总产值占大农业的份额从1984年的14.3%提高到2005年的50%。建区以来，渔业吸纳了2万多人就业，其中70%从事水产养殖，仅对虾养殖就吸纳了2万人。水产养殖业的发展，还带动了加工储运、销售和水产种苗繁殖、渔用饲料、渔药等相关行业的发展。水产养殖主要有：蚝养殖、对虾养殖和优质鱼的网箱养殖。坡头区海洋与渔业局在鼓励群众水产养殖的同时，组织用海单位和个人学习《中华人民共和国海域使用管理法》《中华人民共和国海岛保护法》《中华人民共和国物权法》以及《广东省海域使用管理条例》，使他们提高依法用海意识，并施行海域使用证制度，截至2011年底，全区累计发放《中华人民共和国海域使用权证》74本，已确认面积为10.87平方公里，其中2011年确权发证4本，面积1.93平方公里；养殖证3本，面积1.59平方公里。区海洋与渔业局还在上级海洋主管部门的帮助下，在全市率先建设好海域动态监管中心，并通过试用验收。

1. 蚝养殖　蚝即是牡蛎，官渡镇石门乡是养蚝之乡，养蚝历史悠久。石门乡上游有南桥、良垌两江河汇流而下，河水带来大量的有机物、无机盐和浮游生物，为蚝的生长和繁殖提供了极好的饵料。石门沿岸又属浅海滩涂，沙质底层，海面不宽，风平浪静，又遍布岩石，实属天然蚝繁殖区。根据科研部门的测定，蚝苗繁殖期间的海水比重以1.003～1.010最为适宜，而石门海湾及整个坡头区沿岸滩涂的海水比重正在这一范围之内，因而石门及坡头区沿岸繁殖蚝苗具有得天独厚的优势。1984年，区内养蚝只限于官渡镇石门乡，面积0.3平方公里，年产量2100000千克，每公顷产量60000千克，周期为3年。1985年起，在本市发展"两水一牧"方针的指引下，养蚝逐渐发展到坡头、乾塘、南三、麻斜和南调等镇街，并推行全式吊养新技术，养蚝方式由滩涂插养发展到主体吊养，每公顷产量高达150000千克，周期缩短为1.5年。朱华强探索出来的蚝全式吊养项目被列入省和国家级"星火计划项目"，朱华强养蚝专业户被市科技局认定为民营科技企业。2000年区内养蚝面积达到11.5平方公里，年产鲜蚝10573000千克，之后区内养蚝面积有所回落，但每公顷产量逐年上升，至2012年，全区养蚝8.78平方公里，年产鲜蚝20550000千克，产值11508万元。官渡石门村委会共有13条革命老区村庄，几乎家家户户都养蚝，养蚝的家庭皆富裕起来。

官渡石门蚝已成为海鲜的品牌，销往省内外，远近闻名。2010年，一位温文尔雅的美国女记者到石门考察采访，竟在众多的蚝工面前生吞几块鲜蚝肉，连声说"OK"。此后，常有外国客人专程来石门品尝石门蚝，并以之为人生一大快事。

2. 对虾养殖　1984年，坡头沿海养虾多为虾塘纳潮养殖。最早养殖对虾的是林康文，他在南调麻西垌承包虾塘8.8公顷，进行对虾养殖，对虾每公顷产量达1713千克，每公顷纯利31993.5元，最高每公顷产量达3130.5千克，轰动了整个湛江市。1985年，在发展"两水一牧"的号召下，区内养虾业迅速发展。1988年6月12日，坡头区养殖公司在坡头镇塘尾村虾场的4号池收获对虾，拉开了湛江市早造养殖中国对虾的序幕，湛江市四套班子主要领导到现场观摩考察。由于为推动湛江市养虾业发展做出贡献，1994年，该公司经理林康文被评为广东省劳动模范。南三岛是坡头区养殖对虾的大镇。1986年，坡头区水产局张马轩与南三岛霞瑶村村民李扬喜、陈达成等5位专业户合股在南三岛南海垌试点养虾，坡头区水产局派出技术员邓上群、谢永康等驻场指导。经过反复试验，总结经验，试产终于成功，市委、市政府领导王冶、郑志辉和省水产厅厅长等到南海垌养虾场考察后，拨专款在南三岛建万亩养虾基地。在上级的大力支持下，1987年，南三岛养殖对虾564.5公顷，1988年增至707.3公顷，2000年达1837.3公顷，2012年达2080公顷。虾池由村民或专业户承包，租金归自然村所有，养殖对虾，成了南三岛人民脱贫致富的重要门路。南三岛湖村，是革命老区村庄，全村有虾塘87.5公顷，并有育苗场34个。湖村每年所收的虾塘承包租金相当可观，是南三镇缴交特产税的大户。至于高产的对虾养殖基地则在莫村，莫村位于南三岛的东部，该村的东面与鉴江隔海相望，海水与河水相混，使莫村海滩的水质好，又无污染及病害，全村有虾塘30公顷，2000年每公顷产量达6000千克以上。虾塘深位养殖后，每公顷产量超过7500千克。坡头区养虾面积不断扩大，1990年、2000年和2004年，区内养虾面积分别为589.9公顷、3284.5公顷和3610.9公顷。到2012年区内养虾面积达4177公顷，产量为9710000千克，产值达23304万元，从事对虾生产人员超过2万人。

位于乾塘镇的湛江市九洲星生物科技有限公司与广东海洋

大学、坡头区水产技术推广站进行技术合作，共同研发"对虾无公害养殖环境技术研究与示范"，获湛江市2003年科学技术二等奖。该研究解决了养殖环境自身污染的难题，建立起虾、鱼、贝、藻多池循环水无公害养殖模式。养殖水经生物净化后达到国家水产养殖用水要求，通过多品种综合养殖，饲料利用率大幅度提高，对虾产品达到无公害国家行业标准，养殖模式体现了生物学安全、零交换水和环境友好的健康养殖新观点，具有显著的生态效益、社会效益和经济效益。2004年该养虾基地通过广东省无公害养殖产地认证，成果居国内领先水平。为了满足区内养殖的需求，1986年区内建起第一个水产种苗培育场，培育对虾苗1.2亿尾。到了2004年，区内具有相当规模的水产种苗中心，拥有各种种苗培育场45家，年产虾苗27亿尾，各种贝苗20亿粒。种苗培育场培育的种苗除满足区内养殖和交流需要外，还销往外地。

3. 优质鱼网箱养殖　坡头区网箱养殖优质鱼是从1991年发展起来的。1998年全区网箱养殖产量达560000千克，产值1700万元。2004年，全区已拥有标准网箱7000箱，产量为2470000千克，产值达4929万元。2006年，网箱总数达7500箱。南三岛网箱养鱼的规模最大，最初从事网箱养鱼的只有湖村、北涯头、北涯、上郭头等几个村庄，后来发展到南三岛北面及西面的几十条自然村。湖村水产养殖专业户利用湖村湾水深浪静、海水比重适宜、水温稳定和没有污染等优良的自然条件，积极发展海上网箱养鱼业，于1992年率先集资试养，结果获得成功。到2000年，湖村已有网箱1000个，饲养的品种有石斑鱼、红鱼、立鱼、青鲈等名贵鱼种，鱼苗大多来自新加坡、马来西亚、越南和中国台湾等国家和地区。网箱养鱼一个周期一般为9个月，最长为1年。网箱呈正方体，入水深度为2.5米，若养得顺利，一般每箱每周期可获利润3000—5000元，出箱的鱼除供应市区，还远销广州、深圳、香港、澳门等地。2000年，韩国商人专程到湛江北涯头村收购网箱活鱼，再运回韩国发卖。南三镇的湖村、北涯头村是革命老区，发展网箱养殖最早，网箱数目最多，从事网箱养殖的人数众多，网箱养殖让这两条老区村庄步入了南三镇富裕村庄的行列。

4. 发展渔业配套企业　坡头区是一个渔业大区，随着水产品产量的日益提高及养殖业的发展，催生了众多的饲料厂、水产品加工厂、冷冻厂和运输队。到2012年，坡头区有大型水产企业5家，私营加工厂10多家，流通企业5家，坡头区从事水产流通的人员达2万多人。流通加工业的发展促进了出口贸易，坡头区对虾出口到美国、日本、欧盟各国等国际市场，国联水产公司每月供给中国香港的鲜虾就达到75000千克。

三、畜牧业走向专业化、规模化

1. 畜牧业持续稳定发展

从建区的1984年开始，畜牧业逐年稳定发展。到1999年底，全区三鸟饲养量达到415.9万只，生猪饲养量为17.7万头，肉类总量达15408000千克，蛋类总产量达2672000千克，分别比建区时增长293.1%、49.3%、270%、254.4%。畜牧业总产值由建区时的1369万元上升到12191万元。在大农业中的比重从12%上升到18.2%。2004年和2009年，坡头区畜牧业总产值分别为18637万元和44221万元。到了2012年，全区生猪饲养量达31.3万头，其中存栏量11.2万头，出栏20.1万头，比上一年分别增长6.82%、6.31%和6.82%，家禽饲养量达503.6万只，其中存栏124.1万只，出栏379.5万只，比上一年分别增长4.4%、4.23%和4.46%。菜牛饲养量为1.54万头，其中存栏1.28万头，出栏0.26万头，比上一年分别增长14.1%、15.8%和6.91%，肉类总产量2.17万千克，比上一年增长

6.33%，蛋类总产量3419.2万千克，同比增长7.25%，畜牧业总产值达6.38亿元，比上一年增长5.37%。

2．建立养殖基地，提高生产水平

坡头区畜牧业生产者经过多年拼搏，思想上确立了市场意识，把传统畜牧业向市场推进，以市场为导向进行改革，为农村经济注入新的动力，使畜牧业基本实现了专业化的发展战略。到1999年，已发展成规模的麻斜鸭苗生产基地，年产杂交鸭苗300万只，产品销售覆盖湛江市大部分地区，远销海南、广西部分地区。以星海家禽养殖公司为主的鸡苗生产基地，年孵化鸡苗350万只，年获利润100万元。另外以南调为主的肉鸡养殖基地，林口的鹅育肥基地，官渡瘦肉型猪养殖基地，乾塘的鹅苗孵化基地已形成规模。2012年，又建成官渡中兴、坡头溢香两家省级重点生猪标准化养殖示范场。全区生猪标准化示范养殖场17家，又推动了全区畜牧业向畜禽良种化、养殖设施化、生产规模化、防疫制度化、粪污完善化的方向发展。

坡头区畜牧业不断向规模化、标准化、集约化发展。2012年全区出栏生猪100头以上的规模养殖户共177户，其中年出栏500头以上共43户，年出栏1000头以上的有31户，年出栏3000头以上的有10户，年出栏5000头以上的有6户，规模养猪场出栏猪占全区总量85%以上。全区年出栏禽（鸡鸭）10000只以上的养殖场有40家，存栏1000只以上的蛋禽场9家，养殖种鸽5000只以上且年出肉鸽5万只以上的白鸽场8家，年孵化销售良种鸭苗300万只的种鸭养殖专业村一条。

3．饲料生产呈现快速增长态势

随着畜牧业和水产养殖业的不断发展，坡头区饲料销售总产量和总产值每年都有较大幅度的提升。至2012年，坡头区有饲料生产企业4家，全年饲料总产量达14.5万吨，总产值10.5亿元，同比增长分别为20.2%和28.7%。

4. 畜产品加工发展有新突破

至2012年，全区有畜产品加工企业5家，其中腊肠加工企业两家，猪油猪皮加工企业3家，全年加工畜产品2000吨，总产值达8000万元。

四、企业在转型中强劲发展

1. 乡镇企业异军突起

改革开放前，坡头区的企业十分薄弱。20世纪50年代初期，只有一些烧砖烧瓦、酿酒、榨油、木工制作、篾工制作等副业生产活动。1958年后，辖区内的龙头、石门、坡头、乾塘等地相继办起了造制厂、小化工厂、陶瓷厂、铁木社、粮油加工厂、砖瓦厂、运输社等企业，生产规模很小。"文化大革命"期间，由于受极"左"路线的冲击，社队企业几起几落，发展受到限制。

党的十一届三中全会以后，党中央提出了"放宽政策，搞活经济"的方针，采取一系列有利于社队企业发展的措施，通过调整，整顿后，辖区社队企业开始进入健康发展的新时期。1980年，全区社队企业总产值达到1783万元，比1978年翻了一番，占当时农村社会总产值的43%。

1984年至1988年，坡头区乡镇企业异军突起，进入了全面发展的新阶段。

1984年，党中央、国务院公布了一系列关于开创社队企业新局面的政策文件，有力推动乡镇企业全面发展。根据当时农村形势发展的需要，将"社队企业"改名为"乡镇企业"。从此，乡镇企业的范围从过去只限于公社、大队两级企业，扩大到镇、村、联户、个体办的四级企业。

1984年9月，坡头区从湛江市郊区析出，重新组建起坡头区乡镇企业管理局，先后以资带劳、合股集资等方法，办起了坡头区橡胶厂、坡头区电器厂、坡头区金属制品厂、坡头区风华印刷厂、坡头区电子遥控玩具厂等企业。这年底，全区乡镇企业905个，职工10623人，总产值4606.13万元，税金136万元，利润118万元。

坡头区刚成立，百业待举，区领导把发展乡镇企业的工作放在重要的位置上，在深入调研的基础上制定了乡镇发展规划，大力支持鼓励镇、村、联户、个体大办新项目。全区掀起了大办乡镇企业的热潮，先后涌现出一大批乡镇企业，出现了快速发展的局面。官渡镇乡镇企业的发展走在了全区的前面，仅两年时间，全镇办起年产值超过100万元的联合体、企业就有好几家，有几家镇办骨干企业产值超过500万元以上，官渡酒厂1987年产值超过千万元，1988年官渡工农业总产值突破亿元大关，成为坡头区第一个亿元镇。1988年，全区乡镇企业已达到3384个，职工人数26581人，乡镇企业总收入达2.987亿元。

1991年，国务院发出通知，在全国范围内开发"品种、质量、效益年"活动。坡头区乡镇企业积极响应，在继1990年开展的"乡镇企业管理年"活动取得好成效的基础上，深入开展了"品种、质量、效益年"活动，1991年又上了一个新的台阶。1991年坡头区乡镇企业达4110个，职工24037人，企业总收入46127.8万元，纯利润2011万元，上缴税金1482万元。乡镇企业缴交的税金约占全区财政收入的80%。

1993年，坡头区乡镇企业在全区经济比重中大大超过"半壁江山"，已达到"三分天下有其二"，全区拥有100万元以上产值骨干企业23家，1000万元以上产值企业5家，超5000万元产值一家。湛江市塑胶厂、官渡半球灯具公司、坡头区电器总厂被中华人民共和国农业部评为先进企业。坡头镇半球包装材料厂、官渡镇福利包装材料厂晋升为"省级先进企业"。1995年，全区乡镇企业完成工业总产值8.53亿元，1997年，全区乡镇企业总产值17亿元，总收入17.55亿元，实现利税总额9500万元。

当民营企业迅速发展之时，坡头区的国有企业从20世纪90年代中期起就开始大幅度滑坡。从1996年至2000年的四年时间，年均产值下降24.01%，国企发展陷入低潮。从2000年开始，坡头区在借鉴其他地区国企改革经验的基础上，大胆创新，毅然对全区国企进行大刀阔斧改革，经过6年的艰辛努力，坡头区国企浴火重生，有20多家濒临倒闭的国企成功改制，引入新的投资主体，化解了13亿多元的沉重债务包袱，使企业重新焕发了生机。从1998年开始，坡头区国有企业已完全退出市场，国企改制成民企后，成了一支崭新的生力军。国企在转制过程中妥善解决了职工的安置和再就业的问题，80%以上的下岗工人实现了再就业。国企改革取得显著成绩，受到了市委、市政府的表扬。2002、2004年，湛江市在坡头区召开国企改革工作现场会，推广了坡头区的成功经验。

2. 民营企业迅速发展

2002年，在"工业立区、工业强区、工业富区"的战略思想指导下，坡头区决定建设官渡工业园。2002年10月28日，官渡工业园破土动工。园区规划占地面积820公顷，首期用地333.3公顷。区政府成立官渡工业园管委会，进行统一管理。2003年11月17日，区政府在官渡工业园举行16个项目动工暨旭骏水产公司开业典礼。2004年工业园引入项目76个，投资52亿元，入园企业68家，建成投产企业25家，在建企业15家，实现工业产值2.1亿元。2004年全区企业达5219家，从业人员28245人，总产值达289138万元，实现利润5944万元。

2005年工业园工业总产值达8.5亿元，上缴税金2300万元，

2006年总产值达12亿元，上缴税金3300万元。2010年全区完成工业总产值43.94亿元，比上一年增长18.2%，其中规模以上工业总产值38.16亿元，同比增长25.8%。工业园进一步发展壮大，累计引进签约项目103个，投资额超过40亿元。2011年已投产企业41家，在建项目12个。到了2012年，全区工农业总产值达78.2亿元。其中工业总产值为56.25亿元，是农业总产值的2.56倍，在经济比重中独占鳌头。官渡工业园建成后，工业园附近的岭尾、新村、三角、东岸新安、北斗、华里、端山、铁芦、南埇等革命老区村庄，许多青壮年到工业园中的企业工作，革命老区群众的生活得到进一步改善。

五、构筑城乡大交通网络

1. 交通建设掀起热潮

从1993年开始，坡头区掀起交通建设的热潮，重点抓五条公路和两大码头的建设。一是廉坡路，由原来的三级沙土路面改建成沥青二级公路，全长7千米，总投资400万元，1994年竣工交付使用。二是南三贯岛公路，由三级沙土路改建成二级沥青路，全长12千米，总投资600万元，1995年竣工并交付使用。三是南三镇政府至南三旅游区路段，全长6.5千米，也是由三级沙土路改建成三级沥青公路，投资300万元，1996年竣工交付使用。四是南调路扩建工程，该工程1995年秋动工，把原来的二车道沥青路扩建为四车道沥青路，两边建有绿化带、路灯和铺设彩色地面砖，总投资1000万元，1996年春交付使用。五是坡乾路，全长12.5千米，为三级黄泥路面，投资600万元，乾塘镇路段1998年春竣工交付使用，坡头镇路段2000年春交付使用。码头建设方面：一是麻斜轮渡码头扩建为四级码头的小车渡码头，总投资500万元，于1998年竣工试用。二是南三车渡码头在原来旧码头基础上向西扩建为四级新码头，投资400万元，主体工程1999年底交付使用。

2000年11月21日，全长9.5千米的南三海丰公路建成通车。南三镇海丰乡是革命老区，位于南三岛最东面，交通十分闭塞，湛江市委市政府、坡头区委区政府十分关心海丰乡的交通，在南海舰队和湛江军分区官兵的支援下，军民奋战68天，出动车辆6500车次，总运输路程33.8万公里，装载土方3.5万立方米，终使该公路建成通车。这是湛江市"村村通公路"扶贫工程和广东扶贫攻坚会战中难度最大、耗时最长、费力最多的"硬骨头"工程。

2006年12月30日，湛江海湾大桥正式通车。大桥全长3891米，总投资12.2亿元，它的建成对改善粤西公路网络与湛江市投资环境，促进雷州半岛与珠江三角洲地区的经济联系，提升湛江交通区位优势，加快粤西地区发展具有重大意义。

2010年9月动工的官渡平交改立交一期工程动工，总投资8000万元，2012年10月竣工交付使用。

2011年9月28日，南三大桥通车，使南三岛这个拥有10多万人口的中国第七大岛，从此揭开新的一页。

2011年奋勇大道建成通车。奋通大道北连海湾大桥，中接南调路，北通南海舰队军港，是一条军民大道。

2012年12月，海东快线建设工程正式启动，该项目起点位于坡头区官渡镇三角村，连接官渡立交桥出口，沿线经过坡头区官渡镇、龙头镇、南调街道、坡头镇、麻斜街道，终点位于麻斜赤后村，南接南三大桥，全长25.5千米，总投资14.5亿元，于2015年6月通车。

2. 开展行政村通公路大会战

从2000年始，全区开展行政村通公路大会战，镇区道路逐步延伸到自然村。2000年坡头区投入1600万元，建成官渡从国道

G325线至山咀和高山、龙头镇省道S286线至泉井、坡头镇政府至岑霞、南三镇通X666线至海丰等七条自然村公路，总长41.5千米。2002年全区扩建、新建乡村公路32千米。2003年，全区新建乡村水泥路、沥青路6条，总长17千米。2005年至2011年，全区306条自然村全部通公路，总长579.31千米。

随着湛江海湾大桥、南三大桥建成通车，区、镇、乡、村公路纵横交错，坡头区的交通可谓四通八达。南三岛内有910线路公交车环岛运行，南三、乾塘、坡头、龙头、官渡及坡头区城区有908、909、911、912、929、930、63、41、42、43、48、64K等线路公交车往返于霞赤市区，大大方便城乡民众的出行。

六、筑防风防潮的坚固堤围

1984年，坡头区设立"三防"（防风、防旱、防风）指挥部。指挥部下设办公室。由区水利局派人兼管"三防"的日常工作。

坡头区海岸线长200千米，建国后党和人民政府号召辖区人民围海造田，辖区海围共78宗，海围面积12420公顷，占全区耕地面积的85.7%。由于堤围不断加固或扩建，至2015年沿海海堤共长119千米。

加固海堤，防止大台风大海潮对海堤的破坏是三防工作中重要的环节。海堤的加固是一个不断修复的过程，不能一劳永逸。1986年9月5日第16号台风在湛江市登陆，风力达12级，加上天文大潮，台风从上午刮到下午，持续9个小时，浪高1.7米，全区139条海堤，被冲垮或遭受严重破坏的有113条，决口282处，长15.3千米，遭受严重破坏的堤段达56.3千米，被冲垮的涵洞有5座，其他水利设施被破坏191处，工程损失价值达1312万元。每次强台风过后，被破坏的海堤和其他水利设施必须重新修建。从1984

年起至1999年，全区完成各类水利工程施工项目共2100多宗，累计投入水利建设资金12250万元，完成950万方土方，28.6万方碎石，4.5万方混凝土，取得了显著的社会效益和经济效益。

针对全区堤围工程标准低、隐患险段工程多、抵御自然灾害能力差的现状，区政府始终以维修加固堤围、涵洞工程，确保工程安全效益为水利建设的重点，先后对全区70宗126条海堤进行全面的维修加固，至2007年已建成达标堤段2处4.1千米，维修加固防浪护坡堤50千米、涵洞64座，累计投放堤围建设资金8500多万元。2007年以后，全区致力于如下几项水利工程：

1. 南三联围海堤加固达标工程。该工程海堤全长49.6千米，按30年一遇防御风暴潮标准加固，预算投入1.46亿元，工程于2007年12月底动工，完成主副堤加固建设39.75千米，生态堤建设9.85千米，种植草皮7.97万平方米，完成土方110万立方米，混凝土6.4万立方米，新建或维修水闸13宗。南三联围海堤加固达标工程的沿岸有霞瑶、湖村、北涯头、下地聚、上木历、老梁等10多条革命老区村庄，海堤的加固工程有效地保护革命老区人民的利益和安全。

2. 北马围挡潮排洪闸重建工程。该工程总投资3310万元，其中省补助资金1986万元，BT项目融资1100万元，其他资金224万元。2011年2月工程开工建设，2013年3月底工程竣工，完成土方37.2万立方米，混凝土0.343万立方米，共投入资金950万元。

3. 北马围沙城护岸工程。该工程建设堤长3.6千米，工程预算投资1838万元，其中省投入资金900万元，市投入资金88万元，自筹资金850万元。工程于2010年7月施工，当年完成土方9.58万立方米，混凝土2.2万立方米。工程于2011年底全部竣工。

4. 龙头肖坡围海堤加固工程。该工程政府采购确定项目设计单位，工程全长约18千米，项目投入资金1100万元。2016年11

月完成海堤加固1.1千米、加固水闸1座并通过验收。

5．麻乾联围维修加固工程。麻乾联围全长23.3千米，项目预算投入资金1.8亿元。2016年10月底，工程完成设计招投标，预计2018年开工，2019年底竣工。

七、促教育均衡发展

1．教育规模不断扩大

建区之初，坡头区有中小学（含南油）120所，在校学生43285人，幼儿园6所，在园幼儿1269人，中小学教师2084人，其中专任教师1612人。

改革开放后，区委、区政府积极实施教育优先发展战略，以教育管理体制改革为动力，以建设现代化教育强区为目标，不断加大教育投入，不断扩大教育规模。至2005年，全区有中小学校（含南油）143所，其中高级中学1所，完全中学2所，职业高中2所，初级中学13所，小学125所，另有教师进修学校1所，在校学生76063人。全区有幼儿园17所，在园幼儿8906人，幼儿园教职工294人。以后随着计划生育政策的实施，人口出生率明显下降，加上大量民工涌入城市，子女入城就读，区内学校学生人数有所回落。

至2012年，全区教育战线全面调整布局，改变管理体制，进一步优化教育资源。全区中小学共23所，其中国家级示范性普通高中1所，省一级学校1所，市一级幼儿园5所，在校中小学生46352人，在园幼儿6994人，在职在编教师3260人。

2．办学条件大为改善

20世纪80年代初，坡头区中小学办学条件还相当落后，严重地制约了坡头区教育事业的发展。"十五"期间，坡头区为改善中小学办学条件做出不懈的努力，投入教育经费49479万元，实现了学校硬件建设"三级跳"。1987年，全区中小学实现了"一无两有"。1988年，坡头区荣获"广东省中小学校舍建设特级区"的称号。1992年，坡头区中小学基本消除危房隐患，全区中小学基本实现楼房化。同年，坡头区被评为湛江市校舍建设先进单位。1993年以来，坡头区中小学以实现"普九"和巩固"普九"成果为契机，以学校上等级为目标，发挥了分级办学、分校管理的体制优势，多渠道筹集办学经费，不断增大教育投入，不断改善办学条件，使全区中小学面貌发生了巨大变化。稳步推进中小学布局调整，进一步优化教育资源。从2003年秋季开始至2004年底，坡头区已完成1所初中和9所小学的撤并工作，其中石门中学和6所小学实现了完全撤并，3所小学撤去五、六年级。坡头区把中小学布局调整和改造薄弱学校紧密结合起来，通过布局调整，完成"改薄"的扫尾工程。坡头区未通过验收的3所学校，石门中学并入官渡中学，官渡黄桐小学于2004年秋季开学前改造成焕然一新的陵高黄桐希望小学，最后一所薄弱学校——坡头镇塘尾小学于2005年完成搬迁新建工作。2005年，全力推进坡头二中、官渡黄桐小学、南三镇乐施小学、田头小学、莫村小学等5所学校布局调整的建设。到了2012年，坡头区中小学布局工作步伐加快，按照湛江市教育局提出"总校+分校"的模式，坡头镇将20所完全小学调整为两所完全小学及5个分校区，龙头镇将20所完全小学调整为两所完全小学和5个分校区，官渡镇把27所小学调整为两所完全小学和6个分校区，乾塘镇把11所小学调整为两所完全小学和3个分校区。南三镇把28所小学调整为1所完全小学和6个分校区。南调、麻斜两街道亦按此模式进行调整。

农村革命老区破旧学校改造工程成绩显著。全区原有老区学校69所，破烂校舍2370平方米。在省、市政府和各级老促会等有关部门支持下，至2005年完成改造工程的有31所，正在进行改造工程的有24所。全区老区学校改造工程共投入资金974.92万元，其中省政府拨款540万元，改造老区学校5所。市政府拨款140万元，改造老区学校5所，坡头区利用社会捐助及政府配套资金改造老区学校1所。24所老区学校新建教学楼25幢，建筑面积18127平方米，扩大校园面积178270平方米。教育部门把老区学校改造工程和学校布局调整工作结合起来，对一些用地狭窄、发展空间不足的学校实行搬迁新建。南三镇田头小学、莫村小学、乐施小学顺利搬迁。至2010年，全区老区学校改造工程全部完成。

改造城区学校，解决城区子弟读书难的问题。一是按时按质完成坡头区一小搬迁工作。2005年借湛江市出台市区学校改造学校计划的东风，坡头区通过争取把坡头区一小搬迁工作列入了市区学校改造的工作计划，市财政拨350万元专款支持坡头区一小搬迁工作。坡头区一小校园用地73800平方米，教学大楼按36个教学班设计建设，并配置办公室、功能室多个，建筑面积近8000平方米，总造价700多万元，于2005年8月竣工，实现了坡头区人民多年的愿望。二是大力抓好坡头区一中扩建工程。2004年，坡头区一中投入近1000万元建起了教学楼、学生宿舍楼、教工宿舍楼各一幢，合计建筑面积11004.8平方米。2005年坡头区一中又投入资金170多万元，按照高标准进行教学设施和校园环境建设。2005年，坡头区一中新征土地65亩，扩大学校用地面积43800平方米。

加快等级学校建设，大幅增加优质学位。坡头区以学校上等级为契机，进一步加快教育现代化的步伐，全面提升坡头区中小学办学水平。坡头区一中于2004年下半年决定正式向省督导室申报"广东省一级学校"。为做好申报工作，迎接省督导室的评估，学校对校园进行了规划，并按市审批的规划对校园进行整改，使学校面貌发生了巨大的变化，校园变得宽阔、大气、漂亮。同时紧张地进行其他方面的准备。2005年5月26日至28日学校接受省评估组的评估，初步通过了坡头区一中的广东省一级学校的申报。2005年7月25日，广东省教育厅正式批准坡头区一中为广东省一级学校。在此同时，全区其他学校也投入资金加强学校软硬件的建设，使校园环境发生了巨大的变化。校园变化最大的还是坡头区一中，校园建设比全区其他学校早了整整10年。南三中学、南三中心小学、乾塘小学等几所学校的面貌也发生了很大的变化。至2005年底，全区共有区一级以上学校43所，其中省一级学校1所，市一级学校13所。2007年6月25日，坡头区一中作为全市首间中学接受广东省人民政府教育督导室高中教学水平评估组评估，被定为优秀等次。其后，2008年4月17日至19日接受省国家级示范性普通高中评估组督导评估，以高分通过了初期督导评估。2010年10月，坡头区一中通过广东省国家级示范性普通高中终期督导验收，成为湛江市第五所广东省国家级示范性普通高中。爱周中学于2007年12月通过广东省一级学校评估，成为湛江市镇级中学中首间广东省一级学校。

在上等级工作推动下，坡头区中小学办学条件改善取得新的成效。至2005年，坡头区中小学共占地面积2325924平方米，校舍建筑面积54.25万平方米，其中小学校舍建筑面积32.59万平方米，生均建筑面积6.78平方米，中学校舍建筑面积19.23万平方米，生均建筑面积6.21平方米。2010年开始实施中小学校舍安全工程，截至2012年11月10日，全区累计开工项目29个，建筑面积51938平方米。

3. 义务教育普及水平不断提高

胜利完成"两基"历史任务。坡头区于1985年普及小学教育后，把实现"两基"作为教育工作的重中之重，摆上各级党委和政府的议事日程。在全区教育工作者及广大干部群众的共同努力下，坡头区高标准扫除青少年文盲工作，于1994年11月顺利通过省政府、省教育厅的评估验收，成为全市第三个脱盲县区。同时采取一系列有力措施加快了"普九"的进程，全面建立完善"防流控辍"岗位责任制，抓好初中布点规划，调整初中布局，撤并不合理的初中点，发挥学校规模效益，实行教育由地方负责、分级办学、分级管理的办学体制，充分调动地方政府、集体和群众办学的积极性。1994年，全区投入2000多万元，创办了坡头二中、德威中学、米稔中学，解决了初中招生学位不足的问题。为解决农村中小学生就近入学问题，坡头区先后创办了冠中小学等5所完全小学，彻底解决了小学学位不足的问题。1995年10月，坡头区的"普九"教育通过了省政府的验收，比市规划提前一年完成"两基"的历史性任务。实现"普九"之后，坡头区又继续采取切实措施，进一步巩固和提高"两基"整体水平。1996年，坡头区"两基"工作顺利通过省、市的复查验收。2005年，全区小学学龄人口入学率达99.98%，小学毕业生升学率达98%，毛入学率为98.99%，初中毕业生升学率达65.0%。2012年坡头区小学阶段入学率达100%，初中阶段学生巩固率达98.4%。

建立了"以县为主"的农村义务教育管理体制。2001年，国务院颁发《关于基础教育改革与发展的决定》，实行农村义务教育"以县为主"的管理新体制。坡头区认真贯彻落实国务院、省政府改革和完善教育新体制的指示，按照"三保""两上移""一撤销"的要求，坚定不移狠抓落实。经过多年的努力，全区农村义务教育"以县为主"的管理体制得到落实。

九年义务教育水平不断提高。坡头区认真抓好"防流控辍"工作，依法组织适龄儿童少年完成义务教育，至2012年，全区当年免费义务教育学生32095人，免费金额2076.545万元。同时进一步加强对学校转学、休学、复学等环节的管理，坚决禁止义务教育阶段学生留级、复读现象，严格控制学生非正常流失。

4. 非义务阶段教育快速发展

幼儿教育发展迅速。全区幼儿园从1984年的6所发展到2012年的25所。2012年，区规范化乡镇中心幼儿园建设项目3个，分别为：龙头镇、乾塘镇和麻斜街中心幼儿园维修改造。村级幼儿园项目四个，分别为龙头镇莫村小学附属幼儿园、官渡镇东岸幼儿园、高岭小学附属幼儿园、南调林口幼儿园的维修改造。2012年12月，以上七项工程全部竣工。

普通高中教育迅速发展。"十五"期间，坡头区认真贯彻《关于加快发展普通高中和建设示范性普通高中的意见》，坚持以建设示范性普通高中为发展基础教育的龙头，实施"扩容促优"工程。

一是扩大普通高中招生规模。坡头区2005年高中招生2223人，比2000年扩招1391人，增幅95.4%，全区2005年在校高中生5098人，比2000年增加2489人，增幅167.19%。其中坡头区一中招生20班共1052人，普通高中招生每年万人口57.89人以上。2010年是湛江市"普高"的攻坚年，全区高中在校学生达到8500人。

二是努力建设一支数量足、资质高的高中教师队伍。从2001年开始，坡头区每年面向全国招聘一批师范院校本科毕业生到坡头区高中任教。至2005年共招聘高中教师147名，初步解决高中师资不足问题。

三是努力创建优质高中，逐步增加学位。2004年坡头区一中投入1200多万元高标准进行校舍、教学设备和校园环境建设，扩建校舍1万平方米。爱周中学2001至2005年投入资金300万元，扩建校舍和整治校园环境。实施高中学位建设工程。2012年，学位建设工程项目2个，建筑面积1.23万平方米，其中爱周中学建筑面积4300平方米，教学楼开始基础建设，坡头区一中教学楼建筑面积8000平方米。

至2010年，坡头区的3所高中，其中1所为广东省国家级示范性高中，1所为广东省一级学校，1所为市一级学校。

5. 教师"安居工程"成绩突出

坡头区从1993年开始实施教师"安居工程"。1995年坡头区掀起教职工住房建设的高潮，到2000年9月"安居工程"全部竣工。据统计，全区现有教师住房1602套，共175752平方米，成套率为92%。2000年教师住宅比1993年增长334%，其中1995年以来，全区投入资金5065.2万，扩建教师住宅房1018套，面积8.32万平方米，实现"教者有其居"。

6. 教学质量不断提高

"十五"期间，全区中小学教育质量稳步提高，特别是高中教学质量更是一年上一个台阶，年年有所突破。2005年，全区中考在2004年全市中考排名向上移动一位的基础上，再向上移动两位，全区中考已达全市的中上水平。2002年高考，坡头区一中有1名学生历史科成绩获全市第二名。2004年高考，坡头区一中有一名学生地理科成绩获全省第一名。2007年高考，坡头区一中有一位学生地理科成绩获全省第二名。2005年高考，坡头区一中有233人成绩达到本科录取分数线，比2004年增加74人，应届生本科上线率为44.6%，居全市同类学校首位。2005年坡头区教育局、坡头区一中、爱周中学均被评为"湛江市高考先进单位"，坡头区教育局、坡头区一中连续8年被评为市高考先进单位。2010年，坡头区一中高考成绩尤为突出，应届生成绩达到本科录取线的有427人，完成市下达本科上线人数的180.9%，专科以上上线率达98%，首次超过湛江一中，夺得两项全市第一。爱周中学专科以上上线588人，完成市下达本科任务的223.3%。坡头区一中连续13年被评为市高考先进单位。2012年高考在全市本科上线人数出现负增长的情况下，坡头区仍保持好的成绩，坡头区一中498人成绩达到本科录取线，在同类学校中保持领先地位。爱周中学50人成绩达本科录取线，在同类中学中位居前列。

7．创建教育强区

坡头区于2012年2月召开全区创建广东省教育强区工作动员大会。区政府与各镇街人民政府签订创建教育强镇（街）责任书。会上提出了《坡头区创建广东省教育强区工作实施方案》，明确提出2012年上半年创建坡头镇、龙头镇两个教育强镇，2012年下半年创建官渡、乾塘两个教育强镇。

龙头镇、坡头镇是湛江市第一批申报教育强镇的镇，两镇申报的创强项目分别达到108个和101个，资金投入分别为1572万元和1475万元。2012年2月，两镇启动"创强"工作，3月份完成申报工作，5月底接受省教育强镇督前检查，9月份通过省教育强镇督导验收，成为粤西首批教育强镇。坡头区有两个镇成为教育强镇，占了湛江市上半年创建的教育强镇的一半。下半年申报省教育强镇的官渡、乾塘两镇，从7月开始全面启动创建教育强镇工作。两镇学校按照义务教育规范化学校的标准，利用暑假时间进行校舍维修、校园环境改造和教学设备建设，于11月中旬通过省教育强镇督前检查，2013年1月17日顺利通过省教育强镇督导验收。坡头区也因此于2013年9月通过省教育强区验收。

八、医疗卫生扩容提质

1．卫生系统实施"一无三配套"工程

设备用房无危房叫"一无"，技术人员、医疗设备、医疗用房叫"三配套"。三配套是医院发展的三大要素。然而，建区前坡头区卫生系统技术人员缺乏，素质低下，设备简陋，诊断手段落后，医疗和生活用房严重不足。全区除了坡头卫生院有一幢几百平方米的钢筋混凝土结构门诊大楼外，其他卫生院几乎都是上世纪60、70年代建筑的砖瓦房。更有甚者，一个30多万人口的区，竟连卫生防疫站、妇幼保健站都没有。医院要发展，必须在"一无三配套"上打翻身仗。

培养医疗技术人员队伍。建区的1984年，全区卫生系统的工技人员共142人，中级以上职称的为空白，拥有大专以上文凭的卫技人员只有8人。从1985年开始，坡头区卫生局通过招聘、调进一批技术人员，同时采取办班培训，选送进修或在职自修等形式，逐步提高医技人员的业务能力。1990年区属医疗系统医务人员参加在职培训、带薪进修550人次。还采取与大医院联合办医等模式培训人才。1995年，市妇幼保健院培训坡头区接生员240人，1997年南三镇卫生院与湛江市中心人民医院联合成立医疗技术指导中心，每季度湛江中心人民医院派出主任医师和主治医师各1人到南三镇卫生院门诊用传帮带等形式提高南三卫生院卫技人员的业务水平。"九五"期间，省、市卫生管理部门要求乡医每人每年参加培训12天，坡头区卫生单位鼓励乡医参加培训。1990年市卫生局对全市乡医进行水平测试，坡头区乡医及格率达70%，居各县区第一位，但仍未达到省卫生厅规定的80%的要求。2004年，全区派72人到市级以上的医院进行培训。2012年，对全区医护人员进行业务培训3次，参加人员1000人次。

通过招聘、引进以及在职人员参加培训、进行进修等方式，坡头区技术人员的水平大大提高，到2012年底，全区卫生系统人员达935人，其中执业医师170人，执业护士227人，拥有高级职称的7人，中级职称的62人，一支水平较高的医疗技术人员队伍正在形成。

医疗设备逐渐更新。建区时，全区卫生系统只有坡头卫生院有一台200毫安X光机，而B超诊断仪、心脑电图机、血尿自动分析仪、心电监护仪、救护车等全部空白。经过几十年的不断添置购买或爱国人士赠送，到2012年底，全区卫生系统的大件现代化医疗器械有：200万元一台的全数字化X线诊断仪（DR）以及彩超、数码电子阴道镜、全自动化仪、麻醉机、DR机、彩B、五分类血液细胞分析仪、大型全自动化仪、全高清腹腔镜系统、过氧化氢低温离子机、脉动真空无菌器、国际品牌日本产岛津电脑遥控X光机、日本产除颤心监护仪。

大力推进医疗用房建设。1984年，全区卫生系统的建筑面积只有1.05万平方米，且大多是20世纪60、70年代的砖瓦平房。卫生系统把改变医院用房作为重点工作来抓，积极拓宽资金投入渠道，千方百计增加基建投入，大力建设门诊大楼、住院楼和安居工程。1993年至1999年共投入资金2034万元，基建面积达1.87万平方米，多个卫生院门诊楼、住院楼相继落成，其中坡头卫生院门诊楼面积为4500平方米，龙头综合门诊楼面积为4800平方米，面积和装修水平均居全市镇级卫生院前列。2004年，许爱周家族给坡头卫生院（许爱周医院）捐款103万元改造住院部，以提高住院部容纳率。2008年乾塘卫生院门诊大楼投入使用，建筑面积为1396平方米，投入资金100多万元。至2012年底，全区卫生系统建筑面积达3.6726万平方米，是建区时的3.6倍。

2. 妇幼保健工作更上一层楼

坡头区卫生系统坚持把预防妇幼保健工作放在重要位置。以儿童计划免疫为龙头，以消灭脊髓灰质炎为突破口，全面推进预防工作。坚持正常冷链运转与组织突击活动相结合，积极开展95年至96年四轮消灭小儿麻痹症强化免疫活动，保持连续六年全区没有脊髓灰质炎病例发生，继续加强对其他急性传染病的综合防治，使不少法定传染病得到有效控制，全区自1990年以来儿童四苗接种建册率为100%。1998年基础免疫接种率为：卡芥苗95.1%、百白破97.4%、小儿麻痹99.3%、麻疹96.2%。1989—1991年度分别被省卫生厅评为如期实现计免接种第1个和第2个百分之八十五目标的先进区。1994年被省卫生厅评为1993—1994年度全国消灭脊髓灰质炎强化免疫先进单位。经全区医务人员共同努力，20世纪90年代基本消灭了地甲病、丝虫病，有效地控制了疟疾、麻风病、脊髓灰质炎、狂犬病、白破喉、小儿肺结核等疾病。其他多类传染病发病率逐年下降。2008年，各卫生院、社区服务中心相继设立计免门诊，其中坡头、龙头、乾塘、官渡等镇达到省级标准，7岁以下儿童计免由四苗增至六苗，增加乙肝、乙脑疫苗。全区镇街6苗接种率达90%。由于各医院加大农村和流动儿童免疫接种工作力度，传染病防控工作长抓不懈，传染病下降，其中脊髓灰质炎连续17年无病例发生。2012年，坡头区卫生局继续坚持儿童免疫，保持计划免疫工作领先优势。2012年坡头区妇幼保健院加强儿童保健工作，全区0-7岁儿童71329人，接受儿童保健系统管理的有70219人，保健率达96%。坚持以优生优育为中心，积极贯彻《中华人民共和国母婴保健法》，广泛开展妇幼保健宣传、咨询、健康体验，推行住院分娩。2012年住院分娩人数为4709人，住院分娩率达99.9%，大大降低孕产妇死亡率和新生儿破伤风发生率。2012年获孕妇补助的有2318人。妇幼保健院还为孕妇提供预防艾滋病、梅毒和乙肝母婴传播的综合防治服务，最大限度减少因艾滋病、梅毒和乙肝母婴传播造成儿童感染，改善妇女、儿童的生活质量及健康水平。

3．农村卫生工作稳步推进

坡头区农村人人享有初级卫生保健，群众保健意识日益增强，卫生行为、科学生活方式逐渐形成。至20世纪90年代末，全区饮用安全卫生水和自来水普及率为96.7%和50.3%。健康教育深入人心，从1997年起，全区小学三年级至初中二年级全部开设健康教育课，92、93、94年度连续三年被评为健康教育先进区。坡头区卫生局在区内率先获省卫生厅"无吸烟单位"的匾牌。农村卫生站遍布各管理区，群众就医基本做到"小病不出村，大病不出区"。1997年坡头区被省专家评审为初保基本达标区，是湛江市继廉江、遂溪后又一个基本达标单位。

至2012年底，全区有卫生站107间，其中甲级站32间，提供中医药服务的有22间，与湛江市社保局签订门诊定点医疗报销合同的有69间，乡村医生113人，其中持有"乡村医生执业证书"的有104人，持有"医师执业证书"的有9人。全区63个村（居）委会均设有卫生站，覆盖率达100%，农村卫生工作越办越好，农民看病难问题得到有效解决。

九、繁荣文化艺术事业

1. 加强文化设施建设

建区之初，坡头区经济基础十分薄弱，文化设施近乎空白，全区仅有两间文化站。1992年，为贯彻省"南粤锦绣工程"，坡头区委召开常委扩大会议，研究讨论坡头区文化设施的建设事宜。会议决定：区级文化馆、镇文化站力争达一级标准，街道文化站达二级标准。区政府将新建的文化中心划出3000平方米场地作文化馆专用场地。区财政拨出35万元支持文化馆、站的达标建设工作。各镇街的领导把文化设施的建设列入主要的工作日程。全区多渠道、多形式动员社会各界力量支持文化设施建设。

坡头区委、区政府大力支持文化设施建设的决心极大地鼓舞了全区人民，各界积极响应，纷纷捐款，许爱周家族捐款180万元，使区文化中心得以顺利完工。官渡镇率先行动，发动全镇人民捐款集资，并贷款80万元，兴建一幢面积2000平方米、多功能的文化大楼。坡头镇以群众集资和政府拨款的形式建了六层文化大楼。南三镇以镇村合办的形式建成一级达标的文化站。麻斜街以政府与私人合办的形式，也建起了二级达标的文化站，该站的经营者张永明的事迹也传遍粤西和广西各地，有上千人慕名前来参观。

在搞好区、镇文化馆站的同时，区委、区政府又采取一系列措施，紧抓乡村文化室的建设，对建有"三室一场"以上的乡村文化室，皆给予资金奖励，使乡村文化室如雨后春笋一般，很快遍及全区。至1994年底，全区建成的馆、站、室共56个，总建筑面积达1.76万平方米，投入资金678万元。1994年，坡头区文化馆被评为"广东省一级文化馆""广东省文明馆"。1995年，坡头区被省文化厅定为"南粤锦绣工程"西翼唯一的试点区。1997年，区内7个文化站全部一级达标，其中官渡、龙头、坡头三镇的文化站被评为"广东省特级文化站"。全区文化室建设超额完成市下达指标。1997年9月，在浙江省召开第六次万里边疆文化长廊建设现场会上，坡头区作为全国30个先进单位之一、广东唯一的先进县（区）受到表彰，被文化部授予"边疆文化长廊建设成绩显著单位"称号。至2004年末，全区有农村文化楼、文化室78个，其中官渡的高岭村、石门村，龙头镇上蒙村、金鸡村，坡头镇的新场村、兰妙村、高岭村、塘博村，乾塘镇的大仁堂村、梅魁村、八甲村、大屋村、米稔村、沙岗村，南三镇的砖窑村、下木历村，麻斜街的麻斜村、张屋村，南调街的富美村等村的文化楼办得最好。2012年，坡头区又新建乡村文化室13间，面积共4770平方米，文化室按"五有"文化标准建设，所有资金皆由村民自筹。

2. 创作成果丰硕

繁荣创作是文化建设的中心环节。坡头区委、区政府始终尊重人才，积极挖掘优秀人才，对人才倍加爱护，使他们能发挥才能，为繁荣坡头区文艺事业做出积极贡献。坡头区政协副主席、区文联主席卢凌日，早年还是太平镇农村的一名默默无闻的民办教师。时任区文化局局长的林发增慧眼识千里马，积极向区领导推荐卢凌日，时任区长的李平帮助解决了卢凌日的工作安排问题，还为其妻子解决户口和工作问题。卢凌日积极投入创作，不负众望，创作出了一大批具有影响力的文艺作品。

1984—2012年，坡头区文艺作品中荣获国家级奖项的有55件，获省级奖项的有92件，入选省级以上展览和发表的有319件，获市级奖项或展出、演出和发表的约有490件。在两年一度的"湛江市文艺精品奖"评选中，坡头区于1991年、1993年、1997年和2003年均荣获文艺创作组织奖。至2004年，全区有中国戏剧家协会会员2人，广东省戏剧家协会会员7人，中国美术家协会会员2人，广东省美术家协会会员5人。

卢凌日、曾艺航、詹景芳、詹国超4人被评为坡头区专业技术拔尖人才，卢凌日获"湛江市突出贡献奖"。

戏剧创作。1984—2012年，全区有101部戏剧作品获市级以上奖励，其中获国家级奖励的有17部，获省奖励的有22部，获市奖励的有63部。获国家级奖励的有：1992年卢凌日的《抓阄村长》获中宣部"精神文明建设五个一工程奖"；2003年，张德柱的《天涯圣火》获"中国戏剧文学剧本奖"，张德柱的《梦断临安》《打工第一天》《鹊桥难渡》《虾米吃大鱼》《交易》《屠夫校长》《民以食为天》《新龙凤店》《小岛情深》《笑面人生》获国家级奖励；2003年陈继利的小戏《新闻发表后》获文化部第三届"群星奖"。

音乐创作。1991—2012年，全区创作音乐作品602件，其中获国家级、省级奖励和发表在国家级、省级刊物上的有202件，被采用的有300件，获湛江市一等奖的有13件、二等奖的有21

件，三等奖的有16件。曾艺航创作的《时代的锦绣》《我为北京敲金鼓》《湛江玻璃厂厂歌》《世纪承诺》《祖国，生日快乐》《农村信用社之歌》《明扬之歌》《编织心中无限情》《为了春天的美好》分别在中华人民共和国文化部、国务院研究发展中心、中国艺术科技研究院、中国文联、中国音乐家协会、全国总工会、中央人民广播电台等单位举办的全国性音乐作品征集评奖活动中获奖。他创作的《世纪承诺》《新世纪圆舞曲》《祖国生日快乐》在国家级刊物发表。李华强幼儿歌曲《小雨点》获中国音协国家艺教委举办的全国青少年优秀新歌评奖三等奖。龚开虎的《学着爸爸采油花》在全国海洋石油文联歌曲评选中获三等奖。

文学创作。1984—2004年区内作家在32家省级以上报刊发表小说、故事、童话200篇，100万字。作品获省级以上奖项13次，其中小说《一支圆珠笔》获全国第三届"世纪杯"校园文学大赛二等奖。故事《老钻》获全国13家少儿报刊联合举办的"新世纪公民"征文大赛佳作奖，并获广东省业余文艺创作一等奖，故事《小阿聪要看大熊猫》获浙江少年儿童出版社和《少年儿童故事报》联合举办的全国新故事、新童话征文大赛三等奖，故事《老钻》《补鞋之谜》入选《新中国50年儿童文学精品库故事卷》，小说《两瓶"金牌马爹利"》、散文《我和黑牯》入选《作家与少年》丛书。至2004年末，已出版的文学作品集有芳草的《捅马蜂窝的孩子》《黑鹰山传奇》，吴鸿道的《崎岖的林间小道》《蓝色的旋律》，卢凌日的《斑痕集》，陈继利的《梦海》《中国新世纪诗人诗歌精品选—陈继利诗歌选》《黑色眷念》《蓝色的耕耘》《鸿爪雪泥》，吴福祥的《永远的海》，裴铁辉的《热浪》《凤凰树下》，孙忠良的《南轩随笔》，陈达泉的《翰竹诗文集》。

美术创作。1984—2004年全区有60件美术作品获省级以上奖励或入选省级以上美术作品展。1987年和1991年詹国超创作的版画《艳阳》《对话》《一场春雨》两次在日本神户中日文化交流版画展上展出，《渔港印象》1989年入选第九届全国美术作品选，《冬天的收获》入选全国青年版画大展并被韩国木版文化研究会收藏，《为了忘却的纪念》入选全国版画版种大展，《梦开始的地方》入选第五届全国美展，《大树硕果》《海港晨曦》《风从海上来》《开渔啰》获广东省专题美术作品展银奖，水彩画《大海的故事》在《中国水彩》杂志第21期发表；国画《梦回大海》《一帆风顺》《海姑》获广东省美术作品展银奖。20件藏书票分别在历届藏书票艺术展、上海图书馆新馆落成邀请展、香港回归邀请展、中国通用藏书票艺术展、上海画报社文化人藏书票展、波兰国际藏书票展上展出。吴成的《南国飘香》和疏骏的《月夜》1991年在日本神户中日文化交流版画展上展出。郭喜忠的漫画于1993—1995年连续三年刊登在《南方日报》主办的《英语谚语漫画》专栏，并出版了《英语谚语漫画》集。林奋创作的版画《收获季节》入选第十届美术作品展览，油画《沃土》《独行者》《午阳斜影》和版画《大地》《新的一天》《红船惆怅》《风尘影遂》《根源》《白云飘过》《二月春晓》《午阳斜影》等，先后在广东省美术展上展出，版画《白云飘过》《新的一天》《二月春晓》《收获季节》分别获省级银、铜奖，版画作品《收获季节》《新的一天》《二月春晓》《白云飘过》分别被四川美术馆、广东美术馆、汕头美术馆和何香凝美术馆等单位收藏。

书法创作。书法在坡头有深厚的群众基础，书法爱好者甚多。1984—2004年，戴源和、陈瑞乾、林发增、彭晨峰、崔晓民、陈尚来、郑传围、邓作模、林士钦等人的作品参加国家级书法展的有5件，参加省级书法展的有30件。坡头区文化部门每年在区政府大楼举办书画展，坡头镇每年春节期间举办书法展，坡头镇塘博村群众书法活动形成风气，被誉为"书法之乡"。1991年，著名书法家沈定庵先生曾到该村访问，并题下"贵在风气"四字。1992年3月，塘博村农民书法展在市老干部活动中心展出。梁土华、李苏的书法作品还走出国门，分别参加1996年10月的"中韩书法家作品展"和1997年日本秋田市的"中国第二届东方书画篆刻交流展"。

舞蹈、曲艺、摄影创作。在舞蹈、曲艺领域，南油小海燕艺术团、青松艺术团、坡头区南三镇曲艺社、坡头镇曲艺社、南调街曲艺社常年活跃于社区和乡村。在坡头城区的公园里，常常可以欣赏到南调曲艺社的精彩表演。坡头镇曲艺社特制一部"舞台车"经常到乡村义务演出，群众自编自演各种舞蹈、曲艺节目大大丰富了城乡文化生活，成为节庆活动不可或缺的内容。1995年坡头区曲艺界人士到澳门与当地曲艺界人士联欢。1997年坡头区曲协与文化局联合举办"庆回归粤鑫杯粤曲大赛"大型庆祝活动。秦健的舞蹈作品双人舞《夫妻井》获"红豆杯"全国企业铜奖，舞蹈《跨世纪的梦》获全国海洋石油文化汇演一等奖。梁康生获全省业余粤曲演唱艺术评选一等奖和"黑妹广东小曲"新唱大赛优秀奖。1984—2004年，全区有四件摄影作品获全国奖，3件作品获省级奖。邓川河的《小息》获全国海洋石油系统摄影大赛一等奖。曹永康《讨红包》获全国"富士杯"摄影大赛一等奖。刘培强《情系南油》获中国影协、中国石油影协联合举办的"石油杯"摄影艺术大赛铜牌奖。

十、大力发展体育运动

1. 兴建体育设施

1984年建区时，坡头区的体育设施仍相当简陋，1985年开始，区内体育设施不断得到增加和完善。1992年，区政府决定兴建"坡头区文体中心"，坡头区各机关单位、企事业单位及个人捐资共80万元，南海西部石油公司捐资20万元和水泥300吨，市政府拨款30万元，许爱周家族捐资130万元兴建坡头区文体中心。1993年文体中心落成，坡头区政府将其命名为"许爱周文体馆"。该中心占地面积5100平方米，建筑面积5200平方米，共5层，第一层为篮球场、羽毛球场、举重训练房、健身房，第二层、第三层为办公室、文化馆活动室。1996年，许爱周家族又捐赠健身器械11套，价值20万元。

为了适应体育事业的发展，各镇街也逐年加快体育设施建设，不断改善群众健身环境和条件。坡头区教育局切实加强各中小学校体育场地和器材建设，一年一度的中小学田径运动会由各中学轮流承办，促进各中学建设标准化田径场地和增加体育器材。至2004年，全区各中小学有水泥篮球场280个（其中灯光球场86个），排球场270个，400米标准田径场4个，200米田径场11个，小型足球场12个，乒乓球台500张，室内活动室8个，面积4000平方米。由于坡头区要承接广东省十四届运动会的足球、举重和柔道三个项目的比赛，2012年坡头区继续加强体育设施建设，坡头区一中投入1000万元扩建高标准运动场。全区各镇街全部完成农民体育健身工程（3000平方米健身苑，600平方米室内健身房）。

2. 成立业余体校

为了培养体育拔尖人才，1991年坡头区成立业余体校，招收学生80人，开设项目有田径、举重、柔道、篮球、摔跤等，学制三年，毕业成绩优秀的送省体校运动队深造。1991年，招收田径项目学生30人，举重学生15人。1993年增加柔道项目。1996年，业余体校开设小学五年级至初中三年级文化班，文化课在体校授课，由坡头区教育局委派11名老师任课，学生达200人。1998年，业余体校开设国际式摔跤项目。2003年，业余体校的文化班被取消，教师分流到就近学校任教，学生即转移到附近学校就读，实行"体教结合"形式，学生集中在业余体校住、食和训练。羽毛球、乒乓球、跳水、体操、射箭、射击等项目的优秀人才直接输送到市体校集训。

至2012年底，坡头区体校向各级输送的人才有：输送到国家队的有4人（滑水2人，跆拳道2人），输送省队的有20人，输送到市体校、湛江市二中、湛江一中的有200多人。坡头区业余体校的学生参加市、省、全国、亚洲、国际等不同级别比赛共获市级以上金牌700多块，其中省级50块，全国比赛36块，亚洲比赛5块，国际比赛2块。田径运动员陈东2009年5月代表国家参加亚洲青年运动会获400米栏冠军；2009年，崔濠镜、陈小东参加第十一届全国运动会4×400米接力赛获冠军。1997年，坡头区业余体校被评为"全国群众体育先进集体"，2012年被评为"广东省体育先进集体"。

3. 竞技体育水平不断提高

1985年10月，湛江市举办第六届运动会，坡头区首次组织体育代表队参赛，由于训练时间短，运动员的技能还不够高，只获得7块金牌，金牌总数在全市九个体育代表团中当了"老九"。四年后的1989年，湛江市举行第七届运动会，坡头区运动员获得23块金牌，金牌总数跃居全市第六位。1991年8月和1992年7月在坡头区许爱周文体馆举办了"威力神杯"全省和全国少年举重锦标赛。全国少年锦标赛有23个省少年举重代表队500多名运动员参赛，坡头区体校运动员陈晓金荣获总成绩金牌，这是坡头区运动员第一次获得全国金牌。

在1993年10月举行的湛江市第八届运动会上，坡头区体育代表团获得58.5块金牌，金牌总数列全市第五位，竞技体育成绩又上一个台阶。1997年10月坡头区体育代表团参加湛江市第九届运动会，获得金牌71.6块，金牌总数居全市第二位。至此，坡头区体育整体水平进入全市先进行列。

1984—2004年，坡头区体育代表团参加五届湛江市运动会和市举办的田径、举重、柔道、跳水、射击、体操、射箭、篮球、武术等项锦标赛、协作杯等赛事共34次，总共获金牌871块。参加省级比赛获金牌26块，银牌33块，铜牌29块。参加全国比赛获金牌21块，银牌14块，铜牌18块。参加世界级比赛获金牌7块，银牌3块，铜牌10块。2006年，坡头籍运动员获国际、国家级和省级比赛获金牌6块。2012年坡头区运动员参加省锦标赛荣获金牌4块，银牌3块。

1995年8月12日，坡头区体校输送到国家队的跳水运动员李蓉娟参加世界青年锦标赛，获女子三米跳板金牌；1998年8月17日，坡头区体校输送到国家队的滑水运动员郑志辉参加全国滑水锦标赛，获4块金牌；2005年，坡头籍运动员郑观志被评为"全国体育先进工作者"，受到胡锦涛总书记亲切接见。

4. 普及群众体育

坡头区群众一向热爱体育活动，改革开放以后，广大群众参加体育运动热情高涨。1987年，坡头区武术协会成立，1988年坡头区篮球协会、象棋协会成立。1995年，坡头区政府发出《坡头区实施〈全民健身计划纲要〉具体措施》，全面推动全区群众性体育活动开展。1993年，坡头镇被评为"广东体育先进镇"。至1999年，全区5个镇先后被评为"湛江市体育先进镇"。坡头区体育局自1989年起，每年组织"迎春"万人长跑活动，参加长跑的有区直机关干部和企事业单位职工及坡头区一中学生。坡头区总工会分别于1988年、1990年举办职工运动会，各镇街、区直工会组织队伍参赛，每届运动员均超过300人。

1994年，坡头区政府举办"10周年区庆活动"。从1984年至2004年，全区共举办了三届"三角电器杯"男子篮球赛，7届区直机关男子篮球赛，坡头区计划生育委员会举办了4届"优生杯"运动会。2012年，坡头区开展实施全民健身计划的工作，建立起以各镇街、各单位体育组织和社会各体育团体为骨架，以全民健身活动为主要内容的全民健身组织服务网络，指导和组织全区干部群众开展各项体育活动，从城镇到乡村遍布晨运点和健身站，全民健身运动走向千家万户，人民群众身体素质得到较大的提高。坡头区老年人的体育也开展得如火如荼，坡头区老年人体育协会成立后，每月组织住在霞山、赤坎、坡头等地的老年人集中在坡头区政府开展文体活动1至2次，让老年人在一起交流健身经验。2003年，在区政府宿舍8幢1楼办起老年人活动中心，面积400平方米，有各种健身器材和文化娱乐用具共20多件。从此，老年人参加体育活动有场地、有器材。

十一、提升科技实力

1. 科技队伍日益壮大

坡头区成立后，积极培训科技人员，大力引进科技人才，开展专业技术职称评定工作，科技队伍不断壮大。1997年，全区有农技、兽医站13个，管理区农技小组219个，科技示范户895户，农技（包括兽医、水产养殖）专业人员122人。2002年，全区企事业单位科技部门从业人员总数3612人，全区已经评定职称的有3068人，占总数的84.9%，其中高级职称38人，中级职称885人，初级职称2145人。至2004年末，全区科技人员总数达3803人，其中高级职称66人，中级职称1230人。至2012年，坡头区科技人员总数达3869人，其中农、林、牧、渔业共29人，水利、环境和公共设施管理业10人，居民服务、修理和其他服务业2人，教师队伍3422人，卫生和社会工作382人，文化、体育和娱乐行业12人，公共管理、社会保障和社会组织12人。

2. 科技管理项目有序推进

科技兴区计划项目。为了全面贯彻邓小平同志"科学技术是第一生产力"的思想，坡头区科技局提出科技兴区计划，重点实施七大工程。（一）科技兴工工程：全面贯彻《中共广东省委、广东省人民政府关于依靠科技进步推动产业结构优化升级的决定》，不断进行技术改造和技术创新，大力调整工业产业结构，促进工业有效增长。重点发展建材、医药、汽车、化工、食品、电器和包装七大工业，形成全区的工业支柱，发展有坡头特色的工业经济；（二）科技兴农工程：农业是国民经济的基础，而科技是振兴农业的关键。全面深入贯彻《中共中央关于农业和农村工作若干重大问题的决定》，毫不动摇坚持科技兴农的方针，重点发展集体化、规模化"三高"农业，提高良种良法；（三）科技兴海工程：海洋经济以发展海洋渔业为龙头，其他产业并进，依靠科技进步加速发展养殖业，坚持养护和合理利用近海资源，重点实现"四化"（企业化、基地化、规模化、渔工技贸一体化）；（四）信息网络工程：当今世界经济正从工业化向信息化阶段过渡，信息技术是当代最具潜力的新的生产力，其在经济和社会发展中的作用越来越显著，信息资源已成为一种战略资源，而信息化水平已成为衡量一个地区现代化和综合实力的重要标志；（五）建设龙头镇星火技术密集区。按照国家科委《星火计划"九五"发展纲要》的总体规划和部署，"九五"期间，星火计划实施的重点任务是推动星火技术密集区和星火区域支柱产业的建设。龙头镇星火密集区建设要充分发挥自己的交通方便、矿产资源丰富、工业基础较好的优势，发展区域经济以带动全区的经济发展；（六）环境保护工程，有效地保护生态环境是促进社会经济可持续发展的根本保证；（七）科技普及工程。2011年坡头区科技局把编制《坡头区"十二五"科技发展规划》作为首要任务来抓。"十二五"时期，是全面实施"科技兴区"发展战略加快建设创新型坡头的关键时期，科学规划未来五年建设发展的目标任务和重大举措，研究制定一个高水平的"十二五"科技发展规划，事关全区的现代化建设大局，意义十分重大。

坡头区科技局管理科技计划项目有：火炬计划项目、星火计划项目、科技攻关项目、科技成果重点推广计划项目以及区科技三项费用支持项目等。管理范围分为国家级、省级、市级和区级。1999—2004年，全区申报各类科技计划项目85个，其中国家级2个、省级55个、市级28个。2012年，坡头区共组织45个项目申报国家级、省级和市级科技计划。组织两个科技项目的验收工作，通过1个工程中心专家论证，组织3项科技成果鉴定。

2012年8月30日，坡头区创建科技产业园龙头园区。龙头技术产业园引进各类科技项目65个，引入资金16.8亿元，建成投产32个，在建项目15个，多个项目属高新科技或战略性新兴产业。争取3—5年内把坡头科技产业园建成粤西地区最具竞争力的高新技术产业孵化基地。

3. 利用高新技术推动产业结构优化升级

坡头区科技局一贯重视高新技术。2011年以来，坡头区共有3家企业顺利通过了省级高新技术企业的复审，并新增2家省级高新技术企业，3家民营科技企业，1家市级自主创新（培育）企业，新增了1个国家级重点新产品，6个省级高新技术产品和两个自主创新产品，全区共有600个产品列入了《中国高新技术产品目录》的范畴，高新技术产品产值占工业总产值的比例已接近20%，推动了坡头区产业结构优化升级。

4．科技硕果

1980年，南三公社盐场采用新卤、浅水、短期结晶、高温动卤、离心机脱水工艺，用塑料薄膜垫底池或陶片池生产纯度高、色白精细的日晒优质细盐，改变湛江人民长期食用粗盐的状况。

1989年，广东省林业厅授予南三林场参加完成《木麻黄抗病品系的筛选及中间试验和小枝水培植技术研究和应用》项目科技进步一等奖。该项目1991年获国家科技进步二等奖。

广东坡头果糖企业公司（后改称"广东湛江结晶果糖企业公司"）承担的结晶果糖（增点实施）项目，1995年被列入国家"火炬"计划。

1991年坡头区非金属矿产公司开发的年产3000吨4A佛石、1993年坡头区生物技术化学工业公司开发的B-五状糊精及复合环状糊精、1995年坡头区化工原料厂的年产1万吨超浓缩无磷洗衣粉、1997年坡头区牡蛎全式吊养及产品加工和1998年粤湛保健品厂开发健脾开胃贴等项目被列入国家级"星火"计划。

湛江威力神酿酒集团公司以蔗糖为原料生产德国风味的白兰地酒和广州湾海洋食品厂开发鲜对虾壳综合利用技术，1991年被列为广东省"星火"计划。

至2004年末，全区有湛江家电公司节电40%—70%多功能电饭煲、坡头区畜牧局引进高产瘦肉型法国鸭等54项科研成果获国家专利。通过技术鉴定及成果登记所开发推广的新产品、新技术100个；有省级高新技术企业4家，实现总产值4.17亿元，有10个系列200个品种列入《中国高新技术产品目录》，产值占工业总产值的15%；湛江鸿智电器有限公司和湛江市家用电器工业集团公司等两家高新技术企业的高效节能家电年产值达25亿元。

2005年，湛江三角威力神酿酒集团有限公司生产的HONG牌醋饮料获"广东省名牌产品"。湛江鸿智电器有限公司生产的

CFXB50–J24Z智能型双管节能电饭煲获"2005年度湛江市科学技术三等奖"。

2006年，湛江鸿智电器品牌获中华人民共和国商务部颁发的"2006年最具市场竞争力品牌"及广东省家电商会颁发的"广东省十大厨卫品牌"荣誉。鸿智电器有限公司被商业部评为"广东省级企业技术中心"。2007年，鸿智电器有限公司被广东省知识产权局评为"知识产权优势企业"，鸿智电饭煲获"中国名牌"称号。2008年，鸿智电器有限公司被评为"广东省工程技术研究中心""国家级高新技术企业"。2009年，鸿智电器有限公司被评为"标准化良好行为AAAA企业"。

2011年，坡头区组织实施市级以上的科技计划项目23个，新增省级高新技术企业2家，民营科技企业3家，市级自主创新企业1家，新增企业技术开发机构1家，建立产、学、研示范基地4个，全区600个产品被列为中国高新技术产品。

十二、加强环境保护

1. 建立保护生态环境机制

根据1986年3月26日全国环境保护委员会、国家计划委员会、国家经济委员会颁布的《建设项目环境保护管理办法》，坡头区对建设项目的环境保护实施统一的监督管理。监督新建项目严格执行污染防治设施与主体工程同时设计、同时施工、同时投入使用的"三同时"制度，严把建设项目环保审批关，项目建设竣工后，经检验环保指标合格才能使用。1996年，根据《国务院关于环境保护若干问题的决定》，开始监督工、企业污染源达标排放，对废水、废气、废渣污染源进行治理。1999年，区政府制定《湛江市坡头区2000年工业污染达标排放实施方案》，要求到2000年底，全区所有工业污染源按国家的考核项目达到国家或地方污染物排放的标准，较好地控制区内污染物排放量的增加，全区工业建设项目环境影响评价执行率达96%。

中国海洋石油南海西部公司自1988年后，在基地污染水排放处建13个含油污水融油池（处理能力大的为13立方米/小时，小的为9立方米/小时）。1990年为研究院高压物理实验室安装处理含汞废水分离器和油分浓度监控装置，之后又陆续更新201、202、203、206、207、208船的油分浓度监控装置。1993年投入180万元人民币和12万美元改造南油201船，使该船具备海上救生、消防和防污染功能。防污染能力包括有20立方米的装清油剂舱，两条各长9米的喷洒臂和喷洒功力系统。1995年投资80多万元，购置包括400米围油栏、撇油器、围油栏收放的动力设备在内的溢油回收设备。1994年投产的涠11-4油田建有含油污水处理系统。

湛江海湾大桥项目建设，对噪声、大气污染、水污染防治和生态环境保护方面都采取严格措施。施工点与居民区的距离小于250米时，强噪音的施工机械于22:00至次日6:00在居民集中的路段停止施工。对超标量较大（≥3dB）的敏感点，一律采取防噪声工程措施，期间不准进行打桩施工。施工阶段，沥青搅拌站及灰土搅拌站的选址避开居民集中区，选在离居民区300米外的下风口处。在干旱无雨的时候，敏感点路段和临时施工路段，每日用洒水机洒水三次，以减轻扬尘污染。不在施工现场使用封闭和带加烟气处理装置设备。施工船舶含油废水不能直接排入海，所有机械废油要收回利用或妥善处理，钻孔桩泥浆通过开挖泥浆池将沉渣存放处理，不倒入海、鱼塘或水流中。路侧边沟避免与农田、鱼塘连接，公路尽量选在旱地和荒地布线，尽量利用旧路，少占用农田。土石方最大限度纵向调配使用，在满足技术标准的前提下，尽量降低路基高度，沿线取弃土场设置在荒坡、废弃的土地或旱地，以免占用耕地和林地。施工过程中，先将弃土场表土堆在路边，待弃土场完工后将表土履盖土场表面，种上香根草以固水和改良土壤后复耕。有的荒坡进行土地平整，种上大叶相思、湿地松和次生桉树或混交体，以达到综合利用的目的。

2012年，坡头区环保分局加强建设项目环保管理，认真执行环保法，按照《建设项目环境保护分类管理名录》进行管理，严把审批关。2012年，共对仁海花园二期环评、十七治、国联迁建、华思项目及坡头镇生活污水处理厂、工业园污水处理厂前期工程等6个项目逐一登记填表，然后进行审批。加强对项目的环境管理和环境设施竣工验收工作，从源头上控制新污染。

2．环境整治

坡头区委、区政府十分重视对环保的整治，甘村水库是区内唯一的地面饮用水源。水库集水区内有甘村糖厂，还有10多家小企业，每年排入水库的工业废水达90万吨。加上库区周边的水产养殖，畜牧养殖的污水排放，对水库水质污染严重。1999年，经市政府批准，关闭了重污染源的甘村糖厂后，又先后关闭坡头炼油厂、官渡电镀厂、坡头区恒达造纸厂等5家对环境污染大、不符合国家环保政策的小企业。对官渡业秀陶瓷有限公司、坡头区华辉制罐厂、湛江理科高岭土有限公司等26家超标排污企业实行限期整治。根据《国务院关于发布实施〈促进产业结构调整暂行〉的决定》和《产业结构调整指导目录（2005年）》等国家产业政策。2007年明文制止湛江恒泰纸业有限公司建设造纸项目。2008年淘汰坡头镇造纸厂，区内最后一家造纸厂是乾塘造纸厂，有关部门按产业政策进行淘汰。在监督排污企业治理污染源的基础上，政府加大环境保护的投入。区政府投入100万元建设官渡工业园的污水处理厂，日处理污水500吨。投入200多万元建设甘村水库环境综合整治项目。2000年，全区工业锅炉、烟囱林格曼浓度达二级以下；工业废水主要污染物排放达标率达80%，工业固体废物排放量得到有效的控制，实现污染物排放总量的控制目标。2004年，官渡工业园中32家建成企业均通过环保审批和验收，工业园内环境质量保护良好。2010年南油四区150立方米/日的生活污水处理设施，成为坡头区首个投入使用的生活污水处理装置。湛江家用电器工业有限公司、湛江五星电器公司先后投入大量资金治理污染，有效减少坡头区工业污染物排放，湛江鸿智公司获得市清洁生产企业称号。2012年2月，区政府召开全区饮用水源整治工作会议，部署全部饮用水源环境保护工作和责任落实分解工作，并根据甘村水库实际情况，修订《甘村水库饮用水源地污染整治实施方案》并予以施行，各职能部门各司其职，全面推进甘村水库饮用水源地环境整治工作，彻底整治污染隐患。加强监督管理，从制度上防止污染，首先是加强老污染源监管，防止超标排污或偷排。根据群众举报，位于工业园的某企业私设暗管，偷排污水，环保部门接报后，对该公司的污染系统进行详细调查，运用多种技术手段，终于查清偷排行为，有力打击了违法排污。

3. 完成污染源的普查任务

2008年，根据市污染普办的统一部署，坡头区政府高度重视全国第一次污染源的普查工作，制定《坡头区第一次全国污染源普查实施方案》，成立了坡头区污染源普查领导小组，全区选聘普查员、普查指导员共38个，选送部分普查员参加省市的统一培训。为保障普查工作的质量，对全区所有的工业源、生活源进行全面清查，根据清查结果，对各污染单位进行数据填报。为了建立全区污染源数据库，准确了解污染物排放情况，有利于提高环境监管和执法水平，保障环境安全，坡头区环保分局加强对污染源普查档案的管理，确保档案完整、系统和安全，从普查工作开始就建立了普查文件材料归档制度，指定专人负责污染源普查档案的收集、整理和保管工作。档案以文件类和表册资料规定分类、装订整理归档，制定了《坡头区第一次全国污染源普查工作报告》和《坡头区第一次全国污染源普查技术报告》，并顺利通过湛江市污染源普查办公室的验收。

4. 坡头处处青山绿水、蓝天白云

由于保护和整治环境得法，坡头区生态环境良好，森林覆盖率达25.6%，处处是青山绿水，蓝天白云，是宜居宜业的地区。

空气清新。坡头区环境空气质量保持优良，优良率达100%，二氧化硫、二氧化氮年均浓度值为0.010毫克/立方米和0.012毫克/立方米，符合《环境空气质量标准》中的一级标准，可吸入颗粒平均浓度为0.042毫克/立方米，属二级标准。

水质良好。甘村水库水质状况良好，全区其他地方的山塘、湖库水质保持稳定，近岸海域水质也均达到相应的水质目标要求。

声环境质量好。2012年，坡头区城市区域噪声等效声级平均值为53.9分贝，符合国家标准中的2类区，昼间标准噪声质量等级属"较好"，坡头区城市道路交通噪声平均等效声级为66.3分贝，低于标准限度（70分贝）3.3分贝，噪声质量等级划为"好"。

坡头区农村环境保护也跃上新的台阶。坡头区结合社会主义新农村建设，以农村环境整治、乡村生态保护和生态农业开发为切入点，积极组织开展生态示范村创建活动，取得显著成效。自2005年开展创建生态示范村以来，坡头区沙岗村、金鸡村等10条自然村已建设成为湛江市生态示范村，较好地带动了农村的环保工作。龙头镇上水埠村于2009年获得中央农村环境保护专项资金55万元支持，开展环境综合整治。坡头区通过开展创建生态示范村建设，全面提升了农村生态文明水平。

第四节 改革开放新时代的建设和发展

2006年，湛江海湾大桥建成通车，从此，坡头与湛江市中心连为一体。广东省第十四届运动会主场馆落户坡头，直接投资26亿元，为坡头的城市建设和海东新区的开发建设带来黄金机遇。2011年，南三大桥建成通车，为南三岛的开发建设奠定基础。坡头进入建设和发展的快车道。

2012年3月，中共坡头区委、区政府领导班子经过深入调查研究，在充分吸取历届党委、政府发展思路的基础上，结合新形势，提出实施"工业立区、商业旺区，生态建区、科教兴区、和谐安区"的发展战略。围绕建设海东新区，把资源优势转化为发展优势；抓住壮大工业、发展商业、稳定农业三个主题，即官渡、龙头工业板块，做强产业园区；抓住坡头、南调、麻斜商业板块，做活商业经济；南三国际旅游岛板块、乾塘生态农业，要强化农村基础设施建设、农业生产基地建设，实施"一镇一业、一村一品"工程；休闲旅游板块，主要抓住建设南三国际旅游岛、乾塘滨海生态旅游名镇、休闲旅游港湾等三个重点。要求全力以赴拼经济，凝心聚力搞建设。

一、建设科技产业园

2003年3月，湛江市坡头区科技产业园经湛江市政府批准创办，园区位于湛江市区东北部的革命老区镇官渡镇革命老区村庄三角村、新村附近，以及龙头镇。坡头区科技产业园处于广东、广西和海南三地交通要道交汇处，距珠江三角洲300多千米，距广西、海南100多千米，距湛江市中心、湛江港、湛江火车南站和湛江机场均不到20千米。广湛高速公路、国道325线和茂湛铁路贯穿园区，高速公路湛江市区出入口在园区内。湛江市坡头区科技产业园规划为"一园两区"，包括官渡园区和龙头园区，是坡头工业发展平台。园区控规面积1171.84公顷，其中官渡园区规划面积为438.76公顷，截至2017年底已建成第一、二期共166.7公顷，龙头园区规划面积为733.08公顷，至2017年底，已开发182公顷。

官渡园区规划为五大功能区：家电、新能源材料、机械、化工、农海产品加工。其中家电产业区和新能源材料产业区占园区规模的60%以上。

龙头园区重点发展家电和新电子产业、钢铁项目配套和机械装备制造产业及食品加工产业。

为推动科技产业园建设发展，坡头区主动对接珠三角产业转移，2011年12月与花都区签订协议，在坡头区科技产业园的基础上合作共建广州花都（坡头）产业转移工业园，并全力申报成为省级产业转移工业园。

自创园以来，区政府不断加大园区基础设施建设的投入，园区基础设施日臻完善。

2013年，园区完成工业总产值50.65亿元，实现外贸出口9395万美元，完成固定资产投资4.48亿元，实现税收收入6963万元。园区获得了湛江市2013年度产业园区招商引资"三讲三评"考核三等奖。

至2014年12月，园区总共引进项目74个，其中，投产企业50家，在建和筹建24家，形成了良好的企业聚集效应。全年园区完成工业总产值58.7亿元，比上年增长16.2%，其中，规模以上企业工业总产值54.6亿元，比上年增长17.4%；完成固定资产投资6.64亿元，比上年增长38.3%；外贸出口7509万美元；实现税收收入6043万元。在2014年度湛江市产业园区和招商引资"三讲三评"考核中，获得全市二等奖，并获得湛江市政府1500万元奖励资金。

坡头区科技产业园于2015年5月经省批准为湛江产业转移工业园辐射带动产业聚集发展地域，享受省产业转移政策，获得了省产业聚集发展启动资金5000万元，专项用于园区基础设施建设。是年，坡头区政府按照省产业园区建设工作的部署，加快推进园区扩能增效。官渡园区经过13年的建设，完成了"八通一平"。是年官渡园区污水处理厂建成运行，基础设施进一步完善，优化了发展环境，园区已经成为一个产业聚集发展的良好平台。龙头园区建设坚持高起点规划、高标准建设，坚持发展主导产业，实现产业聚集。龙头园区首期建设的213公顷完成了控制性详细规划，园区建设工作全面启动。园区建设由基础设施先行，园区7条道路、排水排污总管完成设计，并启动招投标。是年底，龙头园区已引进项目20个，引资总额22亿元。

至2015年底，坡头区科技产业园投产项目51个，规模以上企业29家。是年，园区完成工业总产值67.3亿元，实现外贸出口6983万美元，创造税收7959万元，累计创造就业岗位8800个。园区形成的产业有家用电器、饲料加工、海产品加工、新能源材料、食品、建材、机械制造、生物科技等。粤佳饲料生产基地2015年总产值12亿元，创造税收1300多万元。鸿智电器公司工业总产值达5亿元，创造税收超2000万元。

2016年，坡头区科技产业园区申请纳入2016年新修订的国家开发区审核公告目录，申报资料已通过省发改委等部门审核和国家发改委审核。

是年，坡头区科技产业园入驻企业83家，其中建成62家，在建5家，规模以上企业39家，已签订入驻意向和合同的有16家。完成工业总产值73.57亿元，比上年增长8.3%，其中规模以上企业总产值72.04亿元，增长7.7%；完成固定资产投资6.56亿元，增长13%；完成外贸出口4.25亿元，创造税收8790万元，增长17.8%。

2017年，坡头区科技产业园入驻企业83家，其中建成投产65家。骨干企业有鸿智电器、五星电器、强力电器、华思科技、聚鑫新能源、粤佳饲料、华思通信等。园区工业总产值42.28亿元，增长1.0%，其中规模以上企业总产值41.08亿元，增长1.6%；固定资产投资10.73亿元，增长10.6%；税收8479万元，增长2.2%。

二、发展商业经济

坡头区着力打造万亩商业圈，优化环境聚人气。统筹利用湛江奥体中心场馆优势，发展会展经济，扩大海博会影响。打造湛江旅游集散中心和康体休闲之都。支持发展配套商业项目，加快推进学校、医院、公园、市场建设，不断优化人居环境，吸引市民置业海东，落户海东。启动海东综合市场、南调河商业风情街和一批专业批发市场建设，不断繁荣商贸市场。

2017年，坡头区社会消费品零售总额42.4亿元，比上年增长9.9%，扣除物价因素，实际增长8.7%。城镇消费品零售总额29.1亿元，比上年增长9.4%，占全部社会商品零售额68.7%；乡村消费品零售额13.3亿元，增长11.2%，占全部社会消费品零售总额31.3%。住宿业营业额0.65亿元，增长1.3%；餐饮业营业额5.3亿元，增长8.4%。商品房销售3771套，增长6%，面积45.6万平方米，销售金额27.7亿元。旅游业收入26.77亿元，增长25.2%。第三产业增加值52.6亿元，比上年增长8.4%，增幅居全市前列。

坡头区人民政府驻地南调街，商业兴旺，较大购物商场有"家福""东耀明"，市场有海东市场、五区市场、三区市场等。2017年有住宿及餐饮业270多家，其他服务和娱乐业124家。第三产业产值2.8亿元，比上年增长24%。

三、发展现代农业

1．建设农业"八大基地"

党的十八大以后，坡头区委、区政府根据"一二三四五"发展战略，着力抓农业"八大基地"、农民专业合作社、家庭示范农场和高标准基本农田等方面建设，发展农业经济。

2014年8月，区政府印发《坡头区"三农"发展计划实施方案（2014—2017年）》，规划建设农业八大基地：666.7公顷莲藕基地、1333.3公顷蔬菜种植基地、40万头生猪养殖示范基地、40万吨饲料生产加工基地、珍稀水生动物驯养繁育基地、农产品加工示范基地、景观花卉苗木种植基地、乡村休闲与生态观光旅游产业基地。2014年，农业八大基地建设成效显著，饲料总产值11亿元；龙头日旭珍稀水生动物驯养繁育基地养殖龟9种2.4万只；农产品加工企业发展到6家，工业总产值23.8亿元；花卉生产经营企业发展到17家，种植面积733.3公顷；休闲与生态观光旅游产业接待游客161万人次，收入8.8亿元。至2017年，八大基地基本建成。

莲藕基地位于乾塘镇南寨村委会。该村委会下辖的广文村、烟楼村、滘口村、南寨村、田头屋村、西滘村、西园村都是革命老区村庄，其中南寨村和田头屋村为2013年省定贫困村。在政府部门的帮扶和莲藕专业合作社的示范带动下，革命老区村庄进村道路和村中主要道路实现了水泥硬底化。广文村安装了自来水，烟楼村建起文化楼，滘口村和南寨建起文化楼及安装了路灯，西园村安装了路灯。南寨村和田头屋村2015年12月脱贫摘帽。

2. 创建农民专业合作社

2015年，坡头区有农民专业合作社76家，合作社社员1836人，带动周边农户3336户。其中，国家级农民专业合作社示范社5家：坡头区乾塘莲藕专业合作社、坡头区恒成种养专业合作社、坡头区海丰种养专业合作社、湛江市坡头区碧海生态渔业专业合作社、广东省湛江市坡头区兴农种养专业合作社。既是省级又是市级农民专业合作社示范社7家，除上述5家国家级示范社外，还有湛江市坡头绿健生态农业种植专业合作社和湛江市坡头区文生种养专业合作社。

2016年，坡头区共有农民专业合作社95家，比上年增加19家；合作社社员1936人，比上年增加100人；带动周边农户3386户，比上年增加50户。是年，国家级、省级、市级农民专业合作社示范社数量与上年相同。

2017年，坡头区共有农民专业合作社97家，比上年增加2家；合作社成员1966人，比上年增加30人；带动周边农户3459户，比上年增加73户。国家级、省级、市级专业合作社名称与上年相同。

3. 创建家庭示范农场

2015年，坡头区按照《广东省农业厅关于促进我省家庭农场发展的意见》的要求，坚持"政府引导、示范引领、政策扶持、农民自愿、分级培育、逐步规范"的原则，扶持一批家庭示范农场项目。其中，省级家庭示范农场4家：坡头区才源种植场、康林种植场、湛江市坡头区宇浩养牛场、龙头秀莲种养殖场；市级家庭示范农场8家：桦达家庭农场、丰收家庭农场、富大养殖基地、莫真如家庭农场、坡头区才源种植场、康林种植场、湛江市坡头区宇浩养牛场、龙头秀莲种植养殖场。种植场主要以种植蔬菜、荔枝、龙眼、香蕉、花卉为主，养殖场主要以养殖肉猪、肉牛为主。规模较大的桦达家庭农场位于龙头镇殷底村蛇岭，占地3.13公顷。种植马来西亚菠萝1号、2号，火龙果，荔枝等水果2.8公顷，养鸡、鸭1000多只。2015年总产值80万元。

2016年，龙头田福家庭农场和易达种养家庭农场被评为湛江市家庭示范农场。龙头田福家庭农场位于龙头镇茂岭村黄嘟岭，面积7.33公顷，主要种植南瓜和西瓜，有员工12人，全年产品销售收入87万元，利润14万元。易达种养场位于坡头镇前进村委会大坡村西面，面积7.47公顷，种植桑葚2公顷，蔬菜0.67公顷，其他农作物4.8公顷，养鸡3000只、牛30多头，有员工8人。是年产品销售收入110万元，利润10万元。

至2016年底，坡头区有省级家庭示范农场4家，市级家庭示范农场10家。

2017年，坡头区官渡平富水果场和坡头胜汉家庭种植农场被评为湛江市家庭示范农场。平富水果场位于坡头区官渡镇革命老区村庄木侯村，占地面积5公顷，主要种植妃子笑、糯米糍等品种荔枝，共有员工8人，全年产品销售收入66万元，利润16万元。坡头胜汉家庭种植农场位于坡头镇民有村委会调安村，占地面积8.07公顷，种植香蕉4.33公顷，其他农作物3.33公顷，投资180多万元，有员工15人（其中家庭成员2人）。全年产品销售收入180万元，利润46万元。

至2017年底，坡头区有省级家庭示范农场4家，市级家庭示范农场12家。

4. 建设高标准基本农田

高标准基本农田建设是国家促进耕地保护和节约集约利用，保障国家粮食安全，促进农业现代化发展和城乡统筹发展的重要举措。根据湛江市国土资源局、财政局、农业局转发《广东省高标准基本农田建设实施方案的通知》和《湛江市国土资源局、湛江市财政局、湛江市农业局关于下达2013～2015各年度高标准基本农田建设计划的通知》文件要求，坡头区2012—2015年计划建设高标准基本农田3984.7公顷，其中农业部门承担建设2253.5公顷，国土部门承担建设1731.2公顷。根据上级下达的任务数，结合坡头区的实际，本着"先易后难，分类实施"和"相对集中，连片推进"的原则，统筹安排高标准基本农田建设区，避免因分散影响高标准基本农田生产经营效果。根据"基本具备高标准条件""稍加改造"和"需要全面整治"等不同情况，分别进行安排实施。高标准基本农田建设内容：主要包括土地平整、灌溉与排水、田间道路、农田防护与生态环境保护等工程。高标准农田建设标准：田成方，土成型，渠成网，路相通，土壤肥，无污染，产量高；耕作层厚度20厘米以上，耕作层有机质含量增加0.5%以上，灌溉保证率达到90%以上，耕地年粮食生产能力达到9750千克/公顷以上。2014年，坡头区完成高标准基本农田建设任务1671.4公顷，其中龙头镇333.3公顷，官渡镇333.3公顷，坡头镇1004.8公顷。

2015年，坡头区完成高标准基本农田建设1953.33公顷，其中龙头镇893.33公顷（含上蒙村、路西村、泉井村、邓屋村），官渡镇333.33公顷（含高岭村、高山村），坡头镇726.67公顷（含麻登村、岑霞村、塘博村、高山村、新塘村、民有村）。2016年，坡头区完成高标准基本农田建设360公顷，主要集中在龙头镇的上蒙、路西、上圩、龙头、石窝、移民等6个村委会。完成新修灌排两用渠8条，总长4500米；完成整修排灌两用渠10条，总长2458.6米；完成过路涵43座、农桥3座、人行桥27座、机耕桥51座、水池1座；完成新修田间道C20砼路7条，总长2759米；完成新修田间道泥结石路21条，总长8259.7米；完成整修田间道泥结石路9条，总长1703.8米；完成挡土墙长14920.2米。

2014年至2016年，全区共完成高标准农田建设3984.73公顷，超额完成湛江市2012年下达的到2015年完成3984.7公顷高标准农田的建设计划。

四、发展旅游业

1．开发生态休闲旅游项目

2013年，坡头区紧紧围绕湛江市发展大旅游的工作部署，乘城市扩容提质、建设海东新区的东风，科学构思坡头区旅游资源开发总体空间布局。以打造湛江海东海湾生态休闲旅游为目标，全力推动湛江港湾东岸旅游业飞跃发展。是年在建、筹建旅游项目共12个（炭之家休闲旅游保健山庄、南海明珠游艇俱乐部、麻斜罗侯王庙、南国鸟巢乐园、笔架岭青云庵、官渡湾生态旅游区、乾塘莲藕生态休闲农业示范区、南调河亚热带风情街、龙园农家乐、甘村水库农家乐、68层白金五星级酒店、海潮湾咸水温泉度假村）。是年4月9日，坡头区旅游局制定《湛江市坡头区南调河亚热带风情商业街策划方案》（初稿），同年10月请湛江市规划勘测设计院编写项目的可行性报告，并由市规划局牵头做规划。

官渡湾生态旅游度假区位于官渡海湾，规划占地面积118.67公顷，总投资35～45亿元。该项目临海而建，建设项目分为商务休闲区、度假旅游区、户外休闲和特色商业区四部分，建有大型滨海会议中心、游艇码头及码头会所、古典婚庆会所、主题度假酒店、精品酒店公寓、滨海酒店度假屋、亲水度假别墅、生态度假屋、高尔夫练习场、拓展基地、游艇俱乐部、主题湿地公园、红树林公园、水上乐园、主题商业广场、主题购物中心、欧洲风情街区等。

南调河亚热带风情街项目，位于海东新区南调河畔，景色优美，风光独特，项目拥海而建，拟以亚热带滨海风情为主题，建设体现亚热带滨海风光、渔家风情和岭南文化，建成标志性景观的集旅游观光、滨海度假、休闲娱乐、文化、美食、购物于一体，打造成粤西地区休闲旅游示范点。

海东度假村旅游项目位于南调街道麻东村，总投资4亿元，用地面积56692平方米，总建筑面积23000平方米。该项目分乡村假日酒店、咸水温泉乐园、烧烤、陶然酒家餐厅、农家乐、杨氏家园人文园6大区域，涵盖洗浴、冲浪漂流、木屋景观、亭廊景观、农业生态园、鱼塘垂钓、田园风光等游玩项目。其中，乡村假日酒店以中西合璧悠闲风情的设计为主，拥有250间客房，陶然酒家可容纳2000人同时进餐，温泉采用当地丰富的咸水温泉资源，设有1大池2儿童池、漂流、冲浪、水疗SPA、干湿蒸等。

2. 建设生态旅游镇

党的十八大后，各镇街根据区委、区政府提出"一镇一品牌，一镇一特色"的思路，科学规划，因地制宜，有序推进乡村旅游，推进生态旅游镇建设。

官渡镇依托滨海风光、笔架岭、青云庵等旅游资源，2014年启动《笔架岭森林公园规划》编制，官渡湾生态旅游区项目开始征地。2016年，建成金花茶农家乐、乡村世界农业观光园、生源农业观光园。2017年，扩建笔架岭森林公园山嘴村至国道325线6千米长村道。官渡湾至笔架岭森林公园的"十里生态画廊"、大革命时期红色根据地村庄泮北"红色革命旅游基地"开工建设。

乾塘镇发挥滨海、沙滩、湿地、荷塘、渔港等资源优势，全力打造水乡旅游名镇。2014年，整合莲藕种植区333.33公顷，建设荷田风光生态旅游基地。2015年，万亩荷田生态基地5月初种植5.33公顷观赏性红荷花、10公顷经济莲藕。7月修建基建道路、观光亭、观光栈道、停车场、公厕等基础设施。7月19日举办"首届荷花旅游文化节"。2016年，湛江市荷香旅游发展有限公司的乾塘镇沙城海边乐项目投资建设综合性旅游酒店、有机肥农耕作物园、水产养殖基地、游艇泊位码头、购物街，开发拉网捕鱼、双龙吐珠、雁门飞雪、金沙银岛、红树迷趣、风力发电、荷风叠翠、朝阳晚霞等八大特色项目。至年底，该项目完成投资280多万元。万亩荷田生态基地增建休息亭、荷田围栏等设置，举办"第二届荷花旅游文化节"。2017年，举办"第三届荷花旅游文化节"。

龙头镇以炭文化打造的广东炭之家保健旅游保健山庄，2014年获广东省旅游局"国民休闲示范单位"和湛江市"特色乡村旅游示范点""五星级农（渔）家乐"称号，被评为"广东省休闲农业专业与乡村旅游示范点"。2015年建设"野炊乐园"，可进行农家乐打鸡瓮、种蔬菜、荡秋千等活动。大力打造智慧旅游，与多家网络公司合作开发互联网营销平台，创立会员消费制度，会员享受包括庆祝生日在内等多种优惠。2016年建设艺术园，邀请6名外国艺术家策划艺术园建设。

坡头镇将位于镇政府大院内的法国强租广州湾时期所建的营盘进行修缮，建成党建廉政教育基地，对外开放。

南调街道利用拥湾抱（南调）河优势，发展滨海旅游和亚热带风情旅游。位于南调街的南海明珠游艇俱乐部，2014建造两艘大型游艇，推进港湾一日游活动和观光桥美化亮化工程。2015年，为游客提供游艇制造、游艇保养维修、游艇销售出租、游艇泊位租售、滨海旅游等服务，推动港湾挡浪墙与游艇主入口栈桥建设，加快旅游厕所和周围场地等旅游服务基础设施建设，划定可供100辆车停泊场所。合作伙伴御唐府"海景渔村"餐厅于8月初正式营业，5月交付使用的65英尺（1英尺≈0.09平方米）探险型游艇SERGE号成为湛江市第一艘出口游艇。2016年，新增1艘新的23米长游艇，筹划拍摄宣传纪录片，向市旅游局申请渔家乐项目。是年，俱乐部被广东省旅游协会、省游艇旅游协会评定为悦游广东、海上休闲驿站。加快俱乐部房车基地、海上步行观光桥装饰、港池出入口挡浪墙、游艇主题酒店出入口通道桥梁等工程建设。南调河亚热带风情商业街2015年完成策划方案送审稿，请湛江市规划勘测设计院编制可行性报告。集温泉度假、生态农家乐、人文园为一体的老杨村温泉度假山庄项目2014年动工建设。2017年，第十二届广东（湛江）国际温泉旅游节在老杨村海东度假村举办。

麻斜街以坡头区著名游览景点罗侯王庙为轴心，开展各种文化旅游活动。

南三镇拥有湛江八景之一的"南三听涛"。20世纪50年代人工造林"绿色长城"享誉世界。该镇实施"生态建岛，旅游兴岛，和谐稳岛"的发展战略。挖掘海岛资源，多渠道、多方式稳步推进旅游开发。推进风电科普主题公园项目建设，华能湛江风力发电2015年上半年投入商业运营，以华能海丰风电项目为依托，工业和旅游有机结合，以工业促进旅游，以旅游反哺工业。把风力发电、光伏发电与科普教育有机结合，建设风电观光塔、生态农家乐、风电博物馆等旅游设施，打造沿海生态旅游亮点。2016年6月，南三岛获"中国十大美丽海岛"称号。国庆节期间，南三镇协助南三岛滨海旅游示范区管委会在沙头角鲸涛景区举办沙雕文化节，迎接游客20万人。

2017年8月9日，南三岛运动休闲特色小镇项目成功入围全国第一批运动休闲特色小镇试点项目。是年12月，该项目建设营运平台公司成立并进驻南三岛，拉开建设序幕。是年，湛江市城之旅旅行社有限公司与南三共同策划开发南三岛第一条商业旅游线路：南三岛历史文化生态一日游。2017年中国海博会期间，南三在海博会会场设展位，重点推介运动休闲特色小镇项目，广东省副省长邓海光、省旅游局局长曾颖如、湛江市市委书记郑人豪、市长姜建军等领导到展位参观指导。

坡头区旅游局结合本区实际，整合各镇（街）旅游资源，2014年启动坡头区生态休闲一日游，推出多条精品旅游线路。其中，A线：从湛江海湾大桥至湛江奥林匹克体育中心、乾塘万亩荷田生态基地、广东炭之家保健旅游有限公司、开泉食品厂（金泉腊味）；B线：从湛江海湾大桥至湛江奥林匹克体育中心、海东新区规划馆、麻斜罗侯王庙、广东炭之家保健旅游有限公司、开泉食品厂（金泉腊味）；C线：从南海明珠游艇俱乐部码头（远观海湾大桥）至湛江奥林匹克体育中心、乾塘万亩荷田生态基地、广东炭之家保健旅游有限公司、开泉食品厂（金泉腊味）。南宾天天休闲团：从指定地点迎接游客，途经湛江海湾大桥，安排入住，次日上午离团。

2015年，开通港湾一日游：南海明珠游艇俱乐部—海湾大桥—湛江奥林匹克体育中心—观海长廊—中澳友谊花园—十里军港—麻斜罗侯王庙—海滨公园—特呈岛—南屏岛。坡头区生态休闲两日游：海湾大桥—湛江奥林匹克体育中心—海东新区规划馆—南海明珠游艇俱乐部—新南海宾馆—开泉食品厂—乾塘万亩荷田生态基地—鉴江供水枢纽工程。

3. 举办旅游文化节

首届荷花旅游文化节　　2015年7月19日，区旅游局、乾塘镇政府、乾塘莲藕专业合作社受区政府委托以"迎省运、赏荷花、游坡头"为主题，在乾塘镇南寨村举办"2015年坡头区（乾塘）荷花旅游文化节"，区政府副区长李观裕出席开幕式并代表区政府致辞。历时30天，其间的主题活动包括广场舞表演、有奖知识问答、书画泼墨现场挥毫、书画展、摄影展、现场观荷、现场采莲蓬、现场挖莲藕、农夫集市等，共接待游客20万人次。

第二届荷花旅游文化节　2016年6月10日，2016年坡头区（第二届）乾塘荷花旅游文化节在乾塘（南寨村委会）万亩荷田基地开幕。本届旅游文化节由坡头区旅游局、乾塘镇人民政府、湛江市乾塘莲藕专业合作社共同主办，乾塘经济文化促进会协办。历时9天，其中，举办开幕式、闭幕式、广东小曲总决赛等三场大型综合文艺活动。此外还举办了现场挥毫、荷花旅游摄影大赛、广东小曲比赛、"百诗颂荷花"征诗比赛、廉政教育图片展、广场舞表演、微影视剧《格格嫁到》开机仪式等主题文艺活动。其中，广东小曲比赛吸引来自全市各地30多名专业和业余歌手参加比赛，摄影比赛收到作品500多张（组），征诗比赛评选出100首优秀诗歌作品。接待游客20多万人次。荷花旅游文化节带动乾塘莲藕种植业发展，莲藕种植面积从2015年的320公顷增加到2016年466.67公顷，莲藕价格提升。成功打造坡头荷花乡村游的旅游品牌，推动坡头区、乾塘镇休闲观光旅游业的发展，提升坡头区的知名度和美誉度。

第三届荷花旅游文化节　2017年7月28日，由乾塘镇政府主办、乾塘镇莲藕专业合作社承办、坡头区旅游局协办（为期3天）的坡头区第三届荷花文化旅游节在乾塘镇南寨村荷花基地开幕。坡头区区长、海东新区管委会主任谢伍，坡头区委常委、宣传部部长陈颖，副区长李观裕等出席开幕式，领导与数万名群众一起共赏万亩荷田美景。本届荷花文化旅游节以"藕缘——藕结莲缘，旗开得福"为主题，举行缘聚万亩荷塘，情结十里荷道相亲、自行车游、旗袍展示、世界旅游城市小姐大赛湛江分赛区海选赛等活动。为助力湛江竞选"魅力中国城"，在开幕式启动仪式上，谢伍带头扫二维码购票，广泛发动游客参与投票，为湛江加油。在荷花文化旅游节期间，人们欣赏荷花，观看美景，品赏美食，感受清凉，美女走秀，现场挥毫，曲艺展示，特色农产品展销。这届荷花文化旅游节期间共接待游客约7万人次。

炭旅游文化节　2015年湛江炭之家休闲旅游保健山庄推出"母亲节自驾游""炭之家休闲度假亲子游""父亲节之炭之家家庭自驾游活动"等炭旅游文化节系列活动，让游客通过组团、自驾等多形式参与互动、体验，市民踊跃参与。

国际温泉旅游节　2017年12月11—12日，由广东温泉行业协会主办、湛江市人民政府承办、湛江市旅游局协办的"第十二届广东（湛江）国际温泉旅游节"在坡头区海东度假村隆重举办。湛江市坡头区副区长李观裕、人大原副主任柯明等领导出席开幕式。活动期间，世界环球小姐精彩演出，推介坡头，吸引众多媒体和大批游客。温泉节期间，接待游客3万多人次。海东度假村温泉作为广东省首批15个真温泉之一，在开幕式上接受广东温泉协会颁发的"广东旅游温泉品质认证牌"。海东度假村特有的咸水温泉资源，成为坡头区旅游业发展的亮点之一。

广东国际旅游博览会　2017年9月8日至10日，2017广东国际旅游博览会在广州琶洲会展中心举办。以"乾塘莲藕"为代表的坡头地方名小吃和特色旅游产品集体亮相，香飘会展，吸引大批游客品尝购买。

2014年，全区接待游客160.98万人次，旅游总收入8.77亿元，同比增长66.3%和46.5%。

2015年，全区接待游客总人数207万人次，同比增长28.6%；旅游总收入15.58亿元，同比增长77.6%。

2016年，接待旅客246.6万人次，同比增长19.1%，旅游收入21.39亿元，增长37.3%。

2017年，接待游客292万人次，同比增长18.1%，旅游收入

26.77亿元，增长25.2%。2014年至2017年四年中，每年接待游客人数和旅游收入增幅都在20%以上，最高达77.6%。坡头旅游业可谓后发崛起。

五、实施乡村振兴战略

1. 创建生态文明区、镇、村

2013年4月10日，坡头区召开生态文明区镇村创建工作动员大会，传达市委、市政府创建生态文明区镇村五年行动计划暨创建全国文明城市动员大会精神，对坡头区创建工作做了具体部署，有序推进生态文明区镇村建设。坡头区政府要求各镇（街）力争用2—3年的时间加快推进坡头区城镇化建设水平，力促全区城乡生态文明建设有突破性的飞跃，有质的提升。至2014年底，坡头区建成湛江市生态文明区，全区7个镇（街）全部建成湛江市生态文明镇（街），全区20%的村庄完成创建任务；至2015年12月，全区50%村庄完成创建任务。

为全面启动和推进生态文明村镇建设，坡头区成立创建工作指挥部，具体指导各镇（街）创建生态文明区镇村有关工作的开展。区四套班子领导按照挂钩安排深入镇（街）开展调研，指导和帮助镇（街）加快推进生态文明镇村建设，各单位也大力支持挂点村开展创建工作。按照"生态文明城镇建设要与滨海新区建设有机统一、全面统筹、科学规划、合理布局、各具特色"的工作思路。南调街道突出"中心首善城区"，麻斜街道以"拥军爱民"为主题，坡头镇以"商贸中心圩镇"和法国风情为主题，龙头镇充分利用科技产业园落户本地的契机，打造工业重镇；官渡镇体现休闲观光功能，乾塘镇打造"渔港风情城镇"。

实施乡村振兴战略，坡头区把创建生态文明区、镇、村活动，与"美丽乡村，环卫先行"农村清洁工程专项活动相结合，加快推进垃圾处理设施建设。按照"户收集、村集中、镇转运、市处理"的农村生活垃圾收运转模式，建设"一镇一站、一村一点"的农村垃圾收集设施。通过招标方式引进一家有实力的清洁公司，对城区、镇区、村庄的垃圾进行统一清扫处理。

实施乡村振兴战略，坡头区把促进地方经济发展与创建生态文明镇结合起来，建立以政府投入为引导、社会资本投入为辅助、广大农民和集体经济组织投入为主体的多渠道、多形式的投入机制。湛江市对生态文明镇补助100万元，坡头区财政2013年年初安排60万元工作经费作为启动资金，支持各镇（街）进行生态文明村镇建设前期工作。生态文明镇创建经费原则上由区统筹，资金来源由区统揽，各镇（街）可盘活资产向有关银行融资解决。

各镇街广泛开展宣传活动，营造创建氛围，把广大群众充分发动起来，引导农民群众广泛参与；积极实施"乡贤反哺家乡"工程，发动外出成功人士回乡参与创建工作，同时充分调动社会各界的力量，形成全民参与的强大合力。充分利用网络、报刊、电视等媒介，开展多形式、多渠道、多视角的宣传，努力营造全民关心支持生态文明建设的浓厚氛围。

在创建生态文明区镇村建设中，林业部门全力推进造林工作。2014年，全区完成沿海生态景观林带建设任务20公里，高速公路生态景观林带补植、抚育10.3公里，面积20.4公顷，林木长势良好，森林防护功能明显提高，生态环境大大改善，全部通过了省、市项目组的验收。此外，还完成了其他地块造林任务200公顷，森林抚育面积333.3公顷，完成官渡镇埠头村、垌口村，龙头镇高坡村、罗里村、东埇村、榕木根村，坡头镇黄彰恪村、满洲村、蒲潭村、麻登大村、许屋坡村、姓朱村，乾塘镇姓梁村、五甲村、斗庞村、博棹村、麻登村、梅魁村，南调街道西沟尾村，麻斜街道新屋仔村等20个村庄的"乡村绿化美化暨森林家园"示范点建设任务。加快官渡笔架岭森林公园的建设。2014年，区成立了笔架岭森林公园筹建与资源管护领导小组，由专业设计公司进行规划设计，开展了可行性研究和规划设计。抓好全民义务植树活动，是年，全区完成义务植树（"四旁"植树）60万株。

2016年，全区建成3座垃圾中转站、4座公厕，生活垃圾处理率100%，完成市场改造4个，建成文化公园9个，城区绿化覆盖率41.3%，建成绿道20千米（其中省级绿道6.4千米），完成小街小巷改造53条，完好率98%以上，完成18个城中村及3个城乡结合部环境整治工作。全区城区生活小区9个，其中8个被评为文明小区，文明小区率88.9%。除"四害"达到国家爱卫标准。城区水质净化厂日处理污水3万吨，城区污水管网覆盖率95%以上。

2016年6月，坡头区以全市第二名通过市生态文明区验收。8月，坡头区被中共湛江市委、市政府授予"湛江市创建生态文明五年行动生态文明区"称号。

2013年至2017年5年内，全区投入8000万元创建生态文明镇、村。坡头、官渡、龙头和乾塘镇先后于2014、2015、2016和2017年分别以全市第二名、第四名、第一名和第一名的成绩通过市验收并获"湛江市文明镇"称号。至此，全区创建市文明区、镇、村工作顺利完成。

截至2017年底，坡头区已有331个自然村通过生态文明村创建验收，其中27个被评为"湛江市生态文明先进村"。

市生态文明先进村中有如下革命老区村庄：官渡镇东岸村、细拉村、铁芦村、回龙村、山坡村、新村；龙头镇周埇村、高坡村；坡头镇大环东村；乾塘镇大仁堂村、东村、坡塘村、下那洪村、大屋村、边塘村、长田屋村、上万屋村；麻斜街田头仔村、张屋村。

此外，革命老区村庄中，官渡镇的黄泥埇村、高岭村、隔山村、官塘村获评"湛江市最美村庄"；龙头镇莫村获评"广东省生态文明村"，边坡村获评"湛江市宜居村庄"、湛江市卫生村；坡头镇九有村获评"广东省特色文化村"。

南三镇2017年完成巴东、五里和光明等3个贫困村20户以上自然村村庄整治规划，按照"七有"要求全面开展"三清理""三拆除""三整治"活动。完成清理89处、"三拆除"8005平方米、"三整治"29宗、"补绿"3712平方米。在巴东、光明和海丰等3个村进行绿化美化，投入经费150万元。在全岛129个自然村、贯岛公路两旁以及圩镇主要地点建设垃圾收集点276个。田头、巴东两座垃圾转运站投入使用。投入200多万元建成的田头污水处理池投入使用。巴东污水处理厂完成征地工作，设计工作正在进行。落实"网格化"管理，实施镇、村两级管理，保洁员包片工作清洁。

2. 扶贫攻坚

扶贫攻坚分"规划到户，责任到人"和"精准扶贫"两个阶段。2013年7月，坡头区正式启动扶贫"规划到户，责任到人"工作。至2015年底，完成了11个贫困村、1667户贫困户、6708贫困人口的扶贫任务，大大改善了贫困户生产生活条件和自我发展能力。

通过三年扶贫，坡头区贫困户1667户6708人全部实现脱贫目标，11个贫困村300人以上的自然村全部实现了道路硬底化，自然村全部通机耕路，实现了通邮、通电、通广播电视，教育、卫生、医疗等设施得到进一步完善。相当一部分自然村以创建生态文明卫生村庄为载体，整治脏乱差，建设一批公厕和垃圾回收点，兴建文化体育娱乐场所，绿化美化，村容村貌焕然一新。贫困户的收入明显增加。60岁以上老人全覆盖购买养老保险，符合农村低保条件的贫困户100%纳入农村低保，贫困户100%参加新型农村合作医疗，贫困户适龄子女普及义务教育入学率达100%。产业带动明显加快。三年来，各级干部"进农家、结穷亲、送物资、扶项目"，真正达到了"干部受教育，群众得实惠"的效果。

按照省精准扶贫标准核定，2017年，坡头区有贫困人口的村50个，其中省核定的贫困村2个，贫困户相对较多的村48个，贫困户3170户，贫困人口7389人。其中一般贫困户265户885人，低保贫困户1934户5477人，五保贫困户971户1027人；按劳动力分，有劳动能力贫困户1520户5147人，无劳动能力贫困户1650户2242人。由佛山市对口帮扶2个省核定的贫困村。由湛江市直机关、企事业单位及中央、省驻湛单位帮扶2个贫困户相对较多的村；坡头区有关单位帮扶46个贫困户相对较多的村。坡头区共派出50支精准扶贫驻村工作队113名驻村干部进行脱贫攻坚。

坡头区强化精准扶贫党政一把手负总责制度，与各镇（街）、各村（社区）层层签订责任书，压实工作责任，分解任务。区四套班子领导挂点帮扶，加强驻村工作队选派管理工作。区委、区政府继2016年5月印发《关于做好新时期精准扶贫精准脱贫三年攻坚驻区工作队选派管理工作的通知》后，2017年11月印发《关于进一步加强精准扶贫驻队工作纪律的通知》，将脱贫攻坚工作完成实绩与干部提拔使用、进退留转挂钩。

区委、区政府积极发动广大干部群众开展形式多样的扶贫济困活动，如爱心捐赠、对口帮扶、访贫慰问。

落实精准扶贫托底"三保障"政策。贫困户子女义务教育、基本医疗和住房安全策全都落实。

截至2017年底，坡头区扶贫项目127个。其中投资海东新区投资发展公司项目102个（第一、二、三期），投资个体经营项目15个，投资光伏发电项目3个，投资合作社3个，其他项目4个。

加强资金管理使用和审批，确保扶贫资金到村到户。区委成立精准扶贫专项巡察组开展巡察，确保脱贫攻坚各项资金专款专用。

建立扶贫台帐。户有卡村有册，一户一档，专柜管理。区扶贫办对资料整理进行统一指导，区、镇（街）、村三级都有专人负责，按照上级通知的时间节点采集、录入，确保资料和数据准确、详尽，并按规范管理。

2016年，在全市扶贫开发成绩考核中，坡头区排名第一。

南三镇共有1578户贫困户4433人，全镇相对贫困村3条，由省工作组派驻帮扶，贫困户534户1166人；贫困人口较多的村2条，由市工作组派驻帮扶，贫困户224户614人；非贫困村9条，分散贫困户820户2653人，由南三区派驻各区直部门进行帮扶，主要项目有五里村蚝排养殖项目、光明村成立海光农民专业合作社种植番薯结合电商销售、海丰养殖青蟹、灯塔合作社养殖黑山羊、巴东村建综合农作物放养成鸡及海滩养鸭产蛋等。通过贫困人口培训、解决贫困人口就业等渠道，全年转移劳动力就业1040人。对符合低保标准的贫困户落实低保政策。全面落实教育补助政策，为贫困户办理城乡居民基本医疗保险。

3. 规范农村集体"三资"管理

2014年6月，坡头区成立以区纪委书记为组长的"三资"（资金、资产、资源）规范法管理工作领导小组，制定相关的财务收入、开支审批、财政预决算、资金岗位责任、财务公开、资产清查、资产评估等制度，制作资源的承包租赁合同、招标投标书等文本。组织镇（街）、村（居）委会、村民小组全面清查

"三资"情况，统一登记，建立台账，进行公示，对不交账、转移资产等行为，由审计、公安介入，涉嫌违法犯罪的，移交司法机关依法处理。经清查，是年4个镇、2个街道、619个村民小组（经济合作社）可监管的集体资金合计6亿元，资产、资源500多宗、市值100亿元。

村民小组集体资金全部开设公户，纳入镇财政所监管。凡涉及农村集体"三资"的承包租赁方案、经济合同、招标文书、财务会计等资料，及时立卷归档。建立档案查阅、复制登记制度。

2014年8月，坡头区在坡头镇进行"三资"规范化管理试点，在湛江市率先建成农村集体资产、资源公开交易平台。明确规定，农村集体资产、资源交易必须经镇农村集体资产资源交易平台严格按流程执行：村民小组提出交易申请—镇"三资"管理领导小组预审—村民代表大会表决—镇"三资"管理领导小组核实—村务e路通、宣传栏发布交易信息—镇交易平台竞标—确定交易签合同。8月，坡头区全面推行农村集体资产资源公开交易工作。10月，中共广东省纪委书记到坡头镇调研，对该镇农村"三资"管理做法给予充分肯定。2015年，湛江市委发布实施《湛江市农村集体资金资产资源管理暂行规定》（以下简称《规定》）。《规定》以坡头区农村集体"三资"管理做法为蓝本，在全市推广。截至2015年底，全区通过镇（街）交易平台完成66宗资产资源交易，成交金额2230万元，成交价平均高出底价20%。

2015年12月，坡头区被农业部认定为第二批"全国农村集体'三资'管理示范县"。

2017年，坡头区农村集体资产资源通过镇（街）交易平台完成交易35宗，总成交金额1559.8万元，成交金额比底价高出20%以上。

实施农村集体"三资"规范管理后，坡头区涉农信访量减少80%。

南三镇2017年完成农村集体"三资"清查清理工作，完成公款账号开设和服务平台建设。全镇有村组（集体经济组织）119个，已有117个开设村组公户，存入公户资金588.74万元，清理资产6.3亿元，清查土地资源0.89万公顷。全镇农村集体资产资源产权交易在镇交易平台进行，全年交易5宗，金额237.2万元。

六、推进社会平安建设

近年来，坡头区围绕"海东大开发，经济大发展，社会更安宁，人民更幸福"的工作目标，努力构建更高水平的平安坡头。健全农村公共服务体系，全区行政村百分百建起公共服务站和基本公共服务平台。

2017年起区财政投入629万元搭建区镇村三级行政公共服务中心，实施"一门式、一网式"政务服务模式，让群众在家门口就能查询和办理各类行政审批事项。通过加强人防、物防和技防建设，构建全方位治安防控体系。"中心+网格化+信息化"工作经验被广东省委政法委两次以简报形式刊发。全区建成318个平安细胞建设点，284个村通过平安村考核，平安建设成为湛江市典范，2014年至2016年连续三年零命案，2013年至2016年，连续四年发案率为全市最低。2017年9月19日，在北京召开的全国社会治安综合治理表彰大会上，坡头区被中央综治委授予2013年度、2016年度全国平安建设先进县（市、区）。

七、建设海东新区

2007年，湛江市委、市政府借海湾大桥建成之机，提出了围绕湛江海湾构建"一湾两岸"的设想；2009年，随着湛江成功申办广东省第十四届运动会，借助运动会主场馆落户坡头之机，湛江主打"东岸板块"、建设"一湾两岸"的格局初步形成；2011年，在湛江市委九届十三次全会上，建设海东新区、打造最亮丽的"城市新名片"被写入了全会报告——按照"一湾两岸、拥湾发展"的大思路，以承办第十四届省运会为契机，以打造湛江最亮丽的城市新名片为目标，加快把海东新区建设成为人居创业环境俱佳的生态型海湾新城区和海湾东岸经济文化中心。

2012年3月，中共中央政治局委员、中共广东省委书记汪洋到坡头调研，寄语坡头干部"工作要更加有劲头，发展要更加有劲头，在湛江湾开发中要走在前头"。

2013年，海东新区迎来了又一次重大发展机遇。1月25日召开的广东省十二届人大一次会议上，《广东省人民政府工作报告》把湛江海东新区确定为粤东西北地级市扩容提质四个重点新区之一，海东新区开发建设跃升为省级发展战略。4月28日，中共中央政治局委员、省委书记胡春华在听取湛江市委书记刘小华的汇报后，提出要加快海东新区的开发建设。6月7日，市委、市政府成立了海东新区建设领导小组。6月13日，经省政府同意，省人民政府办公厅印发《湛江海东新区建设工作方案》。为落实好省委、省政府的决策部署，6月13日下午，市委、市政府在坡头区召开了加快海东新区开发建设动员大会，宣布组建海东新区管委会筹建处。梁培任新区筹建处主任，崔青任新区筹建处第一副主任，谢伍任新区筹建处常务副主任，梁卓华、叶海忠任新区筹建处副主任。筹建处与坡头区委、区政府合署办公，实行"两个牌子、一套人马"。新区筹建处下设5个机构：综合组，主要负责办公室日常事务；征地控违组，负责新区范围内荒地、滩涂回收及控违工作；招商宣传组，负责新区的招商引资及宣传工作；规划建设组，负责新区的规划建设工作；村庄改造组，负责新区范围内有关村庄搬迁及新村场改造工作。6月29日，省委常委、纪委书记黄先耀到海东新区调研。7月11日，省委副书记、省长朱小丹到新区调研，要求加快新区规划建设，致力打造城市中轴线景观带，提升城市品位。8月11日，中共中央政治局委员、省委书记胡春华在省委常委、常务副省长徐少华，省委常委、省委秘书长林木声的陪同下到海东新区进行专题调研，要求湛江"学青岛、找差距"，把握"三大抓手"，打好"三大会战"，通过中心城区建设，打造粤西中心城市，把海东新区建设成为全省城市扩容提质的崭新亮点。

此后，湛江市委市政府将一批大项目、好项目摆进海东新区。把三甲医院、中学、传媒集团总部放在新区建设，外面迁来的总部也放在新区建设。

10月24日，《海东新区发展总体规划》获省政府常务会议审议通过。海东新区作为湛江城市扩容提质的重大平台，总规划面积约228平方千米（其中陆地面积约180平方千米，海域面积48平方千米），北起325国道、南至南调河、西起赤坎滨湖、东至省道S286线往东2公里，包括坡头区南调、官渡、龙头、坡头等4个镇（街）各一部分，赤坎区调顺街道、吴川市黄坡镇及遂溪县黄略镇各一部分。其中核心区范围49.8平方千米，起步区16.8平方千米。在功能定位上，将海东新区建设成为"拓展国际合作重要门户、国家海洋战略重大平台、大西南出海主通道服务基地、粤西中心城市新兴载体和南亚热带生态海湾新城"；在产业布局上，立足海东新区实际，做大做强战略性新兴产业，优先发展现代服务业，积极培育科研、文化创意和休闲康体等产业，加快构建海东新区以海洋工程装备制造、电子电器、海洋生物医药、金融、商务、商贸物流为主导，以科技研发、文化创意、休闲康体为支撑的现代产业体系。

按照规划，新区分近期、中期、远期三个阶段建设。近期
（到2017年），基础设施建设全面推进，重点建设起步区。重点
建设奥体中心、广医附属医院、高级中学等配套的体育、教育、
医疗公共服务设施，大力推进综合交通网络等基础设施建设，总
部经济、金融、电子商务等服务业开始形成产业集群，龙头工
业园发展框架初步形成。总人口25万，地区生产总值达到150亿
元，城市建设用地规模约22平方千米。中期（到2020年），核心
区功能基本具备，南亚热带生态海湾新城初具规模。在进一步完
善交通网络、公共服务设施和基础设施的同时，逐步完善都市经
济。都市经济集聚区、文化创意产业园、国际商务合作示范区基
本建成，海洋产业示范基地、先进制造业示范基地、产学研合
作园区等产业园区初具规模，二、三产业联动发展的态势基本
形成，南亚热带生态海湾新城初具规模。总人口35万，地区生产
总值达到245亿元，城市建设用地规模约45平方公里。远期（到
2030年），人居创业俱佳的生态海湾新城基本建成。新区建设进
入全面发展阶段，新兴经济载体和能力进一步壮大和提升，人居
创业俱佳的生态海湾新城区特色全面显现，参与国际合作的能力
全面增强。总人口70万，地区生产总值达到1050亿元，城市建设
用地规模约85平方千米。

2014年6月6日，湛江海东新区挂牌成立。2014年12月，湛
江市规划委员会审议通过《湛江海东新区起步区控制性详细规
划》。起步区，位于湛江市坡头区北部，三面环海。北起龙王
湾，南接海湾大道，西临麻斜海，东至坡头镇，总面积1982.72
公顷。目标定位：与海湾西岸功能互为补充的城市主中心。从未
来湛江城市中心区的空间格局来看，起步区是湛江海湾东岸与西
岸联系的桥头堡，处于整个东岸的中心位置，承担起带动东岸发
展，推动湛江拥湾发展的重任。通过功能的注入、空间布局的优

化调整等，将规划区打造成为"湛江推进城市东进战略、促进城市扩容提质的主战场，与海湾西岸功能互为补充的城市主中心"。很快，申蓝宝坻、中科炼化生活区、恒大绿洲、启达东海岸、凯旋湾、地标广场等一批房地产建设项目陆续进入新区起步区开始建设。

海东新区开发建设进展顺利。截至2017年12月，建设项目共111个，总投资523.84亿元。其中，竣工56个，总投资183.07亿元；在建14个，总投资59.52亿元；拟动工41个，总投资290.27亿元。奥体中心、海东海岸观海长廊、海东快线、G325国道改造（龙头至官渡段）、S373本中沟尾段改造等重大基础设施项目已竣工；建成各类道路项目有19条总长26.25千米，总投资43亿元，其中建成市政道路13条，总长12.32公里；建成排污管网47.34公里，解决了申蓝宝坻、中科炼化生活区、恒大绿洲、启达东海岸、凯旋湾、地标广场等项目的排污问题。2017年公共配套设施不断完善，湛江市实验小学建成并投入使用；海东新区公厕及垃圾中转站、坡头区特殊学校工程建设完成；广东医科大学附属医院海东院区、奥林匹克中心综合训练馆已动工建设；湛江一中新校区项目、海东湿地公园、中科炼化职工生活区项目首期工程加快推进；基本完成为力竹兜整村搬迁工作建设的26幢别墅工程，三柏西村农民公寓工程，并逐步回迁村民。

1. 建设湛江奥体中心

2009年，湛江市成功申办广东省第十四届运动会，主场馆选址坡头。2011年，省运动会主场馆开始建设。

省运会主场馆建设，为拓展湛江市城市向东发展空间，打造粤西中心城市、文化强市，增强发展活力打下坚实基础，并由此带动海东新区进入新发展的快车道。省运会主场馆建设用地57.63

公顷，总建筑面积18.47万平方米，总造价22.5亿元，由一场三馆及配套工程两部分组成。主要建设内容包括：4万个座位的主体育场、6000个座位的体育馆、2000个座位的游泳跳水馆、1000个座位的综合球类馆，此外还有能源中心、训练场（临建）及桥头公园、观海长廊、广场等室外工程，工程建设期限28个月，项目施工单位是中国建筑第八工程局有限公司，由湛江市代建办200多名管理者和1200多名工人参与建设。2011年11月29日正式开工建设，2012年12月2日晚8时，主场馆成功封顶。2015年7月上旬，主场馆建设及周边配套设施全面完工。

2015年7月25日至8月16日，广东省第十四届运动会在湛江市举行。25日，运动会开幕式在湛江奥体中心举行。中共中央政治局委员、广东省委书记胡春华宣布广东省第十四届运动会暨第七届残疾人运动会开幕。第十四届省运会组委会名誉主席、省长朱小丹致开幕词。第十四届省运会组委会主任、副省长许瑞生主持开幕式。

2. 中国海博会提升坡头知名度

2014年12月3日，"2014中国海洋经济博览会"（简称"中国海博会"）在"湛蓝的海、湛蓝的天"的湛江坡头开幕。全国政协副主席罗富和、广东省省长朱小丹、广州军区副司令员兼南海舰队司令员蒋伟烈中将、国家海洋局副局长张宏声、广东省人大常委会副主任黄业斌、湛江市委书记刘小华、湛江市市长王中丙，以及国家有关部委、沿海省市领导，外国领事，海洋专家和参展嘉宾客商共1000多人，齐聚位于坡头区的"海之贝"湛江奥林匹克体育中心，共同见证展会开幕。广东省副省长邓海光主持开幕活动。朱小丹致辞。为期5天的中国海博会于7日下午闭幕。本次参展参会的国家有32个，国内外企业机构1300多家。欧美、东南亚等多个国家以及中国港澳台等地区均有机构和企业参与，境外企业及机构86家，参展展位152个。专业观众21000多人，观众总人数超过30万人次。签约项目20多项，达成交易成果和合作意向金额210亿元。参加旅游活动10000多人次。

2015年11月26日，2015中国海洋经济博览会（简称"中国海博会"）在湛江奥体中心开幕。此届海博会是由国家海洋局和广东省人民政府主办，由湛江市人民政府、国家海洋局宣传教育中心、广东省海洋与渔业局、广东省商务厅承办的大型国际性展会，旨在深入贯彻落实习近平关于建设海洋强国和21世纪"海上丝绸之路"战略部署，打造促进海洋经济合作发展的重要高端平台。副省长邓海光，国家海洋局副局长张宏声，海军南海舰队司令员张兆垠少将，中国电力投资公司总经理孟振平，湛江市委副书记、市长王中丙，省政府副秘书长纪家淇等出席开幕活动。邓海光致辞。此届海博会以"创新驱动，合作共赢"为主题。11月29日，2015中国海洋经济博览会闭幕。此届中国海博会参展国家和地区43个，企业机构2100多家，专业观众38000多人。

2016年11月24日至27日，2016中国海博会在湛江奥体中心举办。此届海博会由国家海洋局和广东省人民政府共同主办，湛江市人民政府、国家海洋局宣传教育中心、广东省海洋与渔业局、广东省商务厅、中国太平洋学会承办，坡头区人民政府协办。海博会以"创新、绿色、开放、合作"为主题，共53个国家和地区参展参会，比上年增长23%。参展国外企业329家，增长102%；参展机构3100多家，报道媒体900多家，观众30多万人次。达成交易和合作意向金额近440亿元。

2017年12月14日至17日，2017中国海洋经济博览会在位于坡头的湛江奥体中心举办。此届博览会由国家海洋局、广东省人民政府共同主办，湛江市人民政府、国家海洋局宣传教育中心、广东省海洋与渔业局、广东省商务厅、中国太平洋学会承办，坡头区人民政府协办。以"蓝色引领，创新发展"为主题。首次组织海展，63个国家和地区参展参会，比上年增长19%，包括俄罗斯、马来西亚、泰国、孟加拉在内的30多个专业采购团到场采购；3200多家企业参展，专业观众5.8万人次，普通观众36.3万人次。现场达成交易和合作意向901亿元，比上届增长105%。

中国海洋经济博览会被誉为"中国海洋第一展"，是中国唯一保留的国家级综合性海洋博览会。湛江因海而生、因海而重、因海而兴。中国海博会影响越来越大，品牌越来越亮，已成为服务"一带一路"建设、促进海洋经济交流合作的重要经贸平台。坡头因海博会知名度越来越高。

3．开发海东房地产

1973年，中国海洋石油总公司南海石油勘探筹备处选址坡头，动工兴建基地，坡头区房地产业萌芽。1984年，坡头区政府决定对城区7平方千米规划面积实行"统一规划、统一征地、统一建设、统一配套、统一管理"。截至1991年，全区完成商品房建设面积3.23万平方米，销售商品房2.6万平方米。为加快城市化进程，改善城镇居民居住条件，区政府放开房地产市场，准许区外房地产企业进入，房地产开发进入发展新阶段。2004年，开发总面积32.2万平方米，建设商品房2.7万平方米。

2006年，湛江海湾大桥建成通车，坡头与湛江市中心城区连成一体。2007年，湛江市委、市政府借湛江海湾大桥通车之机，提出构建一湾两岸设想。广东省第十四届运动会主场馆落户坡头，湛江主打"东岸板块"格局初步形成。2011年，湛江市委提出把海东新区建设成为人居创业环境俱佳的生态型海湾城区和海湾东岸经济文化中心。坡头区（海东新区）成为投资热土，房地产业乘势而起。截至2016年底，已完工的规模较大的房地产项目有仁海花园（一、二期）、海港新城、恒大绿州、启达东海岸、金科凯旋湾、地标·海东广场、申蓝宝邸等，开发总面积245.56公顷。楼层最高36层，配套设施较为齐全。楼盘大部分集中在湛江海湾大桥东岸桥头南侧。

2017年，海东新区上报入库审批土地98.27公顷，全部获批入库。出让土地5宗，面积32.13公顷。一批新商品房项目动工建设。海东新城显现。

4. 建设农民公寓别墅

2013年，广东省第十四届运动会主场馆选址坡头海东新区。因场馆建设用地需要以及海东新区整体规划，三柏西村、力竹兜村和黄伍村需整村搬迁重建。伟大胸怀成就伟大事业。上述村民积极拥护政府部门规划，搬迁重建工作如期进行。

力竹兜新村选址位于海东新区核心区。南面隔省道081线（海川快线）是海东广场商住小区，北与申蓝宝邸住宅小区相邻，东接林屋村、林屋新村，南面是黄伍村。海川快线公路与奋勇大道在村西南不远处交汇。湛江市41、42、43路公交车在村附近设有上落站，交通非常便利。

2014年6月6日，力竹兜新村举行重建动工仪式。2015年底，该村有42户，156人。新村项目用地5.27公顷，建设规划分三部分：一是42幢三层半联排式新型农民别墅公寓，占地面积1.53公顷，总建筑面积18000平方米，每幢占地面积118平方米，建筑面积400平方米，外带一个20平方米的独立花园；二是10幢高层住宅楼，占地3.07公顷；三是包括三层高商场和一幢28层酒店的商业综合体，占地0.67公顷。新村建设总投入预计约10亿元。已建成入住的村民公寓及相关配套建设共投入2800万元。商业项目建成后，能创造2000个就业岗位，解决村民后顾之忧。

2017年10月3日，力竹兜新村落成入伙，村民顺利回迁入住。

三柏西村新址位于原址东100米，与湛江奥林匹克体育中心只隔一条马路——柏西大道，2014年5月18日动工重建。项目占地面积9.33公顷。共规划19幢32层楼房，总建筑面积49.5万平方米。第一期建成4幢32层农民公寓，占地面积3公顷。每层5户，共640户；停车场10000平方米，商铺3000平方米。农民公寓由湛江市人民政府全资建设。2017年10月村民开始领公寓钥匙，2018年初顺利回迁入住。

力竹兜新村和三柏西新村，宛如两颗璀璨的明珠，镶嵌在海东新区核心区腹地，与雄伟壮观的奥体中心、申蓝宝邸雄踞一方，交相辉映。

5. 南调路改造

南调路是坡头城区主干道，西起湛江渡口东岸，往东与沿海大道、奋勇大道、军港大道、鸡咀山路、灯塔路、合作路、北山路、麻贯大道相交，东至麻坡大道，全长约4.4千米。经奋勇大道、麻坡大道接湛江海湾大桥。纵穿坡头城区，途经南油第一生活区、第二生活区、海东市场、区政府大楼、南油迎宾馆、南海宾馆、区教育局、区交通运输局、南调街道办、区党校、区国税局、区地税局、区法院、海直机场和区妇幼保健院。

南调路曾分两期扩建。第一期扩建工程于1993年10月22日开工，1995年竣工，由湛江市人民政府、坡头区人民政府、南油共同出资，将湛江渡口东岸至坡头区合作路（南海宾馆路口）长2520米路段改造。该路段原为2车道12米宽泥沙碎石路面，改造后为3车道30米宽沥青路面。第二期工程2006年2月开工，改造区党校至沟尾路段，同年底完工。两期工程南油出资778.32万元。

2012年，南调路进行升级改造。更新沿街铺面260间，铺人行道滤水砖1400平方米，更换翻新卷闸门75个，喷墙漆21200平方米，施划交通标志色标线一批。沿街楼面全部安装LED节能灯，灯饰亮化工程3000米。搬迁变电站一座。投入资金1000万元。工程于2012年12月18日开工，2013年2月完工。这次升级改造，主要是街景立面改造。

为落实湛江市城市总体规划，完善湛江奥体中心配套基础设施，改造坡头城区面貌，提升城市品位，建设湛江市城市副中心，实施城市可持续发展战略，2017年在市委、市政府的扶持下，坡头区委、区政府决定对南调路道路排水进行改建。改造规划红线宽42米，设双向六车道，设计速度每小时50千米。工程内容包括道路、排水、交通、照明和绿化等五部分。工程以PPP项目实施，项目公司为湛江市坡头区晟华道路建设投资有限公司。湛江市财政拨付建设资金1亿元。南调路改造后，改善了坡头城区的出行环境，拓展了坡头经济对外发展空间。道路沿线旁边新建金祥花园等商住高楼，为南调路增添了新的景观，呈现出一派城市新貌。

八、发展远景

改革开放新时代，坡头区正处于众多机遇的叠加期，迈进了历史上各种优势最能有效释放、高质量发展最为有利的新时期。

从宏观发展环境看，湛江被列为国家"一带一路"海上合作战略支点城市，首批全国海洋经济创新发展示范城市，全国性综合交通枢纽城市和北部湾中心城市；广东省委、省政府深入实施粤东西北极振兴发展战略，支持湛江建设成为北部湾中心城市和省域副中心城市。这为坡头区发展带来了更多机遇，提供强大政策支撑。

从坡头区自身发展条件来看，湛江市委、市政府决定把国家高新区布局海东，广东医科大学新校区、广东医科大学附属院区分院区、湛江一中新校区等一批重大项目落户海东，启动湛江新机场、调顺跨海大桥、东海岛至南三岛海底隧道、广东滨海旅游公路坡头段等一批重大交通项目，强力拉动坡头区经济社会全面快速发展。

按照规划，海东新区分近期、中期、远期三个阶段建设。中期（到2020年），核心区功能基本具备，南亚热带生态海湾新城初具规模。在进一步完善交通网络、公共服务设施和基础设施的同时，逐步完善都市经济。都市经济集聚区、文化创意产业园、国际商务合作示范区基本建成，海洋产业示范基地、先进制造业示范基地、产学研合作园区等产业园区初具规模，三产业联动发展的态势基本形成，南亚热带生态海湾新城初具规模。总人口35万，地区生产总值达到245亿元，城市建设用地规模约45平方千米。远期（到2030年），人居创业俱佳的生态海湾新城基本建成。新区建设进入全面发展阶段，新兴经济载体和能力进一步壮大和提升，人居创业俱佳的生态海湾新城区特色全面显现，参与国际合作的能力全面增强。总人口70万，地区生产总值达到1050亿元，城市建设用地规模约85平方千米。

坡头区将把高新区打造成为创新发展的重要载体和平台，推进经济发展质量变革。借力广东医科大学，大力发展医药医疗产业；借力"海油"，大力发展海洋产业，着力对接好湛江市"三大航母（造纸、石化、钢铁）"高端产业，做好央企生活基地服务保障，发展技术研发和上游产业，提升经济发展科技含量。以神州长城开工建设，推动工业产业集聚发展。引进高端商业，补足现在商业短板。以湛江奥体中心为平台，以海博会为载体，将奥体中心片区建成湛江商品优品（土特产）永久展销中心，打造永不落幕的会展中心。启动南调河综合整治，建设湿地公园，建设南亚热带风情街，推动滨海旅游发展。加快道路交通互联互通，加快产业园区扩能增效，加快海东新区扩容提质，实施乡村振兴战略，发展社会事业，保障和改善民生工程，加强政治建设、作风建设、纪律建设、民主建设，凝聚发展强大合力。

新的时代，坡头区人民正站在新的起点，把美好的发展远景，一步步变成现实。

附　录

附录一

大事记

1926年

6月24日　经黄学增、陈柱、彭成贵、李子安研究，决定吸收钟炳南等9人为中共党员，并成立中共南二淡水沟党小组，组长为李癸泉，党员共12人。

夏　吴川县农民协会筹备处派陈克醒到石门帮助石门党小组先后建立石门区、龙头区农民协会分会。两区农协分会成立后，立即积极配合吴川县振文区的农民抗捐斗争。此后，泮北、三角、新村、大垌等村也相继成立农会。

8月20日　南二上淡水沟党小组组织上、下淡水沟，沙城，乾塘，梁圩，堘田启，垌尾等村庄农民代表150多人，在上淡水沟村庞球瑞的书房里成立吴川第八区农民协会，推选梁辑伍任会长。

12月　陈信材、陈时、彭成贵等人到淡水沟村发动农民陈亚寿等45人成立南二淡水沟农民自卫队，李荣泰任队长。

1927年

5月初　南路党组织在广州湾召开南路地区十五个县农民代表会议，后转移到石门埠婆庙（今文武庙）召开，会议决定成立南路农民革命委员会，开展农民武装斗争。

1931年

　　春　中共吴川县党组织领导人陈信材和南路特委委员彭中英，从硇洲岛脱险回到南二淡水沟一带，与李癸泉等人研究成立民众抗法自救会，经艰苦发动，有数万人加入自救会。

1936年

　　4月23日（丙子年闰三月初三日）　南二、南三、麻斜、坡头、陇水、川西等地抗法民众3万多人，汇集在坡头法公局前示威请愿，强烈反对法当局强行推行"义务公役法"，要求严惩"撮须"卢文廷，遭法方开枪镇压。中共党员陈福章、抗法志士陈土轩、杨真炎、李康保、陈兴炎5人壮烈牺牲。愤怒的群众冲进公局楼，缴取民团枪械进行还击，打死打伤法军多名。在群众的压力下，广州湾法当局被迫取消"义务公役法"，斗争取得胜利。

1938年

　　2月　肖光护、张德钦、袁俊元、陈培泽到南二、南三、石门、龙头等乡村宣传抗日。南寨、烟楼、沙城、官滘、大仁堂、坰田启、壁屋等村庄组织抗日宣传队，宣传抗日。

1939年

　　春　高雷工委派梁红（女）到石门乡泮北遗风小学建立高雷工委交通联络站，梁红以教员身份在泮北村遗风小学任教，负责交通站工作。

1940年

　　春　中共南路特委派梁伟勋、袁惠慈（女）、苏坚（女）到泮北村建立遗风小学党支部，书记为袁惠慈。

1941年

春　中共南路特委安排黄乔英（女）、蔡祖祥、李华良、李敏等四位党员到大垌村容居小学教书，发展进步教师和学生入党，于同年11月1日成立容居小学党支部，书记为黄乔英。

1942年

3月　中共吴梅边党支部书记张德钦建立南三秘密交通联络站，负责经海上从吴川到广州湾往来的革命同志食宿和传递文件、传单以及物资、枪支弹药调运等任务。

1943年

3月　日寇一骑兵队企图袭击官渡石门乡，在陈信材的部署下，由党员郭达辉等带领抗日联防队30多人，埋伏在门西高地，伏击敌骑兵，击伤敌战马一匹。敌见抗日联防队有备，仓皇撤退。这是吴川人民打响的抗日第一枪。

1944年

3月　南二烟楼村交通总站建立，后来成为南路特委交通站。

1945年

1月6日　吴廉边特派员黄景文集结廉江成安乡、东桥、白鸽港和吴川石门、泮北、陇水、大垌、龙头等地的游击队、地下军和农民群众700多人举行起义。1月9日，陈以铁、王国强在翟屋、上杭、泗岸一带率700多人起义。

1月14日　凌晨，张炎、詹式邦在樟山村宣布起义，起义部队包围塘㙩，攻打国民党吴川县伪政府，王国强、陈以铁大队参加战斗，缴获敌人5个中队的武器，俘虏伪县长邓侠，在上圩审讯后处决。张炎、詹式邦即率所部约800人，于19日集中在高岭村马路尾广场召开誓师大会，宣布成立"高雷人民抗日军"，张炎任军长，詹式邦任副军长，曾伟任政治部主任。23日，高雷人民抗日军撤离高岭村，向廉江进发。

1月中旬　中共南路特委在官渡泮北村遗风小学召开会议，宣布成立广东南路人民抗日解放军，司令员兼政委为周楠，参谋长为李筱峰，政治部主任为温焯华。下辖两个支队，共3000多人。第一支队，唐才猷任支队长，陈恩任政委，黄其江任政治处主任；第二支队，黄景义任支队长，温焯华兼任政委，邓麟章任政治部主任。同年5月，整编为5个团。

8月15日　日本天皇裕仁宣布无条件投降。

8月18日　根据《波茨坦公告》有关规定，中华民国国民政府主席特派外交部政务次长吴国桢和法国临时政府主席特派员、法国驻中国大使馆代办戴立堂分别代表本国政府在重庆签订《中华民国国民政府与法国临时政府交收广州湾租借地专约》。从此，被法帝国主义侵占四十七年的广州湾被正式收回，重回祖国怀抱。

秋　为保证沿海交通线安全，中共南路特委将坡头、乾塘、南三、南二和梅菉、覃巴、银岭、吴阳、黄坡沿海一带，划为吴梅茂特区，由庞达任特派员，直属中共南路特委领导。

1947年

6月　吴化地区蓬勃地开展武装斗争，迅速恢复党的组织，建立县、区、乡、村四级政权，吴川县成立县人民解放政府，建立区、乡、村各级政权和农会。同月，吴西南区人民政府和滨海区人民政府成立。

1948年

5月　中共麻斜张屋支部成立。

1949年

2月　县工委在滨海区成立党总支，下辖四个支部，即南二支部、张屋支部、麻斜支部、南三支部。

秋冬间　国民党吴川县代县长郑为楫带2个连的兵力和县政府官员从黄坡惊慌逃窜到龙头圩，企图取道湛江逃往海外。吴川县工委在9月10日令县武装包围龙头圩，迫使郑为楫于14日派出代表与吴川县工委谈判。当时，敌人不接受条件，县武装发起进攻，历经两夜一日，敌人全部投降。

9月20日　中共南三地下党通过统战工作和武力威逼，武工队不费一枪一弹，收缴国民党南三区公所、自卫队、联防队、盐警队的武器，南三岛和平解放。

10月1日　中华人民共和国成立。

11月20日起　坡头全境解放，党组织积极发动和组织群众参加支前，筹备粮草支援南下主力部队，帮助运送弹药和粮食，支持解放湛江市和海南岛。

重要革命人物和重大事件

一、重要革命人物

陈信材

陈信材（1899—1967），男，官渡镇泮北村人（泮北陈族十三世孙，后迁居廉江白鸽港村），又名陈柱、陈继侃，出身贫苦，少怀救国救民之志。

1925年，他投笔从戎，先后任国民革命军第一师第三团连长、代理营长（朱培德部）。他驻防广宁县时，广宁县是省农民运动重点地区，农民运动蓬勃开展。他目睹当地反动团队镇压农军，便挺身而出，主动支持农运，将反动武装包围缴械，此举受到国民党中央农民部部长廖仲恺的表扬。其时，在广宁搞农运的黄学增（1922年参加中国共产党）非常赏识陈信材，对他进行系统的党的知识教育。而陈信材也经常到广东省农协机关联系工作，深受省农运领导人阮啸仙、杨匏安、罗绮园等人的影响，思想上倾向革命。

1925年11月陈信材从广宁回老家吴川奔父丧，接受中共南路特派员黄学增的建议，毅然辞去军职，回吴川搞农民运动，正式参加革命。1925年12月被中共南路党组织吸收入党，成为吴川县第一位中共党员、第一任中共支部书记和第一任中共特支书记。陈信材回本村发动群众组织农民协会和农军武装，开展革命斗争。农军中一部分人是贫苦、正派的中年农民，另一部分则是有文化、朝气蓬勃的青年（多是陈信材的学生），陈信材对他们非常了解，因此这支农军很有战斗力，成为农协的核心力量。

1927年4月，陈信材担任南路农民革命委员会副主任、中共南路特委委员，参加过南路各时期的革命斗争。为了革命，他倾其所有创办了泮北遗风小学、白鸽港新民小学，将这两间小学作为党组织活动的据点，安置中共党员在学校任教。大革命和土地革命时期，陈信材以共产党人的身份，经常在坡头、麻斜、龙头、乾塘（南二）、南三、官渡、石门各村庄开展革命活动。他把4个儿女全部送到革命队伍中去。他遭到国民党反动政府悬赏通缉，家中房屋被烧毁，但矢志不渝，坚持革命。

解放后，陈信材先后担任中共粤桂边区党委财经委副主任、南路专署财委副主任、广东省军事管制委员会航道处负责人、广东省处理解放海南岛善后工作委员会副主任、广州区航（港）务局副局长、广东省内河管理局局长、中华人民共和国广州港务监督署第一副监督长、广东省政协委员（第二、三届）等职。他为党工作达半个世纪之久，在各个革命历史时期，都以党的事业为第一生命，为党的事业鞠躬尽瘁。1967年7月病逝于广州。

袁俊元

袁俊元（1912—1996），男，龙头镇边坡村人。

1937年8月，中共党员肖光护受中共广州市委外援会的派遣，来到梅菉开展抗日救亡运动，袁俊元第一批参加肖光护组织的抗日义务宣传队，后被改编入广东第七区抗日乡村工作队。

1943年广州湾沦陷后，张炎将军推荐詹式邦出任吴川县联防主任和县长，袁俊元被派遣打入吴川县政府做情报工作和担任陇水乡乡长，从事革命秘密工作，后跟随张炎、詹式邦武装起义。张、詹起义受挫后，袁俊元把他们隐藏起来，继续开展秘密活动。

解放后，袁俊元出任吴川县人民政府建设科科长。1951年加入中国民主同盟，组建民主同盟吴川支部并担任主委。1957年1月任吴川县副县长。1958年10月，吴川县与化州县合并，他任化州县副县长。1961年4月，任湛江市郊区办事处副主任。其后，他又先后担任湛江市科技局副局长、水产局副局长。1983年在湛江市科委副主任任内离休。离休前曾是湛江市民主同盟主任委员、广东省人大代表、湛江市政协常委。1996年农历正月十八日逝世。

李时清

李时清（1912—1950），湛江市坡头区乾塘镇南寨村人，出生于1912年12月，1938年春参加革命，同年8月15日加入中国共产党。

1938年，李时清在抗日救亡思想的影响下，积极参加抗日救亡活动，参加中国共产党人肖光护组织发动的梅菉学生、市民和农民联合举行的反对日本帝国主义侵略的数千人的"火炬"游行，成为积极分子。同年，李时清参加了肖光护、张德钦建立的抗日地下军（后改为"游击小组"），成为滨海区抗日游击核心小组成员。

1944年，李时清在中共南路梅菉特支经济组为筹集抗日经费，打算在梅菉五里营世德农业职业学校煮盐出售。但投产经费缺乏，他毅然把宜昌公有的0.133公顷田卖掉，所得款全部上交作为投产经费使用。

1946年，滨海区武工队成立，李时清任队长，他频繁活动于坡头南二、南三一带沿海村庄，发动群众，开展反"三征"斗争，开展地方上层人士的统战工作，建立和恢复交通、情报联络站。李时清亲抓滨海区各沿海交通站的工作，他领导的烟楼总站，开辟了从湛江—滨海—梅菉—阳江—江门—香港的交通线，安全护送了许多来往于此的工作同志和特委的文件，为党的交通联络工作做出了重要贡献。

1946年冬，作为武工队长，李时清带领李华池等10多人到三窝三片两个保所，通过里通外应，缴了这两个所的武器。

1947年2月，李时清领导的滨海区武工队联合茂电信手枪队攻打国民党保队，缴获长、短枪和子弹一批。不久又攻打三窝原法租界公局楼，缴获法制勾枪、手枪和子弹等一批。

1947年4月，李时清配合李雅南率领的武工队，在吴川县海关楼附近公路伏击国民党的押款车，当场击毙敌警长1名，缴获枪械、钱币一批。其后，在桂榜岭截击国民党运送新兵的船只，7船新兵四处逃散。

1947年5月，滨海区建立区抗日联防队和手枪队，李时清任区连指导员。

1947年6月，吴川县人民解放政府成立，下辖吴中区、吴西南区、滨海区。李时清任滨海区区长。李时清在组建人民武装，大搞武装斗争，粉碎国民党军的重点进攻的过程中，做了大量工作，带领区人民武装，采取灵活战术，攻打国民党自卫队，拔除国民党军据点。他在沙城海沟、滘口、二窝设立税站，同时派李禄到南三设立灯塔税站，对过往商船征收现金和实物，同时监视国民党军需物资的运输情况。税站所征收的税款，除了解决区政府所需经费，还用于新四团补充给养。此外，区武装还以税站为阵地，打击敌人。

李时清在革命斗争时期，经常风餐露宿，与敌人巧妙周旋，坚持斗争直到坡头解放。长期艰苦的斗争使他积劳成疾，于1950年春病故，终年38岁。

1983年6月，中华人民共和国民政部批准李时清为革命烈士。

李癸泉

李癸泉（1896—1939），又名李上康，字荣喜，原淡水沟太平村人（今属湛江市坡头区乾塘镇沙城村委会。淡水沟是民国以前的地域名称，在鉴西江入海处，泛指当地若干小村落）。李癸泉在当地是个享有盛名的中医，尤其善于结合西药疗治跌打刀枪伤。多年来，他的足迹踏遍了当地渔村和圩镇，与当地群众交往密切。

1926年4月，李癸泉经中共吴川黄坡党组织负责人李子安介绍参加革命。1926年5月，南二淡水沟联络站建立，李癸泉任站长，给内地革命人士到广州湾开辟了一条水上安全通道。

1926年6月5日，李癸泉经李子安介绍，加入中国共产党。之后，李癸泉等人发动上淡水沟等附近村庄群众参加革命，其中9人加入中国共产党。中共南二淡水沟小组成立，李癸泉当选为组长。同年12月，中共淡水沟支部成立，李癸泉任书记，带领党小组成员把工作扩展到南二、南三一带村庄，积极发动群众参加反抗法租界当局苛捐杂税的斗争，组织学生宣传队宣传反封建和男女平等的道理，从中培养党员，发展组织，扩大交通网络。在李癸泉等人的努力下，中共南二淡水沟支部党员很快发展到四五十人。支部书记李癸泉根据上级党组织的指示，利用广州湾法租界的特殊环境，率领支部党员和人民群众在坡头沿海地区开展轰轰烈烈的农民革命运动。

1926年6月，李癸泉带领发动淡水沟、沙城、坡头、南三等地32人在李癸泉书房成立兄弟会，李癸泉任会长，结合当地实际，开展各种形式的政治、经济斗争。

1926年9月，李癸泉带领党小组的同志，分头到南二、南三组织渔民代表200多人于11月28日在新川大窝天后宫成立渔民协会，李癸泉被选为会长。李癸泉集合队伍，到三合窝法分局游行示威，反抗法当局征收船头税。慑于渔民协会的威力，法当局答应取消船头税，抗税斗争取得了胜利。

1927年4月，蒋介石发动反革命政变，南路处于白色恐怖之中，李癸泉领导的南二淡水沟联络站，掩护、转移内地革命人士到广州湾，使很多党员干部安全撤到广州湾隐蔽起来。

1930年冬，李癸泉从广州湾法国公局内线获知国民党吴川县当局与法租界当局勾结，密谋逮捕在硇洲岛领导渔民开展革命斗争的陈信材和彭中英（南路特委临时负责人）的消息，就与硇洲岛商会会长陈俊三配合，帮助陈信材、彭中英二人乘船撤离硇洲岛。随后，李癸泉布置联络站成员分散隐蔽，支部党员也随之化整为零，坚持隐蔽活动，以各种方式灵活地开展斗争，坚强地度过了白色恐怖时期。

1931年春，李癸泉根据陈信材此后党的活动应以群众团体的面目出现的指示，组织群众继续开展抗法斗争，成立抗法自救会。李癸泉与各村抗法义士共同组织发动群众参加抗法自救会，使坡头地区参加抗法自救会的会员达数万人，为后来坡头人民的"三月三"抗法斗争打下了基础。

1938年冬，李癸泉和陈信材重新取得了联系，恢复了党的活动，带领群众投入抗日救亡运动。

1939年春，李癸泉到坡头圩联系卢裕生开展宣传抗日救亡工作，在回程中途不幸染病去世，时年43岁。

二、重大革命事件

广州湾抗法斗争　　1898年3月7日，法国借口英、俄、德等国在中国沿海均有租界，遂派使臣吕班向清政府递交照会，提出"在南省海面设立趸船之所"等四项要求，并指定："中国国家将广州湾作为停船趸煤之所，租与法国国家九十九年。"在法国政府的要挟下，清政府被逼允许将吴川县南三都广州湾村坊几个小村落和附近海面，面积约20平方千米，租借给法国作为停船趸煤之所，租期99年，范围待对该地查勘后商订。

法国政府获得清政府答复将南三都的广州湾村坊租作停船趸煤之所后，不待勘界，不待签约，于1898年4月22日派遣巴斯噶号、袭击号、狮子号三艘军舰载兵五百，登陆南三都广州湾，在靖海宫附近红坎岭上修兵营，建炮台、马房，称"南营"，作为扩大占领区域的桥头堡。

法国政府早已包藏野心。在法军占据广州湾红坎岭建兵营站稳脚跟后，不久又派军舰西进，出兵登陆遂溪县的海头汛（今霞山），激起海头南柳吴帮泽等为首的抗法斗争群众运动。法军为巩固其占领海头汛这个重要据点，又迅速出兵占领南三都的北涯头，建兵营（同样称"南营"），以利其扩大占领范围。

1898年农历五月，法军出兵侵占麻斜，占地建公使署（原称东营），修马路，建码头，要把麻斜村张氏祖坟也平了，激起麻斜民众的无比愤慨。麻斜乡绅张魁开亲自到南三联络陈跃龙、陈竹轩和南二的李锦标等著名乡绅，率领南三、南二、南一等地1000多人的武术队伍，带上大刀、长矛、马叉、藤牌、木棍、锄头等，集中在麻斜烟楼岭张氏祖坟处，歃血誓师，接着开赴现场捣毁工地，发动突然袭击，因法军毫无准备，打死法兵两人，打伤数十人，法兵抵挡不住，纷纷退回军舰。法军见群情激愤，来势凶猛，只得妥协，派员谈判，被迫停止施工，南三、南二、南一人民的联合抗法斗争取得了第一次胜利。

可是，法军不甘心失败，为达到扩大租界范围的目的，于是继续派军舰沿麻斜海面向北推进，侵占吴川石门和遂溪的沙溪、东菊等地，激起遂溪、吴川等地人民纷纷起来开展抗法斗争，时间持续一年多。当时清政府腐败无能，内部矛盾重重，屈服于法国压力，为平息遂溪、吴川人民的抗法斗争，乃派太子少保、广西提督苏元春为划界全权代表，与法国远东海军舰队总司令高睿进行谈判，划定租界。1899年11月16日，两国代表签订《广州湾租界条约》，清政府把遂溪、吴川部分陆地及两县之间的海面（含广州湾海面），划为租借地；海陆面积共2130平方千米，划为法国租界，租借期99年。租界名称统称为"广州湾"，"广州湾"从此沦为法国殖民地。法初进时，设治于广州湾的"大王公庙"附近（称"南营"），后南营迁北涯头村（今属南三镇），再迁麻斜，设营盘称"东营"。今坡头区南三、麻斜、坡头、南调、乾塘均在租界内。

　　"三月三"反法斗争　　1936年3月，法当局宣布"义务公役法"，规定16—40岁的男子，每月要做4天修路义务劳役，伙食和工具自备。不去者，每天要缴交代役金西币4角。村民得知后纷纷反对，通过9个议员长和几十个议员3次向法国官署交涉及递交书面文书，要求法当局收回命令，但都没有结果。坡头人民在靠议员交涉无效后，便实行自救。陈宝华、梁贵荣和梁文东等人便联络南二、南三各乡有志之士在坡头圩武帝庙开会，决定准备大规模武装请愿。1936年4月23日（农历丙子年闰三月初二），坡头村民听说有100多个法国兵到南三田头村强行征税，捉猪打狗，于是决定初三日统一行动。是日清早，坡头、乾塘各村16岁以上者全部出动，约有三四万人，手持锄头、棍棒、刀叉，挥舞旗帜，在石角渡集合，准备渡海去南三，与南三自救会几千人一起往田头村。后得知法国兵没有去南三，请愿人群便前往坡头法国公局，将公局楼包围起来。公局人员连忙关上大门，公局局长要求队伍散去，派出代表来谈判。请愿人们选出七八个代表，正想去谈判时，发现匆匆从赤坎赶来的平日作凶多端的法国走狗卢文廷（外号"撮须"），大家齐声喝打。卢见势不妙，拔腿向公局方向逃跑。青年陈土轩身携双刀，飞步上前追赶，卢已跑入公局楼，紧闭大门。陈土轩用两枚铁钉爬墙而上，将到二楼窗口时，被卢文廷开枪打中，当场牺牲。此举激起群众极大愤慨，一齐奋勇冲向公局楼，把门推倒，一拥而进，夺取长短枪28枝、子弹2盒。卢文廷和公局法国官员在二楼死守。群众向二楼进攻，杨真贵、陈福章、李康保、陈兴炎也先后牺牲。农民怒火冲天，把公局楼围得水泄不通。当时法国营官殷多东带有蓝带兵30多人驻扎在离公局楼几百步的营盘，也被群众包围。到下午5时，群众仍然坚持斗争，最终迫使法国官员答应由群众代表和法国方面验尸拍照，拨款掩埋死难者，抚恤家属，撤销"义务公役法"和撤换坡头行政委员。

钩镰岭阻击战　1944年11月22日，日、伪混合队100余人，由日军小队长松川、伪廉江民众自卫联合指挥官黄剑夫率领，从赤坎沙湾出发，分乘3艘双桅木头船向两家滩方向进犯，企图袭击中共廉吴边区工委控制的石门乡附近的湍流村。是日凌晨5时，日、伪军在距湍流村约2公里的钩镰岭海边登岸，分路围攻湍流村。

廉吴边区工委在书记黄景文的具体组织下，决心集中全区抗日力量，围歼偷袭之敌于钩镰岭一带。

是役，打死打伤日军中尉分队长松川等日、伪官兵30余人，抗日游击队无一伤亡，钩镰岭战斗再次坚定了南路人民的抗日斗志，打击了日、伪军的嚣张气焰。

坡头地区全境解放　1949年9月，中共吴川县滨海区党总支根据吴川工委关于"通过统战工作，和平解放南三"的指示，确定民国政府南三区副区长、自卫队队长陈桂林为重点争取对象。通过多方面工作，陈桂林决定弃暗投明。于是，滨海区党总支决定9月19日夜收缴民国政府南三区公所、自卫队、联防队及盐警队枪支弹药。陈桂林与中共南三地下武工队约定，晚上8时，武工队和群众包围位于巴东圩的区公所和自卫队，等候陈桂林的信号。深夜12点，陈桂林发出信号，劳冰石带领陈智良等10多名武工队队员冲进区公所，把区兵集中在一个房间看管，收缴长枪22支，驳壳枪4支，手榴弹20余颗，各种子弹一批。

9月20日凌晨4时，劳冰石带领陈智良、陈清等20多名武工队队员包围盐警队。陈晏如以牌友关系，带着穿一身伪军军装的陈智良，以有要事找队长为名，通过岗哨进入盐警队驻地。缴获盐警队机枪1挺，枪榴弹筒1具，炮弹20发，长短枪78支，各种子弹8担。

当天上午8时，劳冰石率领100多人的武装队伍，赶到白沙圩，包围联防队驻地"亚婆庙"。武工队队员进入联防队队部，顺利地收缴了联防队的枪械。至此，南三和平解放。

是年11月15日，国民党吴川县县长郑为楣带领自卫中队和伪职员400多人，从黄坡窜到龙头圩，企图往湛江逃窜，被人民解放军吴川大队包围。第二天，黄明德率领中国人民解放军粤桂边纵队第一支队第一、第三团赶到龙头岭与县大队配合，进行强攻；粤桂边纵队第七支队也派一个团来参战。11月17日下午7时，吴川县人民政府发出军字第七号令，限令国民党吴川县县长郑为楣及部属于1小时内放下武器，缴械投降，郑被迫接受投降条件。是年11月20日，坡头（含乾塘、南调、麻斜）和平解放。至此，坡头地区全境宣布解放。

南三联岛工程　位于坡头区东南的南三岛，原由灯塔（亦称"光明"）、田头、南滘、凤輋（亦称"凤霞"）、巴东、五里、黄村、调东、北涯和蟛蜞等10个小岛组成，有38000多人分散住在各个岛上，每年受风沙、干旱、咸潮、台风等自然灾害侵袭，环境恶劣，民不聊生，是历史上的重灾区。据史料记载：从1929年到1949年，10岛被流沙吞没农田1000多亩。1947年发生的旱灾和咸潮，造成10岛颗粒无收，饿死村民204人，有3600多人外出逃荒，卖儿卖女358人。

新中国建立后，共产党和人民政府领导南三人民堵海联10岛，造林镇风沙，生产自救。1950年冬至1951年冬，筑起上木历村岭至凤辇村岭北海堤，建木历围与南兴的霞罩围。1952年冬至1953年冬，筑起田头岛与南滘岛相连的北边北灶围与南边解放围。1954年冬至1955年冬，筑起灯塔与田头北部相连的海围，叫光明垯。1956年冬至1957年冬，筑起凤辇岛与巴东岛相连的凤霞围和南滘岛与巴东相连的南海围，而后又筑起五里岛与黄村岛相连的五里围（东段叫"狗子围"，中段叫"东滘围"，西段叫"西滘围"，南段叫"北涯江围"，西南段叫"新门口围"）。

南三联岛工程始于1950年，至1958年3月终于将10个小岛联成一个面积达123.4平方千米的大岛。围堤总长49.36千米，投入130多万个劳动日，完成135万多立方土方工程，保护了2273.33公顷田地免受咸潮侵袭。向海要地1893.33公顷，其中458.4公顷可种植水稻，1434.93公顷建为盐田。

南三沿海造防护林带　1954年起，南三人工造林3100公顷，以种木麻黄树为主。在该岛东部和东南沿海造成长22千米，宽2千米至3千米的防风林带，根治了风沙灾害，有效防御海潮、台风的危害。南三林场和林带，中外闻名。1958年，南三人民公社被评为全国社会主义建设先进单位，荣获国务院奖状。中共中央领导朱德、贺龙、陈毅和广东省委领导陶铸、陈郁，著名戏剧家田汉等先后亲临视察，朱德委员长植树留念。1977年9月7日，以土耳其厄仑先生为团长，19个国家人员组成的联合国粮农考察团考察了南三木麻黄林带。

附录三 革命遗址

一、坡头区革命遗址现状

1. 遗风小学

遗风小学位于湛江市坡头区官渡镇埠头村委会泮北村。始建于1930年，围院式建筑，砖混结构，坐北向南，面宽28.4米，进深34.8米，占地面积988.32平方米，原是泮北村陈姓族人的祠堂。

泮北村是中共广东南路党组织重要领导人陈信材的祖籍地，也是高雷工委和广东南路特委的领导者从事革命活动的主要据点。1926年3月，中共南路特派员黄学增派陈信材到石门泮北村发展了杨焯堂等三名共产党员。6月，中共石门乡党小组成立，组长杨焯堂。同月，石门乡农民自卫队（预备队）和石门区农协分会成立。12月，中共石门乡党小组改为党支部，书记杨焯堂。1927年四一二反革命政变后，石门乡党组织遭破坏，1929年冬被迫中断活动。泮北村遗风小学是陈信材于1930年创办的。1939年秋，高雷工委派中共党员梁红（女）到遗风小学任教，建立高雷工委交通联络站。1940年2月，中共广东南路特委将领导机关设在遗风小学，特委领导人周楠、温焯华在这里部署吴西南区的工作。同年5月，遗风小学党支部成立，党员有袁惠慈（女）、梁伟勋、苏坚（女），袁惠慈任支部书记。当时支部的主要任务是保护特委领导机关。1940年6月，中共南路特委在遗风小学召开为期10天的重要会议，传达学习中央重要文件。参加会议的有各县的特派员黄其江、杨克毅、邓麟彰、张振煊、黄景文、王国强等10多人，会议由特委负责人周楠、温焯华主持。1943年，吴廉边区工委书记黄景文把领导机构设在遗风小学。1945年1月，中共广东南路特委在遗风小学召开会议，决定成立南路人民抗日解放军（原番号为"广东南路人民抗日游击纵队"），由南路特委书记周楠任司令员兼政委，李筱峰（即"何维"）任参谋长，温焯华任政治部主任。随后，南路人民抗日解放军与国民党爱国将领张炎、詹式邦组织的高雷人民抗日军从吴川北上，联合创建粤桂边抗日根据地，鼎盛时期武装人员达3000余人，成为广东南路人民抗日的一股重要力量。

遗风小学于1999年9月被湛江市人民政府公布为湛江市文物保护单位。

2. 新川大窝天后宫

新川大窝天后宫位于湛江市坡头区乾塘镇沙城村委会新川村，始建于明代，坐北向南，三间两进，占地面积155.82平方米，砖瓦式结构，博古封火山墙，船型会塑屋脊，青石步阶，红砖地板，具清代建筑风格，历代均有修葺。

1926年5月22日，广东省农民协会南路办事处主任黄学增、中共吴川党支部书记陈信材、振文农民协会执行委员彭成贵和中共黄坡党组织负责人李子安到上淡水沟村开展革命工作，决定设立淡水沟联络站，站长为李癸泉，联络员为李荣泰、李瑞春等人。根据黄学增、陈信材的指示，为支援省港大罢工，淡水沟联络站积极配合各口岸纠察队，特别是联络黄坡预备队，日夜在海岸线巡查，禁止粮油生猪出口和洋货进口，并于同年农历六月至七月截获大米和洋货各一船。1926年1月8日，按中共吴川县支部和广东农协办事处的指示，南二淡水沟党小组在新川村大窝天后宫成立渔民协会。南三、南二渔民代表200多人参加会议，与会代表推选李癸泉为会长，李瑞春、陈庆桃为副会长。为了配合渔民协会的斗争，设淡水沟和大窝天后宫两个哨所。新川村大窝天后宫成了地下党组织水陆交通联络的枢纽，其时，共产党员从内地到广州湾通行无阻。

新川大窝天后宫于2002年9月被湛江市文化局公布为湛江市文物保护对象。

3．高雷人民抗日军成立誓师大会遗址——高岭村马路尾广场

高岭村马路尾广场位于湛江市坡头区官渡镇高岭村委会高岭村。抗日战争时期，著名抗日爱国将领张炎、詹式邦于1945年1月14日在吴川县樟山村率部举行抗日民主武装起义，同月19日，张、詹将其起义部队改编为高雷人民抗日军，军部设在高岭村詹式邦书房。张炎任军长，詹式邦任副军长，曾伟任政治部主任。下辖两个团，第五团团长为张世才，第六团团长为张怡和，警卫营营长为张启彬。张、詹组织2000多人在高岭村马路尾广场召开高雷人民抗日军成立誓师大会，张炎、詹式邦先后在会上发表演说，揭露蒋介石的黑暗统治，抨击国民党消极抗日，拥护共产党的抗日主张，号召起义官兵为抗日保国保乡而战斗，公开表明联共抗日。张、詹的武装起义，震惊了国民党当局，他们调兵猛扑吴川，掀起血雨腥风。在国民党的残酷镇压下，起义失败了，但在高雷地区人民抗日战争史上，写下了光辉的一笔。

4．石门埠婆庙（文武庙）

石门埠婆庙（文武庙）位于湛江市坡头区官渡镇三角村委会关草村。始建于明代，1889年重修，1994年再次修葺。该庙坐东北向西南，砖木结构，建筑占地面积186平方米。石门埠婆庙（文武庙）在抗法、抗日和解放战争中都曾起到重要作用。庙

后高地设有炮台，与对岸遂溪的车公庙炮台相望。锁住官渡海湾的海上通道，给当年法国殖民者和侵华日军构成严重威胁。1927年，蒋介石发动上海四一二大屠杀和广州发生四一五反革命政变后，全国处于白色恐怖之中。5月初，中共南路党组织原定在广州湾鸡岭召开南路十五县农民代表紧急会议，后因消息暴露便转移到吴西南地区石门埠婆庙（文武庙）召开。当时广东南路的十五县包括吴川、茂名、信宜、电白、化县、廉江、遂溪、海康、徐闻、灵山、合浦、钦县、防城、阳江、阳春。实际到会的只有吴川等九个县的代表，吴川县代表是陈信材、李士芬、易经。会议由广东省农民协会南路办事处总干事、中共茂名县党支部书记、茂名县筹备处主任朱也赤，中共吴川县支部书记、特支书记、中共南路特委委员陈信材（又名"陈柱"）和中共遂溪县委委员黄广渊等主持，会议决定组织成立南路农民革命委员会，统一领导南路人民开展武装斗争。党组织派石门区农军担任会议的保卫工作。会议决定由朱也赤任南路农民革命委员会主任兼农运组组长，陈信材任副主任兼军事组组长，杨枝水任宣传组组长兼负责共青团工作，梁文琰负责刻钢板、绘图，刘傅骥任财经组组长。会后除朱也赤、梁文琰、杨枝水留在机关工作，其余各县党组织负责人及委员，均分别返回原地领导人民武装斗争。

5. 新村大神堂

新村大神堂位于湛江市坡头区官渡镇新村委会新村，坐东北向西南，砖瓦结构，占地面积130.5平方米。

在抗日战争和解放战争时期，大神堂是新村党组织、政权组织、武装组织的活动中心和指挥部。1937年，中共吴川县领导人陈信材、肖光护、杨子儒、张德钦视察新村沿海一带之后，认定这里是抗日游击队活动的好地方。于是，1938年春夏间，陈信材带领革命青年李侠宏在新村建立"大刀会"，接着派陈汉雄、梁涛明在新村建立"守船守垌队""渡海运输队""农民自卫队""宣传队""秘密交通联络站""抗日联防站""担架队"等组织。1942年，陈信材、梁伟勋、黄景文、王国强、李侠宏、程耀连、刘汉、梁红、陈汉雄、周自珍、梁涛明、周楠、温焯华、全国明、杨克毅、陈枫等先后来新村从事革命活动，建立党小组，相继成立农协会、妇女会，建立国民学校，由党员陈继任教，同时开办夜校。随着革命活动的深入开展，黄连吉、冯光尤、万德芬、李强、廖祥和、刘润东等都来这里活动。1945年1月王国强率陈以铁部队来新村驻防，驻防期间在新村祠堂和大神堂度过几天几夜。詹式邦部队也曾到新村隐蔽，得到新村人民在钱粮方面的大力支持。

6．博立许氏大、小宗祠

博立许氏大、小宗祠位于湛江市坡头区坡头镇博立村委会博立村东北面。许氏大、小宗祠分东西并排而建。

1944年，革命同志李侠宏奉命到滨海区工作。当时博立村驻有国民党的自卫中队，他们经常下乡封村捉人，"清赤剿共"，十分猖狂。李侠宏以过硬的功夫顺利进入博立功夫馆当教头。地下党负责人杨子儒派许氏子弟许华秋、许焕文、许贵、许日瑞四人以习武为名到功夫馆与李侠宏直接联系。1945年6月，蔡华元到博立村建立许氏大、小宗革命联络站，并组建游击小组，负责人分别是许华秋和许焕文。许氏大、小宗革命联络站先后接待和掩护过杨子儒、李时清、李一鸣、蔡华元、蔡华秋、李士轩等一大批同志。由于该革命联络站组织严密，成了武馆董事会的堡垒。在"清乡队"的"铁桶围剿"和"刮地清乡"之下，不少革命联络站惨遭破坏，而博立许氏大、小宗革命联络站却安全地保留下来，在解放战争中发挥了重要作用。

由于年久失修，博立许氏大、小宗祠已破烂不堪。2003年，许爱周家族捐资86万元人民币重修许氏大、小宗祠，基本恢复原貌。2004年10月，宗祠内增设许华秋、许真轩革命烈士事迹陈列室，许氏大、小宗祠被评为坡头区爱国主义教育示范基地。

博立许氏大、小宗祠于2008年1月被湛江市人民政府公布为湛江市文物保护单位。

7．三合窝天后宫

三合窝天后宫位于湛江市坡头区乾塘镇三合居委会滨海路，东南角是三合窝圩，右侧为北马围、三合窝渡口岸边。清咸丰元年（1851），为三合窝渔港民众为纪念天后圣母林默娘而建。1993年庙宇按原样重修，坐东向西，三间两进，檩架式砖木结构，建筑占地面积150.1平方米，清代建筑风格。

抗法斗争时期，1898年6月19日，1000多人聚集在麻斜烟楼岭进行抗法斗争，乾塘、南寨、三合窝、沙城等地群众数百人在三合窝天后宫集结，加入麻斜烟楼岭抗法队伍，与南一、南二、南三、坡头、川西等地人民合力抗法。1900年，法军强占三合窝天后宫作为当地公局办事处，镇压当地人民，遭到人民的强烈反抗，后来只得另建公局楼。

1926年11月间，三合窝沙干咀村杨光南经南二淡水沟党小组组长李癸泉和吴川县农民运动特派员吴运瑞介绍，加入了中国共产党。中共南路特派员黄学增、中共吴川支部书记陈信材经实地考察后，指示在天后宫成立南二交通联络站，派李癸泉兼任站长，杨光南任交通员，常驻天后宫负责交通联络工作。

1937年至1945年秋，抗日战争时期南路党组织、吴川特委先后派杨子儒、陈军、李衍章等人来三合窝天后宫视察，并在此召开秘密会议，传达上级指示，研究作战方案。中共吴梅支部书记张德钦、副书记韦成荣、委员孙均太先后在天后宫发动群众开盐田晒盐和煮盐，筹集经费支援抗日救亡运动。

1946—1949年，解放战争时期吴川县县长兼工委书记杨子儒与滨海区区长李时清、副区长韦成荣、南二乡乡长骆实林、武工队队长李华池等人先后在三合窝天后宫设立滨海区税站。解放海南岛前夕，三合窝天后宫滨海区税站和三合窝农会派出帆船三艘，舵手三人，筹集钱粮一批，支援解放海南岛。

三合窝天后宫于2008年1月被湛江市人民政府公布为湛江市文物保护单位。

二、坡头区革命遗址的保护修复及开发利用建议

2011年，中共湛江市坡头区委党史研究室，按照全国革命遗址普查登记要求，对全区革命遗址进行普查登记。经普查，坡头区有革命遗址泮北遗风小学、新川大窝天后宫等处。革命遗址和革命文物，是革命传统教育不可复制的宝贵财富。但是，区内大多数革命遗址因为年久失修，已破旧不堪，有的甚至已经消失，如再不抢救修复，将永远失去这些宝贵的遗址。建议区委、区政府和有关部门，根据本地实际，制订切实可行的保护利用方案，加大革命遗址维修经费和革命文物收集展览经费投入，对重要的特别是开发利用价值大的革命遗址优先安排维修，或开发成红色旅游景点，或建成党史、革命传统教育基地和爱国主义教育基地。

纪念设施

一、纪念碑

泮北村革命烈士纪念碑　为纪念为革命事业而牺牲的烈士，2000年3月，官渡镇政府在泮北村修建"泮北村革命烈士纪念碑"，2004年5月28日建成并举行隆重的揭幕仪式。

纪念碑耸立于泮北村乌石山上，周围树木青翠，陵园内绿草如茵。纪念碑陵园占地1782平方米，分三层台阶，第一层前有四级台阶，第二层有六级台阶，第三层有四级台阶。纪念碑位于陵园西部，坐西向东，庄严肃穆。

纪念碑高约13.14米，由三部分组成。第一级基座高1.70米，正面宽2.80米，侧面宽2.10米。四周镶以黑色的玄武岩石板作边，凸起，中间镶嵌白色大理石板。正面白色大理石板上刻着黑字的碑文，原文照录如下：

泮北村是革命老村庄，是一九五七年吴川县首批评为全县十一条革命老村庄之一。

早在第一次大革命时期，泮北村人民便在陈信材为书记的中国共产党吴川县支部领导下，组织农民协会和农军开展革命斗争，于一九四零年建立中共泮北遗风小学支部。抗日战争期间遗风小学是中共南路特委机关所在地。泮北村是南路特委重要据点。从抗日战争直至全国解放战争时期，泮北村始终是革命的堡垒村庄。在革命战争年代，大批青壮年参加革命部队，为革命作贡献，流血牺牲。解放后，一九五七年先后经广东省人民政府批准，被追认为革命烈士的有十个人。为了永远弘扬和缅怀革命先烈的丰功伟绩和革命精神，对青少年和广大人民群众进行社会主义、爱国主义和革命传统的教育，激励后人继承先烈遗志。在党和人民政府的领导下，艰苦奋斗，奋发图强，为建设社会主义"四个"现代化而努力奋斗。

革命烈士永垂不朽！

湛江市坡头区官渡镇人民政府敬立

二零零二年六月

撰文：陈枫

背面大理石板上刻着泮北村革命烈士简介（共十人，文略）。除了介绍本村十位烈士外，还列有三位曾在遗风小学任教的烈士名字和其他十位烈士名字。

第二级碑座高0.97米，正面宽1.70米，侧面宽1.47米。最上面是主碑身，高约10.47米，顶部盖有翘角琉璃瓦。第二级碑座和主碑身四周均贴着藏青色石板，碑身正面中间镶嵌着白色大理石板，上刻"泮北村革命烈士纪念碑"十个黑色大字，为曾任南路人民抗日解放军第一支队政治部主任、粤桂边区党委组织部部长，解放后先后任湛江医学院（现"广东医科大学"）党委书记、广东省教育厅副厅长的黄其江同志所书。

纪念碑是由市、区有关部门拨款和曾在泮北村从事过革命工作的黄其江等老同志以及村民共75人捐资建成。

二、其他纪念设施

抗法五烈士墓　抗法五烈士墓位于坡头区坡头镇九有村九有岭上，始建于1936年，坐东南向西北，2008年重修。墓园长50米，宽40米，面积达2000平方米，是法国殖民统治时，坡头"三月三"抗法斗争中牺牲的五位烈士陈土轩、李康保、陈福章、杨真贵和陈真炎的坟墓。1936年农历闰三月三日，为了反抗法国殖民者的苛捐杂税，陈土轩等五人和三万多名手无寸铁的农民群众一起围攻坡头圩法国公局，迫使殖民者免除苛捐杂税。在斗争中，五人英勇牺牲，群众将他们安葬于此。五座墓冢呈梅花状排列，为灰砂结构。最顶正中是陈福章（中共党员）墓冢，左右两边各有2座，分别是陈土轩、李康保、杨真贵和陈真炎的墓冢。抗法五烈士墓是坡头地区人民奋起反抗法国殖民者残暴统治、英勇斗争的重要历史见证，也是坡头区爱国主义教育基地。

附录五 历史文献及红色诗选

一、历史文献

中华民国国民政府与法国临时政府
交收广州湾租借地专约

中华民国国民政府、法兰西共和国临时政府，依据一九四五年三月十三日规定，本双方素有之友谊精神，以求解决中法间悬案之换文，决定缔结本约，并各派全权代表如左：

中华民国国民政府主席特派中华民国外交部政务次长吴国桢博士

法兰西共和国临时政府主席特派法兰西共和国驻中华民国大使馆代办戴立堂先生

两全权代表各将所奉全权证书，互相校阅，均属妥善，议定条款如左：

第一条：一八九九年十一月十六日中法间所订专约作废，该专约所给予法国政府之一切权利，即行终止。

第二条：法国政府同意，将广州湾租借地依照一八九九年十一月十六日中法专约所划定地界内之行政与管理，归还中国政府，并了解中国政府于收回该地时，担任该地所负之义务及债务，并保证对一切合法权利予以保护。

第三条：法国政府愿将该地上，并属于该地之一切土地、房屋、公产、设备及建置，无偿让与中国政府；并将一切登记簿档案契据，以及其他公文、为接收与将来管辖广州湾需用者，交与中国政府。

第四条：（一）为免除法国公司及人民在广州湾地域内，现有关于不动产契据及权利，发生任何问题，并为免除因废止一八九九年十一月十六日订立之中法专约，可能发生之问题起见，中国政府与法国政府双方同意，上述现有之权利及契据不得取消作废，并不得以任何理由，加以追究。但依照正常法律程序，提出证据，证明此项权利，系以诈欺或其他不正当手段所取得者，不在此限。同时，相互了解，此项权利或契据取得所依据之原来手续，无论日后有任何变更之处，该权利或契据不得因之作废。双方并同意，此项权利或契据之行使，应受中华民国关于征收税捐，有关国防，及征用土地各项法令之约束；非经中华民国政府之明白许可，不得移让于第三国政府或人民，包括公司在内。（二）中国政府与法国政府并同意，中华民国政府对于法国公司及人民，持有之不动产租契或其他证据，如欲另行换发新所有权状时，中国官厅当不征收任何费用。此项新所有权状，应充分保障上述租契或其他证据之持有人与其合法之继承人及受让人，并不得减损其原来权益，包括转让权在内。（三）中国政府与法国政府并同意，中国官厅不得向法国之公司及人民，要求征纳涉及本约发生效力以前有关土地移转之任何费用。

第五条：中国政府如经法国政府请求时，允许西营之旧广州湾租借地行政长官之官邸，暨所属地皮及附属物，免费租与法国政府作为法国领事馆馆址，使用一时，并经双方同意，得予延长；但了解自本约订立日起一年内，如法国政府放弃援用此项规定时，中国政府可将上述地皮及所有房屋收回，自由确切使用。

第六条：本约所有各项规定即日起发生效力。

第七条：本约用中法文各缮两份均有同等之效力。

上开全权代表，爰于本约签字盖印，以昭信守。

中华民国三十四年八月十八日，即西历一九四五年八月十八日，订于重庆

　　吴国桢（签名）

　　戴立堂（签名）

附件：

本日交收广州湾租借地专约签订时，双方全权代表，均同意于该地解放时，派一中法混合委员会前往该地，该委员会由中国外交部与法国驻华大使馆，各派一人组成之。其任务如左：

（一）协助当地当局，处理关于交收行政之一切紧急问题；

（二）采取一切必要步骤，俾法国之文武人员，得在最良好之状况下，遣回本国。

中华民国三十四年八月十八日，即西历一九四五年八月十八日，于重庆。

　　吴国桢（签名）

　　戴立堂（签名）

日军雷州支队投降书

一、日本天皇、日本帝国政府及日本帝国大本营，已向同盟国最高统帅无条件投降。

二、同盟国最高统帅第一号命令规定："在中华民国（东三省除外）、台湾与越南北纬十六度以北地区内之日本全部陆、海、空军与辅助部队，应向蒋（介石）委员长投降。"

三、吾等在雷州半岛区域之全部日本陆、海、空军及辅助部

队之将领，愿率其所属部队向蒋（介石）委员长投降。

四、吾等当立即命令所有雷州半岛区域内之日本陆、海、空军各级指挥官及其所属部队与所控制之部队，向蒋（介石）委员长特派受降代表中国陆军总司令何应钦上将及何应钦上将指定之雷州半岛地区受降官邓龙光中将投降。

五、投降之全部日本陆、海、空军愿即停止敌对行动。暂留原地，待命将所有武器、弹药装具、器材、补给品、情报资料、地图、文献、档案及其他一切资产等当暂时保管，所有航空器材及飞行场一切设备，舰艇、船舶、车辆及码头、工厂、仓库及一切建筑物，以及现在上述地区内日军或其控制之部队所有或其控之置军用或民用财产，亦均应保持完整，待缴于蒋（介石）委员长特派受降代表中国陆军总司令何应钦上将及何应钦上将指定之雷州半岛地区受降长官邓龙光中将之部队长及政府机关代表接收。

六、雷州半岛区域内日本海、陆、空军所俘同盟国战俘及拘留之人民立予释放，并保护送至指定地点。

七、自此以后，所有投降之日本陆、海、空军当即服从蒋（介石）委员长之节制并接受蒋（介石）委员长及其代表中国陆军总司令何应钦上将及何应钦上将指定之雷州半岛地区受降官邓龙光中将所颁发之命令。

八、本官对本投降书所列各项及蒋（介石）委员长与其代表中陆军总司令何应钦上将及何应钦上将指定之雷州半岛地区受降官邓龙光中将以及对投降日军所颁发之命令，当立即对各级军官及士兵转达。遵照所有驻雷州半岛地区之日军官佐士兵均须负责完全履行此类命令之责。

九、投降之日本陆、海、空军中任何人员，对于本降书所列各款及蒋（介石）委员长与其代表中国陆军总司令何应钦上将及其指定之雷州半岛受降官邓龙光中将嗣后所授之命令尚有未能履行或迟延情事，各级负责官长及违犯命令者愿受惩罚。

奉日本帝国政府及日军派遣军总司令官冈村宁次大将命签字人日军雷州支队长渡部中佐，公历一九四五年九月二十一日午前九时签字于中华民国湛江市之赤坎，陆军中佐渡部市藏（印）。

代表中华民国、美利坚合众国、大不列颠联合王国、苏维埃社会主义共和国联邦，并为对日本作战之其他联合国之利益，于公历一九四五年九月二十一日午前九时在湛江市之赤坎接受本降书。

中国战区最高统帅特级上将蒋（介石）中正特派代表中国陆军总司令一级上将何应钦指定之雷州半岛地区受降官陆军中将邓龙光（印）。

二、红色诗选

出航广州湾门

陈信材

寄托生涯一叶舟，潮生潮落载遨游。

渔家喜爱随流水，我独兜帆向逆流。

（作者为20世纪20年代中共吴川特支书记）

抗法斗争颂

李　通　吴鲁德

法寇疯狂占九乡，奸淫掳掠毁民房。

乾塘岭上挥刀斧，米稔村中打土枪。

大岸英雄收渡口，石门俊杰夺沧岗。

麻斜义勇擒番鬼，久有乡人缚虎狼。

（作者曾任中国人民解放军总参谋部参谋处处长）

吴川人民抗法抗税斗争颂

吕克（原名"李全春"）

法帝侵吴发吼声，九乡义勇建三营。

尖山铸剑铠铠响，陇水磨刀霍霍鸣。

南寨连环擒寇首，长坡陷阱捉番兵。

川西百里联防固，蓝眼奔逃梓里宁。

（作者曾任中国人民解放军军政大学秘书处处长）

莅南三岛题诗

田　汉

不许风潮犯稻粱，沿滩百里木麻黄。

北涯南滘岛连岛，东陌西阡秧接秧。

曾说白沙遮日月，今看绿水泛鸳鸯。

归来已是湛江夜，灯塔回眸万丈光。

（1962年作者偕夫人到南三岛参观防护林带时赋诗留念）

南三林带

王国强

绿色长城环岛中，林园千里蔽长空。

风沙匿迹十岛暖，日月峥嵘四宇红。

山河改观惊伟力，林粮丰收树雄风。

共看南三创业史，饮水不忘党勋功。

（作者曾任中共湛江市委书记）

附录六 革命烈士英名录（1925—1949）

一、抗日战争时期

郑亚康 又名郑秀芬，男，生于1917年，官渡镇大垌村人。1943年参加游击队，1943年12月在廉江县三合圩与敌作战牺牲，生前是吴廉边区游击队战士。

黄中帮 又名黄康强，男，生于1921年，官渡镇麻俸村人。1943年12月参加游击队，1944年10月在官渡北马村执行任务，被敌逮捕杀害，生前是南路人民抗日游击队交通员。

黄义中 男，生于1919年，龙头镇垌尾村人。1944年12月参加游击队，1945年2月在廉江县灯草村与敌作战牺牲，生前是南路人民抗日游击队花陈大队连司务长。

吴保似 男，生于1920年，龙头镇石井村人。1944年参加游击队，1945年2月在廉江县灯草村与敌作战牺牲，生前是南路人民抗日解放军第二支队战士。

黄安班 又名黄亚称，男，生于1926年，官渡镇麻俸村人。1943年12月参加游击队，1945年2月在廉江县灯草岭与敌作战牺牲，生前是吴廉边区游击队战士。

黄亚四 男，生于1913年，官渡镇官塘村人。1943年参加游击队，1945年2月在廉江县灯草岭与敌作战牺牲，生前是吴廉边区游击队战士。

郑观寿　男，生于1899年，官渡镇那湾仔村人。1943年参加游击队，1945年2月在广西合浦县谷埠河与敌作战牺牲，生前是南路人民抗日解放军第一支队第一大队副班长。

黄亚牛　男，生于1906年，官渡镇麻俸村人。1943年12月参加游击队，1945年2月在廉江县灯草岭与敌作战牺牲，生前是吴廉边区游击队战士。

黄陈秀　男，生于1927年，官渡镇三角村人。1944年11月参加游击队，1945年2月在广西合浦县谷埠河与敌作战牺牲，生前是南路人民抗日解放军第一支队第一大队战士。

李汉兴　男，生于1923年，官渡镇大龙村人。1944年12月参加游击队，1945年2月在广西合浦县谷埠河与敌作战牺牲，生前是南路人民抗日解放军四团六连战士。

陈亚福　男，生于1920年，乾塘镇沙环村人。1944年参加游击队，1945年3月在茂名县与敌作战牺牲，生前是南路人民抗日解放军第二支队第一大队第一中队战士。

詹田养　男，生于1906年，官渡镇垌稍村人。1944年7月参加游击队，1945年5月在遂溪县山口村被敌包围，作战牺牲，生前是南路人民抗日解放军第二支队战士。

詹土陆　男，生于1925年，官渡镇垌稍村人。1944年参加游击队，1945年5月在遂溪县山口村被敌包围，作战牺牲，生前是南路人民抗日解放军第二支队战士。

詹阿九　男，生于1922年，官渡镇高岭村人。1944年7月参加游击队，1945年5月在遂溪县山口村被敌包围，作战牺牲，生前是南路人民抗日解放军第二支队战士。

郑盛初　又名郑日安，男，生于1906年，龙头镇高坡村人。1944年参加游击队，1945年8月在上蒙村被敌围捕，于龙头圩被害，生前是吴川县西南区游击队文化教员。

李观保 男，生于1920年，官渡镇华握村人。1944年11月参加游击队，1945年11月在廉江县草塘圩与敌作战牺牲，生前是吴廉边区游击队班长。

郑亚龙 男，生于1909年，官渡镇新屋仔村人。1944年参加游击队，1945年在化州县中垌圩被敌杀害，生前是吴廉边区游击队战士。

詹有荣 又名詹土光，男，生于1923年，官渡镇垌稍村人。1944年7月参加游击队，1945年5月在遂溪县山口村被敌包围作战牺牲，生前是南路人民抗日解放军第二支队战士。

陈康太 男，生于1906年，官渡镇黄六村人。1944年参加游击队，1945年在化州县甘村作战牺牲，生前是吴廉边区游击队战士。

郑观隆 男，生于1915年，官渡镇大垌村人。经坡头区组织联合调查组调查，大垌村郑观隆同志惨遭国民党反动派杀害，生前是中共南路人民解放军战士。

二、解放战争时期

冯大章 男，生于1914年，官渡镇埠头村人。1944年参加游击队，1946年2月在廉江县大塘区与国民党反动派作战，被捕后遭杀害，生前是吴廉边区游击队战士。

李树斌 男，生于1901年，官渡镇埠头村人。1946年5月参加游击队，1946年10月在埠头村被国民党反动派杀害，生前是埠头村通讯站通讯员。

陈元福 男，生于1890年，官渡镇高山村人。1946年参加地下工作，1946年11月22日在高山村后背岭被国民党反动派杀害，生前是高山村村长。

陈昌仁 男，生于1878年，官渡镇高山村人。1946年参加地下工作，1946年11月22日在高山村后背岭被国民党反动派杀害，生前是高山村农会会长。

陈其钧 男，生于1900年，官渡镇高山村人。1946年参加地下工作，1946年11月22日在高山村后背岭被国民党反动派杀害，生前是高山村村长。

庞亚福 男，生于1928年，官渡镇鸭屋村人。1944年参加游击队，1946年12月在廉江县灯草村被国民党反动派包围，作战牺牲，生前是吴川县西南区游击队战士。

张亚贵 男，生于1911年，乾塘镇烟楼村人。1943年参加游击队，1946年在信宜县丁堡镇被国民党反动派逮捕杀害，生前是南路人民解放军第四团六连战士。

李观兴 男，生于1902年，乾塘镇太平村人。1943年参加游击队，1946年在茂名县与国民党反动派作战牺牲，生前是南路人民解放军第四团六连战士。

李上贵 又名李子龙，男，生于1910年，乾塘镇南寨村人。1939年参加游击队，1946年在茂名县与国民党反动派作战负重伤，回覃巴白石村后牺牲，生前是南路人民解放军第四团六连班长。

陈李保 男，生于1920年，官渡镇泮北村人。1944年参加游击队，1946年在广西合浦与国民党反动派作战牺牲，生前是南路人民解放军老一团战士。

庞永昌 男，生于1904年，官渡镇扶林村人。1944年参加游击队，1946年6月被国民党反动派逮捕，7月在龙头圩遭杀害，生前是扶林村交通站站长。

庞华明 男，生于1921年，官渡镇埠头村人。1944年参加游击队，1947年1月在廉江县龙湾村与国民党反动派作战牺牲，生前是南路人民解放军第四团战士。

　　江婆生　男，生于1927年，官渡镇金鸡坡村人。1946年参加游击队，1947年1月在官渡丰山村被国民党反动派逮捕，在廉江县那梭圩遭杀害，生前是吴川县西南区游击队交通员。

　　陈阿九　男，生于1916年，官渡镇泮北村人。1946年5月参加游击队，1947年1月在廉江县漂竹村被国民党反动派逮捕，被杀害于平坦圩，生前是南路人民解放军第二支队战士。

　　詹鉴元　又名詹坚，男，生于1920年，官渡镇高岭村人。1944年11月参加游击队，1947年1月在陆安场村被捕，同年在吴川县黄坡洗猪沟遭杀害，生前是吴川县滨海区文化教员。

　　袁兴仔　男，生于1929年，官渡镇埠头村人。1946年参加游击队，1947年2月在廉江县漂竹村被国民党反动派杀害，生前是吴川县西南区游击队战士。

　　陈土妹　男，生于1924年，乾塘镇沙城村人。1947年参加游击队，1947年3月在电白县水东被国民党反动派包围，作战时牺牲，生前是南路人民解放军第四团六连战士。

　　庞水兴　男，生于1905年，官渡镇扶林村人。1946年参加游击队，1947年3月被国民党反动派逮捕，于官渡新圩被杀害，生前是扶林村村长。

　　庞观同　男，生于1924年，龙头镇泉井村人。1947年参加游击队，1947年4月29日在龙头蓝村岭被国民党反动派逮捕杀害，生前是吴川县西南区游击队排长。

　　陈玉华　男，生于1900年，龙头镇南头圩村人。1946年参加游击队，1947年6月在广西防城县北溪碣遭国民党反动派袭击，壮烈牺牲，生前是粤桂边区人民解放军老一团战士。

　　吴亚养　男，生于1927年，龙头镇石井村人。1944年参加游击队，1947年7月在广西合浦县与国民党反动派作战牺牲，生前是粤桂边区人民解放军第二支队战士。

蒋秀兴　男，生于1918年，官渡镇泮北黑石村人。1946年5月参加游击队，1947年7月在吴川县五里山海上收税时被国民党反动派逮捕并杀害于龙头圩岭，生前是吴川县西南区游击队战士。

陈江生　男，生于1915年，官渡镇泮北村人。1946年6月参加游击队，1947年7月在廉江县那梭圩攻打国民党保安队堡垒时被捕并遭杀害，生前是吴川县西南区游击队战士。

朱亚九　又名朱水生，男，生于1927年，官渡镇那黄村人。1946年4月参加游击队，1947年7月在吴川县五里山海上收税时被国民党反动派杀害，生前是吴川县西南区游击队战士。

詹锡玲　男，生于1914年，官渡镇丰山村人。1947年4月参加地下工作，1947年7月到北坡执行任务的归途中被捕，同月在吴川县板桥圩遭杀害，生前是吴川县石门乡丰山行政村主任。

陈子华　又名黄春如，男，生于1919年，乾塘镇三片村人。1947年4月参加革命，1947年7月在化州县外桐村与国民党反动派作战负伤后牺牲，生前是粤桂边区人民解放军新四团战士。

陈文彪　又名陈廷居，男，生于1895年，南三镇田头村人。1945年参加游击队，1947年8月在官渡被国民党反动派"围剿"时渡河牺牲，生前是吴川县滨海区游击队战士。

林称来　男，生于1919年，坡头镇鸡母塘村人。1946年参加游击队，1947年8月在化州县与廉江县交界三块石掩护部队撤退时牺牲，生前是粤桂边区人民解放军新四团二营五连战士。

郑少萍　又名郑康佑，女，生于1926年，官渡镇新屋仔村人。1944年12月参加游击队，1947年8月在云南被国民党反动派追击投河壮烈牺牲，生前是粤桂边区人民解放军老一团卫生员。

黄康养　男，生于1917年，官渡镇三角村人。1947年参加乡队，同年8月在吴川县五里山海上与国民党反动派作战牺牲，生前是石门乡乡队小队长。

朱亚九　男，生于1924年，官渡镇调滕村人。1947年2月参加乡队，同年8月在吴川县五里山海上与国民党反动派作战被俘，在龙头圩遭杀害，生前是石门乡乡队班长。

尹南中　男，生于1918年，官渡镇德信坡村人。1947年2月参加游击队，同年8月在化州县甘村与国民党反动派作战牺牲，生前是吴川县西南区游击队战士。

吴亚雄　男，生于1921年，龙头镇石井村人。1944年参加游击队，1947年10月在广西合浦县与国民党军队作战牺牲，生前是粤桂边区人民解放军第二支队战士。

詹陈炳　男，生于1925年，官渡镇岭尾村人，中共党员。1947年7月参加游击队，1947年10月在官渡荔枝坡对面岭与国民党反动派作战牺牲，生前是吴川县西南区游击队指导员。

钟文举　男，生于1901年，官渡镇丰坡村人。1945年参加游击队，1947年10月在官渡大垌村养病，被国民党反动派杀害，生前是吴川县西南区游击队战士

吴亚贵　男，生于1918年，麻斜街道办张屋村人。1947年3月参加游击队，1947年11月在吴川县平定坡被捕并遭杀害，生前是吴川县独立二营战士。

袁亚林　又名袁培，男，生于1926年，龙头镇后归埇村人。1946年参加游击队，1947年11月在广西十万大山作战牺牲，生前是粤桂边区人民解放军老一团战士。

陈　旺　男，生于1929年，官渡镇泮北村人。1946年3月参加游击队，1947年11月被国民党反动派围捕，在廉江县那梭圩遭杀害，生前是吴川县西南区游击队战士。

郑玉保　又名郑洪，男，生于1926年，官渡镇大垌村人。1945年参加游击队，1947年11月在湛江被捕，于大垌村遭杀害，

生前是吴川县滨海区游击队队员。

谭第富　男，生于1913年，官渡镇下山村人。1946年6月参加游击队，1947年11月在战斗中被俘，于官渡泮北村遭国民党反动派杀害，生前是吴川西南区游击队战士。

李其富　男，生于1917年，官渡镇那黄村人。1946年参加游击队，1947年11月被国民党反动派逮捕，在埠头村后背岭遭杀害，生前是吴川县西南区游击队战士。

庞爱菊　女，郑洪之妻，生于1926年，官渡镇大垌村人。1944年参加游击队，1947年11月在湛江被捕，于龙头圩岭遭杀害，生前是吴川县游击队通讯员。

庞亚九　又名庞苏，男，生于1911年，官渡镇坑陇村人。1947年参加工作，1947年11月在坑陇村被国民党反动派逮捕，于吴川县黄坡遭杀害，生前是坑陇村村主任。

廖阿日　又名廖祥永，男，生于1910年，官渡镇东蒲堤村人。1946年6月参加游击队，1947年11月送信到廉江县黎屋村被国民党反动派逮捕并遭杀害，生前是蒲堤通讯站通讯员。

陈继齐　男，生于1904年，官渡镇泮北村人。1946年参加革命，1947年12月13日在家中遭国民党反动派联防队包围被杀害，生前是情报员。

李士模　又名李初，男，生于1905年，官渡镇东岸村人。1944年12月参加地下工作，1947年12月在官渡泮北村被捕，于泮北后背岭遭敌人杀害，生前是湛江门头税收站税收员。

姚玉芳　又名姚日顺，男，生于1918年，坡头镇后塘垵屋村人，1943年参加游击队，1947年12月在后塘邱屋山村被国民党反动派逮捕杀害，生前是吴川县滨海区游击队交通员。

张保兴　男，生于1911年，官渡镇荔枝坡村人。1947年7月参加游击队，1947年12月在荔枝坡村被国民党反动派包围杀害，生前是荔枝坡村农会会长。

郑林生 又名郑培安，男，生于1921年，官渡镇大垌村人。1943年参加游击队，1947年12月在大垌村被国民党反动派逮捕，在吴川县黄坡圩遭杀害，生前是大垌村农会会长。

詹子才 男，生于1903年，官渡镇高岭村人。1947年5月参加游击队，1947年12月在电白县望夫岭与国民党反动派作战牺牲，生前是粤桂边区人民解放军排长。

江田福 男，生于1918年，官渡镇金鸡坡村人。1945年参加游击队，1947年12月在金鸡坡村被国民党反动派逮捕并杀害，生前是吴廉边区游击队卫生员。

詹育文 男，生于1916年，官渡镇高岭村人。1947年5月参加游击队，同年12月在高岭村被国民党反动派围村杀害，生前是高岭行政村主任。

李二嫂 女，生于1915年，官渡镇中蒲堤村人。1946年5月参加游击队，1947年12月在送信途中被国民党反动派逮捕，于埠头岭遭杀害，生前是蒲堤通讯站通讯员

詹碧池 又名詹亚桂，男，生于1914年，官渡镇丰山村人。1947年参加游击队，同年12月在廉江县那梭圩被国民党反动派杀害，生前是吴川县西南区游击队分队长。

詹亭崧 男，生于1918年，官渡镇丰山村人。1947年参加地下工作，1947年12月被捕，同月在吴川县新圩遭杀害，生前是吴川县石门乡丰山行政村主任。

冯康益 男，生于1916年，乾塘镇姓冯村人，团员。1946年参加游击队，1947年在茂名与国民党反动派作战牺牲，生前是粤桂边区人民解放军四团六连战士。

陈圣有 男，生于1917年，乾塘镇沙城村人，团员。1946年参加游击队，1947年在电白县谷伦岭与国民党反动派作战牺牲，

生前是吴川县滨海区游击队班长。

赖土兴　男，生于1912年，龙头镇赖屋村人。1944年参加游击队，1947年在廉江县平坦收税时被国民党反动派逮捕杀害，生前是吴川西南区税收队队长。

袁美华　男，生于1907年，龙头镇下埠头村人。1946年参加游击队，1947年在龙头莫村执行任务时被捕，于黄坡遭杀害，生前是粤桂边区人民解放军独立一团副连长。

赵士春　男，生于1911年，官渡镇羊狗埇村人。1944年参加游击队，1947年在白屋村被国民党反动派包围，在突围时牺牲，生前是粤桂边区人民解放军第二支队战士。

陈王生　男，生于1920年，官渡镇泮北村人。1944年12月参加游击队，1947年在广西与国民党反动派作战牺牲，生前是粤桂边区人民解放军老一团战士。

杨观贵　男，生于1928年，乾塘镇新屋村人。1946年参加游击队，1948年1月在吴川县三柏圩被国民党反动派逮捕杀害，生前是吴川县滨海区游击队战士。

杨真保　男，生于1920年，官渡镇岭屋垌村人。1946年参加游击队，1948年1月在官渡新圩仔被国民党反动派杀害，生前是吴川县滨海区游击队排长。

刘亚轩　男，生于1916年，官渡镇北斗村人。1947年6月参加游击队，1948年1月在廉江县那叠圩被国民党反动派杀害，生前是吴川县西南区游击队通讯员。

李亚福　男，生于1912年，乾塘镇沙城村人。1947年参加革命，1948年2月24日在吴川县川西乡三柏圩被国民党反动派杀害，生前是吴川县滨海区武工队队员。

袁士益　又名袁益，男，生于1924年，南三镇岭脚村人。1947年6月参加游击队，1948年2月在廉江县院塘乡陇水与国民党反动派作战时牺牲，生前是粤桂边区人民解放军四团五连战士。

梁广福 男，生于1915年，官渡镇北马村人。1947年春参加地下工作，1948年3月被捕，同月21日于官渡新圩遭杀害，生前是吴川县西南区特思乡北马行政村主任。

陈胜华 男，生于1910年，南三镇田头村人。1948年3月参加游击队，同年在吴川县被捕遇害，生前是吴川县滨海区游击队战士。

冯大任 男，生于1926年，官渡镇埠头村人。1944年参加游击队，1948年3月在廉江被国民党反动派逮捕并杀害，生前是粤桂边区人民解放军第四团战士。

张裕彩 男，生于1922年，麻斜街道办张屋村人。1947年3月参加粤桂边区人民解放军，1948年4月在广西明江县饭包岭炮垒村与国民党反动派作战牺牲，生前是粤桂边区人民解放军新一团班长。

詹瑞芳 男，生于1892年，官渡镇岭尾村人。1946年5月参加游击队，1948年4月在吴川县被国民党反动派杀害，生前是岭尾村村长。

许真轩 女，生于1929年，坡头镇博立浦头村人。1947年4月参加革命，1948年6月在东海岛西山村被国民党反动派包围，后坐船到海上隐蔽，遇台风船沉落水牺牲，生前是坡头交通站通讯员。

黄永太 男，生于1902年，官渡镇谭滩村人。1944年12月参加游击队，1948年7月在官渡思茅园村被国民党反动派杀害，生前是谭滩行政村主任。

庞永寿 男，生于1923年，官渡镇扶林村人。1944年参加游击队，1948年7月被国民党反动派逮捕，同年在龙头圩岭遭杀害，生前是扶林村通讯站通讯员。

陈亚教　男，生于1921年，南三镇霞瑶村人。1947年参加游击队，1948年8月被国民党反动派逮捕在南三淡水冲遭杀害，生前是吴川县滨海区游击队战士。

陈大甫　男，生于1895年，乾塘镇乾塘村七甲人。1947年参加游击队，1948年8月在乾塘符山岭与国民党反动派作战受伤，后牺牲，生前是吴川县滨海区游击队班长。

郑称弟　又名郑兴，男，生于1920年，乾塘镇中长巷村人。1943年参加游击队，1948年9月在飞沙村被捕，于坡头圩遭杀害，生前是吴川县坡头乡副乡长。

骆陈秀　男，生于1912年，乾塘镇西滘村人。1945年参加游击队，1948年9月在徐闻县被国民党反动派包围，作战牺牲，生前是吴川县滨海区游击队战士。

陈元茂　又名陈洪子，男，生于1923年，官渡镇泮北村人。1944年参加南路人民游击队，1948年10月在南三岛与麻斜之间的张屋海面遇国民党反动派作战牺牲，生前是吴川县西南区游击队连长。

陈丙周　男，生于1896年，龙头镇米稔村人。1946年参加游击队，1948年10月在米稔村因叛徒郑亚卜出卖，遭国民党反动派杀害，生前是米稔村主任。

陈康隆　男，生于1905年，龙头镇米稔村人。1947年参加游击队，1948年10月在米稔村因叛徒出卖被国民党反动派杀害，生前是吴川县西南区游击队队长。

詹田旺　男，生于1903年，龙头镇东埇村人。1946年参加游击队，1948年10月西征到广西，与国民党反动派作战时牺牲，生前是粤桂边区人民解放军新一团排长。

陈春才　男，生于1898年，官渡镇山咀村人。1947年参加游击队，1948年10月被捕，同年在龙头圩牛坡遭杀害，生前是山咀村村长。

黄亚保　又名黄锡良，男，生于1918年，官渡镇三角村人。1947年2月参加游击队，1948年1月在遂溪县南坡海上被国民党反动派"围剿"，投海壮烈牺牲，生前是石门行政村主任。

詹土寿　男，生于1918年，龙头镇屋背埇村人。1946年参加游击队，1948年12月在屋埇村被国民党反动派杀害，生前是粤桂边区人民解放军独立一团二连班长。

陈水旺　男，生于1920年，官渡镇泮北村人。1944年12月参加南路人民游击队，1948年在吴川县鸡斗屋与国民党反动派作战牺牲，生前是粤桂边区人民解放军第四团战士。

张亚九　男，生于1923年，麻斜街道办张屋村人。1947年3月参加粤桂边区人民解放军，1948年在广西与国民党反动派作战牺牲，生前是粤桂边区人民解放军新一团战士。

庞康寿　男，生于1920年，官渡镇黄泥埇村人，1946年参加游击队，1948年与国民党反动派作战时被俘，在官渡新圩仔牺牲，生前是吴川县西南区游击队战士。

洗天兴　男，生于1925年，南三镇麻弄村人。1947年2月参加游击队，1948年在吴川县被捕，于赤坎寸金桥遭杀害，生前是粤桂边区人民解放军四团五连战士。

谭康其　又名谭春如，男，生于1927年，南三镇麻弄村人。1947年2月参加游击队，1948年在廉江县陇塘村与国民党反动派作战牺牲，生前是粤桂边区人民解放军四团五连战士。

陈亚福　男，生于1923年，乾塘镇烟楼村人。1944年参加游击队，1948年在东海岛海面被国民党反动派追捕时牺牲，生前是粤桂边区人民解放军第四团战士。

骆实林　男，生于1911年，乾塘镇西滘村人。1944年参加游击队，1948年被国民党反动派逮捕，于乾塘三柏圩遭杀害，生前是南寨乡副乡长。

陈富元　男，生于1910年，乾塘镇烟楼村人。1943年参加游击队，1948年在乾塘三柏圩被国民党反动派逮捕杀害，生前是吴川县滨海区游击队战上。

韩桢儒　男，生于1898年，龙头镇殷底村人。1947年参加游击队，1948年在龙头上蒙村被国民党反动派包围，作战牺牲，生前是粤桂边区人民解放军独立一团三连战士。

莫康荣　男，生于1927年，龙头镇油麻埇村人。1946年参加游击队，1948年在广西十万大山被国民党反动派包围，于突围时牺牲，生前是粤桂边区人民解放军新一团战士。

莫真胜　男，生于1911年，龙头镇海尾村人。1947年参加游击队，1948年在广西十万大山被国民党反动派包围，于突围时牺牲，生前是粤桂边区人民解放军新一团战士。

庞　贵　男，生于1902年，龙头镇上水埠村人。1946年参加游击队，1948年在广西十万大山被国民党反动派包围，于突围时牺牲，生前是粤桂边区人民解放军新一团战士。

庞成义　男，生于1894年，龙头镇上水埠村人。1946年参加游击队，1948年在广西十万大山被国民党反动派包围，于突围时牺牲，生前是粤桂边区人民解放军新一团战士。

莫真保　男，生于1918年，龙头镇芦村人。1946年参加游击队，1948年在广西十万大山被国民党反动派包围，于突围时牺牲，生前是粤桂边区人民解放军新一团战士。

莫天飞　男，生于1904年，龙头镇芦村人。1946年参加游击队，1948年在广西十万大山被国民党反动派包围，于突围时牺牲，生前是粤桂边区人民解放军新一团班长。

莫善基　男，生于1898年，龙头镇芦村人。1947年参加游击队，1948年在芦村由于叛徒出卖被国民党反动派杀害，生前是芦村村长。

庞国崇 男，生于1898年，龙头镇垌尾村人。1946年参加游击队，1948年在垌尾村被捕，在绿水圩遭杀害，生前是垌尾村村长。

赵观兴 男，生于1925年，龙头镇榕树村人。1946年参加游击队，1948年在广西十万大山被国民党反动派包围，于突围时牺牲，生前是粤桂边区人民解放军新一团战士

吴卓芳 又名吴亚林，男，生于1916年，官渡镇细罅村人。1943年参加游击队，1948年被国民党反动派逮捕，在官渡新圩遭杀害，生前是细罅村主任。

詹楚才 男，生于1919年，官渡镇高岭村人。1944年12月参加游击队，1948年1月在三埇被捕，同年在官渡新圩仔遭杀害，生前是吴川县游击队司务长

陈旺仔 男，生于1918年，官渡镇泮北村人。1944年12月参加游击队，1948年在吴川县塘㙟鸡斗屋村与国民党反动派作战牺牲，生前是吴川县西南区游击队战士。

陈瑞如 男，生于1896年，官渡镇山咀村人。1946年参加游击队，1948年10月在龙头被国民党反动派逮捕并遭杀害，生前是粤桂边区人民解放军独立一团秘书。

陈亚有 男，生于1917年，乾塘镇西头屋村人。1948年参加游击队，1949年1月在大埔村被国民党反动派杀害，生前是粤桂边区人民解放军第四团战士。

梁观富 男，生于1914年，坡头镇亚罗村人。1945年参加游击队，1949年1月在坡头旧大坡村被国民党反动派包围，作战时牺牲，生前是吴川县滨海区游击队战士。

李信莞 又名李康同，男，生于1912年，乾塘李垌田村人，中共党员。1944年参加游击队，1949年3月在廉江县中塘仔突围

作战牺牲，生前是吴川县滨海区游击队副连长。

李信蓂　男，生于1918年，乾塘镇李垭田村人，中共党员。1944年参加游击队，1949年3月在廉江县中塘仔突围作战牺牲，生前是南路交通站总站长。

李衍章　又名李亚寿，男，生于1920年，乾塘镇太平村人。1945年参加游击队，1949年3月在廉江县中塘仔突围作战牺牲，生前是吴川县滨海区游击队经济主任。

陈普祥　又名陈日兴，男，生于1916年，乾塘镇沙城村人，中共党员。1946年参加游击队，1949年3月在廉江县中塘仔突围作战牺牲，生前是吴川县滨海区游击队分队长。

朱田养　男，生于1905年，乾塘镇南寨村人。1944年参加游击队，1949年3月在廉江县中堂仔于突围作战中被国民党反动派逮捕，4月在湛江遭杀害，生前是吴廉边区游击队战士。

许华秋　男，生于1920年，坡头镇博立浦头村人。1943年参加革命，1949年6月3日掩护同志脱险时被国民党反动派杀害于南三北灶尾村，生前是吴川县滨海区坡头乡乡长。

庞毓南　又名庞真晓，男，生于1926年，南三镇陈屋村人，1949年2月参加游击队，1949年7月随部队往遂溪县，在新桥被捕，于湛江麻登仔遭杀害，生前是中国人民解放军粤桂边纵队四团战士。

庞亚义　又名庞康益，男，生于1902年，南三镇陈屋村人。1949年2月参加游击队，1949年7月随部队往遂溪县在新桥被捕，在湛江麻登仔遭杀害，生前是中国人民解放军桂边纵队四团二连战士。

李庞生　又名李权，男，生于1922年，官渡镇华握村人，中共党员。1944年11月参加游击队，1949年7月在吴川县石埠大杀田被国民党反动派杀害，生前是吴川县交通站站长。

蔡德仔 男，生于1914年，官渡镇大田头村人。1944年12月参加游击队，1949年8月在霞山屋山岭与国民党反动派作战牺牲，生前是中国人民解放军粤桂边纵队第四团排长。

冼　钧 又名冼钧钧，男，生于1921年，南三镇麻弄村人。1947年参加游击队，1949年在硇州岛被国民党反动派包围，作战牺牲，生前是吴川县滨海区游击队战士。

（以上烈士资料源自《广东省革命烈士英名录》，另郑观隆烈士资料由坡头区退役军人事务局提供）

附录七

湛江市坡头区革命老区村庄情况简表

自然村名称	所属镇（街）	所在村委会	革命老区类别	户籍人口（2017）	耕地面积（亩）	水果种植面积（亩）	养蚝面积（亩）	养虾养鱼面积（亩）	人均可支配收入（元）	教育文化设施	荣誉称号
坤头	官渡	坤头	解放战争时期游击根据地村庄	1700	800	200		120	8356	学校文化楼	坡头区生态文明村
潭滩	官渡	坤头	抗日战争时期革命根据地村庄	548	510	30			9000		
新屋	官渡	坤头	解放战争时期游击根据地村庄	1080	370			40	8000	学校文化楼	
洋北	官渡	坤头	抗日战争时期游击根据地村庄	620	864	230			9000	学校	

（续上表）

自然村名称	所属镇（街）	所在村委会	革命老区类别	户籍人口（2017）	耕地面积（亩）	水果种植面积（亩）	养蚝面积（亩）	养虾养鱼面积（亩）	人均可支配收入（元）	教育文化设施	荣誉称号
新兴	官渡	坲头	解放战争时期游击根据地村庄	203	126	50		20	8100		
王芜	官渡	坲头	解放战争时期游击根据地村庄	483	290	11		25	8000		
那黄	官渡	坲头	解放战争时期游击根据地村庄	445	423	3		20	8500		
塘棉	官渡	坲头	解放战争时期游击根据地村庄	1023	445			65	18100		
木樟	官渡	坲头	解放战争时期游击根据地村庄	145	144			15	8000		
黑石	官渡	坲头	解放战争时期革命根据地村庄	42	121	22			9000		
大田头	官渡	坲头	解放战争时期游击根据地村庄	450	378	60			8000		

（续上表）

自然村名称	所属镇（街）	所在村委会	革命老区类别	户籍人口（2017）	耕地面积（亩）	水果种植面积（亩）	养蚝面积（亩）	养虾养鱼面积（亩）	人均可支配收入（元）	教育文化设施	荣誉称号
石窝	官渡	东岸	抗日战争时期革命根据地村庄	760	250			1000	11000	文化楼 路灯	
三角	官渡	三角	抗日战争时期革命根据地村庄	1200	560			230	13000	学校 文化楼	
华握	官渡	东岸	抗日战争时期革命根据地村庄	490	162				10000	文化楼	
垌稍	官渡	高岭	抗日战争时期革命根据地村庄	450	384	80			8500	学校	
隔山	官渡	高岭	抗日战争时期革命根据地村庄	364	220	50			9000	文化楼	湛江市生态文明村
陈垌	官渡	高岭	抗日战争时期革命根据地村庄	43	84	25		20	8100		
木候	官渡	高岭	解放战争时期游击根据地村庄	607	421	780			8000		

（续上表）

自然村名称	所属镇（街）	所在村委会	革命老区类别	户籍人口（2017）	耕地面积（亩）	水果种植面积（亩）	养蚝面积（亩）	养虾养鱼面积（亩）	人均可支配收入（元）	教育文化设施	荣誉称号
下樟坡	官渡	高岭	解放战争时期游击根据地村庄	238	279	300			8550		
上樟坡	官渡	高岭	解放战争时期游击根据地村庄	194	178	55			8500		
高岭	官渡	高岭	抗日战争时期革命根据地村庄	2152	1400	1000				学校文化楼	湛江市生态文明村、坡头区乡村振兴村
背村	官渡	北马	抗日战争时期革命根据地村庄	1000	480	200			8563	文化楼	
大垌	官渡	大垌	抗日战争时期革命根据地村庄	2460	1200	35		65	8200	学校文化楼	
扶林	官渡	大垌	抗日战争时期革命根据地村庄	488	141	15			8300		
潭村	官渡	潭村	解放战争时期游击根据地村庄	2100	905	180	250	150	8850		

314

（续上表）

自然村名称	所属镇（街）	所在村委会	革命老区类别	户籍人口（2017）	耕地面积（亩）	水果种植面积（亩）	养蚝面积（亩）	养虾养鱼面积（亩）	人均可支配收入（元）	教育文化设施	荣誉称号
田头屋	官渡	北马	解放战争时期游击根据地村庄	270	116		20		8570		
坑陇	官渡	北马	解放战争时期游击根据地村庄	980	460		200		8430	文化楼	
北马	官渡	北马	解放战争时期游击根据地村庄	1263	575	207			8594	文化楼	
那湾	官渡	大垌	解放战争时期游击根据地村庄	388	234	12		24	8500	文化楼	
白石垌	官渡	高山	解放战争时期游击根据地村庄	1400	891	100		30	9000	学校文化楼	
黄泥埇	官渡	高山	解放战争时期游击根据地村庄	418	310	110			9200	路灯	湛江市最美村庄
佛子岭	官渡	高山	解放战争时期游击根据地村庄	205	156				8500		

（续上表）

自然村名称	所属镇（街）	所在村委会	革命老区类别	户籍人口（2017）	耕地面积（亩）	水果种植面积（亩）	养蚝面积（亩）	养虾养鱼面积（亩）	人均可支配收入（元）	教育文化设施	荣誉称号
大坡	官渡	高山	解放战争时期游击根据地村庄	135	149				9300	文化楼	
新山	官渡	高山	解放战争时期游击根据地村庄	140	155				9000		
岑屋垌	官渡	高山	解放战争时期游击根据地村庄	480	281				8800		
孔屋	官渡	高山	解放战争时期游击根据地村庄	156	182				9100		
鸭屋	官渡	山嘴	解放战争时期游击根据地村庄	212	117	13		33	8760		湛江市生态文明村，坡头区乡村振兴村
云梯	官渡	山嘴	解放战争时期游击根据地村庄	247	161			5	8930		湛江市生态文明村，坡头区乡村振兴村
新安	官渡	三角	解放战争时期游击根据地村庄	166	36			7	13300		

（续上表）

自然村名称	所属镇（街）	所在村委会	革命老区类别	户籍人口（2017）	耕地面积（亩）	水果种植面积（亩）	养蚝面积（亩）	养虾养鱼面积（亩）	人均可支配收入（元）	教育文化设施	荣誉称号
调腾	官渡	三角	解放战争时期游击根据地村庄	168	168			30	13100		
铁芦	官渡	三角	解放战争时期游击根据地村庄	256	186			14	12800	文化楼	湛江市生态文明村
龙霞	官渡	东岸	解放战争时期游击根据地村庄	250	90				11000	文化楼	
东岸	官渡	东岸	解放战争时期游击根据地村庄	1400	389				11500	学校文化楼	坡头区生态文明村
新旺	官渡	东岸	解放战争时期游击根据地村庄	215	11			12	11050	文化楼	
端山	官渡	三角	解放战争时期游击根据地村庄	336	80			13	12500		官渡镇生态文明村
华里	官渡	三角	解放战争时期游击根据地村庄	560	230		2		13000		

（续上表）

自然村名称	所属镇（街）	所在村委会	革命老区类别	户籍人口（2017）	耕地面积（亩）	水果种植面积（亩）	养蚝面积（亩）	养虾养鱼面积（亩）	人均可支配收入（元）	教育文化设施	荣誉称号
北斗	官渡	三角	解放战争时期游击根据地村庄	300	56			14	13000		
尖草	官渡	三角	解放战争时期游击根据地村庄	586	275		160	40			
东浦堤	官渡	东岸	解放战争时期游击根据地村庄	360	148				11100		
中浦堤	官渡	高山	解放战争时期游击根据地村庄	350	123				10500	文化楼路灯	
细拉	官渡	黄桐	解放战争时期游击根据地村庄	1710	302	45		250	10308	学校文化楼	湛江市卫生村，坡头区综合治理平安示范村
南洋	官渡	黄桐	解放战争时期游击根据地村庄	92	139	90		15	8125		

（续上表）

自然村名称	所属镇（街）	所在村委会	革命老区类别	户籍人口（2017）	耕地面积（亩）	水果种植面积（亩）	养蚝面积（亩）	养虾养鱼面积（亩）	人均可支配收入（元）	教育文化设施	荣誉称号
扇屋	官渡	黄桐	解放战争时期游击根据地村庄	300	150	40		25	8100		
黄桐	官渡	黄桐	解放战争时期游击根据地村庄	600	462	90		42	8125	学校文化楼	
北陂	官渡	黄桐	解放战争时期游击根据地村庄	588					8120	学校	
金鸡坡	官渡	黄桐	解放战争时期游击根据地村庄	380	540				9000		
关垌	官渡	黄桐	解放战争时期游击根据地村庄	460	383	350		35	8200		
南埇	官渡	岭尾	解放战争时期游击根据地村庄	318	150			20	8560	文化楼	湛工市生态文明村
埤屋	官渡	岭尾	解放战争时期游击根据地村庄	258	53			40	8670	文化楼	坡头区生态文明村

（续上表）

自然村名称	所属镇（街）	所在村委会	革命老区类别	户籍人口（2017）	耕地面积（亩）	水果种植面积（亩）	养蚝面积（亩）	养虾养鱼面积（亩）	人均可支配收入（元）	教育文化设施	荣誉称号
岭尾	官渡	岭尾	解放战争时期游击根据地村庄	656	168	69		100	8868	文化楼	湛江市生态文明村
回龙	官渡	岭尾	解放战争时期游击根据地村庄	230	51	30			8580	文化楼	湛江市生态文明村
埠头仔	官渡	岭尾	解放战争时期游击根据地村庄	260	160				8530	文化楼	
马劳地	官渡	大龙	解放战争时期游击根据地村庄	630	480	100	100		11000	学校	坡头区生态文明村
下山	官渡	大龙	解放战争时期游击根据地村庄	280	410				9200		
大龙	官渡	大龙	解放战争时期游击根据地村庄	480	600	70			10800		
麻俸	官渡	麻俸	解放战争时期游击根据地村庄	2801	1775	200		2000	13845	学校	湛江市生态文明村

（续上表）

自然村名称	所属镇（街）	所在村委会	革命老区类别	户籍人口（2017）	耕地面积（亩）	水果种植面积（亩）	养蚝面积（亩）	养虾养鱼面积（亩）	人均可支配收入（元）	教育文化设施	荣誉称号
官塘	官渡	麻俸	解放战争时期游击根据地村庄	850	505	6	1200	250	13845	文化楼	湛江市生态文明村
新村	官渡	新村	抗日战争时期游击根据地村庄	1808	582	2	1000	520	98000	学校文化楼	湛江市生态文明村、坡头区乡村振兴村
山坡	官渡	新村	解放战争时期游击根据地村庄	458	582	2	1000	520	9800	学校文化楼	湛江市生态文明村、坡头区乡村振兴村
岭上	乾塘	大仁堂	解放战争时期游击根据地村庄	1100	935	700	35	200	5300	学校	乾塘镇生态文明村
大仁堂	乾塘	大仁堂	大革命时期红色根据地村庄	1853	1380			320	5600	学校文化楼	湛江市生态文明村
东村	乾塘	大仁堂	抗日战争时期革命根据地村庄	1480	900			400	4500	学校文化楼	湛江市生态文明村
岭脚	乾塘	米稳	解放战争时期游击根据地村庄	367	400			68.5	8650	文化楼	坡头区生态文明村

（续上表）

自然村名称	所属镇（街）	所在村委会	革命老区类别	户籍人口（2017）	耕地面积（亩）	水果种植面积（亩）	养蚝面积（亩）	养虾养鱼面积（亩）	人均可支配收入（元）	教育文化设施	荣誉称号
埇尾垌	乾塘	米稳	解放战争时期游击根据地村庄	1020	697			47	8663	学校 文化楼	坡头区生态文明村
西头屋	乾塘	米稳	解放战争时期游击根据地村庄	448	273				8365	文化楼	
烟楼	乾塘	南寨	抗日战争时期革命根据地村庄	1055	595		1000	300	8260	学校 文化楼	
南寨	乾塘	南寨	抗日战争时期革命根据地村庄	989	614			34	8760	学校 文化楼	
溶口	乾塘	南寨	解放战争时期游击根据地村庄	856	570			160	8100	学校 文化楼	
田头屋	乾塘	南寨	解放战争时期游击根据地村庄	185	30			55	7650		
西湾	乾塘	南寨	解放战争时期游击根据地村庄	120	184			46	7105	学校	

（续上表）

自然村名称	所属镇（街）	所在村委会	革命老区类别	户籍人口（2017）	耕地面积（亩）	水果种植面积（亩）	养蚝面积（亩）	养虾养鱼面积（亩）	人均可支配收入（元）	教育文化设施	荣誉称号
西园	乾塘	南寮	解放战争时期游击根据地村庄	756	398			80	7630		
广文	乾塘	南寮	解放战争时期游击根据地村庄	520	199			45	7850		
青山	乾塘	三合居委会	大革命时期红色根据地村庄	473	152				6075		
三合窝	乾塘	三合居委会	解放战争时期游击根据地村庄	318	36				6200		
长巷	乾塘	三合居委会	解放战争时期游击根据地村庄	588	162				6649		
均尾	乾塘	三合居委会	解放战争时期游击根据地村庄	152	68				7316	文化楼	乾塘镇生态文明村

（续上表）

自然村名称	所属镇（街）	所在村委会	革命老区类别	户籍人口（2017）	耕地面积（亩）	水果种植面积（亩）	养蚝面积（亩）	养虾养鱼面积（亩）	人均可支配收入（元）	教育文化设施	荣誉称号
沙环	乾塘	三合居委会	解放战争时期游击根据地村庄	192	76				6300	文化楼	
中长巷	乾塘	三合居委会	解放战争时期游击根据地村庄	496	136				6356	文化楼	
坡塘	乾塘	三片	大革命时期红色根据地村庄	323	346				8110	文化楼	湛江市生态文明村
大屋头	乾塘	三片	大革命时期红色根据地村庄	530	480			90	8800		
壁屋	乾塘	三片	抗日战争时期革命根据地村庄	216	160				8100	文化楼	
埇田村	乾塘	三片	抗日战争时期革命根据地村庄	350	340				8150	文化楼	

（续上表）

自然村名称	所属镇（街）	所在村委会	革命老区类别	户籍人口（2017）	耕地面积（亩）	水果种植面积（亩）	养蚝面积（亩）	养虾养鱼面积（亩）	人均可支配收入（元）	教育文化设施	荣誉称号
上万屋	乾塘	三片	解放战争时期游击根据地村庄	1008	800			45	8200	文化楼	湛江市生态文明村
下万屋	乾塘	三片	解放战争时期游击根据地村庄	540	435			90	8750		
下那洪	乾塘	三片	解放战争时期游击根据地村庄	480	202				8120	文化楼	湛江市生态文明村
上那洪	乾塘	三片	解放战争时期游击根据地村庄	130	76				8400		
中那洪	乾塘	三片	解放战争时期游击根据地村庄	560	369				8500		
沙城	乾塘	沙城	大革命时期红色根据地村庄	994	181			40	8500	学校 文化楼	
上淡水沟	乾塘	沙城	大革命时期红色根据地村庄	2548	1471				8300		

（续上表）

自然村名称	所属镇（街）	所在村委会	革命老区类别	户籍人口（2017）	耕地面积（亩）	水果种植面积（亩）	养蚝面积（亩）	养虾养鱼面积（亩）	人均可支配收入（元）	教育文化设施	荣誉称号
新川	乾塘	沙城	大革命时期红色根据地村庄	888	242				8410		
梁圩	乾塘	沙城	大革命时期红色根据地村庄	688	215				8650		
坡田后	乾塘	沙城	大革命时期红色根据地村庄	536	295			30	8250		
乾塘	乾塘	乾塘	解放战争时期游击根据地村庄	6106	5264			694	10887	文化楼	
大环	坡头	五合	解放战争时期游击根据地村庄	505	415			3	5280		湛江市生态文明村
力竹	坡头	五合	解放战争时期游击根据地村庄	500	160			3	5200		
满州	坡头	五合	解放战争时期游击根据地村庄	465	420				5310	文化楼	

（续上表）

自然村名称	所属镇（街）	所在村委会	革命老区类别	户籍人口（2017）	耕地面积（亩）	水果种植面积（亩）	养蚝面积（亩）	养虾养鱼面积（亩）	人均可支配收入（元）	教育文化设施	荣誉称号
邱屋山	坡头	五合	解放战争时期游击根据地村庄	508	410				6000	文化楼	
炮屋	坡头	五合	抗日战争时期根据地村庄	345	250				5400		
万屋	坡头	新塘	解放战争时期游击根据地村庄	1008	968				12000		
窝塘	坡头	新塘	解放战争时期游击根据地村庄	314	229				11000		坡头镇生态文明村
塘鸭	坡头	新塘	解放战争时期游击根据地村庄	432	427			30	9900		
南河	坡头	新塘	解放战争时期游击根据地村庄	500	408			60	9800		坡头镇生态文明村
许屋坡	坡头	新塘	解放战争时期游击根据地村庄	423	383				13000		坡头镇生态文明村

（续上表）

自然村名称	所属镇（街）	所在村委会	革命老区类别	户籍人口（2017）	耕地面积（亩）	水果种植面积（亩）	养蚝面积（亩）	养虾养鱼面积（亩）	人均可支配收入（元）	教育文化设施	荣誉称号
夹流	坡头	民有	解放战争时期游击根据地村庄	738	1240				7500		
上塘宁	坡头	民有	解放战争时期游击根据地村庄	230	178				7620		
九有	坡头	民有	解放战争时期游击根据地村庄	946	735				7600	学校 文化楼	广东省特色文化村
椰子根	坡头	民有	解放战争时期游击根据地村庄	587	457				7800		
浦头	坡头	前进	解放战争时期游击根据地村庄	633	389			215	9850		
亚罗	坡头	前进	解放战争时期游击根据地村庄	530	286				9350	文化楼	
浦头	坡头	博立	抗日战争时期革命根据地村庄	285	151				7800		

（续上表）

自然村名称	所属镇（街）	所在村委会	革命老区类别	户籍人口（2017）	耕地面积（亩）	水果种植面积（亩）	养蚝面积（亩）	养虾养鱼面积（亩）	人均可支配收入（元）	教育文化设施	荣誉称号
鸡母塘	坡头	岑霞	解放战争时期游击根据地村庄	165	214				8000	文化楼	
下水埠	龙头镇	上圩	抗日战争时期革命根据地村庄	985	890			15	12720	学校	
官山	龙头镇	上圩	解放战争时期游击根据地村庄	401	151			12	12530	文化楼	
上埠头	龙头镇	上圩	解放战争时期游击根据地村庄	101	95				12550		
下埠头	龙头镇	上圩	解放战争时期革命根据地村庄	112	65				12600		
堿埔	龙头镇	上圩	解放战争时期游击根据地村庄	550	300				12520	文化楼	
榕树	龙头镇	上圩	解放战争时期游击根据地村庄	1389	719				12680	学校文化楼	

（续上表）

自然村名称	所属镇（街）	所在村委会	革命老区类别	户籍人口（2017）	耕地面积（亩）	水果种植面积（亩）	养蚝面积（亩）	养虾养鱼面积（亩）	人均可支配收入（元）	教育文化设施	荣誉称号
甲进	龙头镇	上圩	解放战争时期游击根据地村庄	403	236				12640		
茅岭	龙头镇	上蒙	解放战争时期游击根据地村庄	263	261						
大山田	龙头镇	上蒙	解放战争时期游击根据地村庄	385	172				9500		
罗里	龙头镇	上蒙	解放战争时期游击根据地村庄	525	208					文化楼	
殷底	龙头	上蒙	解放战争时期游击根据地村庄	1502	1163	300			9800	学校文化楼	
高坡	龙头	上蒙	解放战争时期游击根据地村庄	524	477				10500	文化楼	
奎塘	龙头	上蒙	解放战争时期游击根据地村庄	245	168	5			9000	文化楼	龙头镇生态文明村

（续上表）

自然村名称	所属镇（街）	所在村委会	革命老区类别	户籍人口（2017）	耕地面积（亩）	水果种植面积（亩）	养蚝面积（亩）	养虾养鱼面积（亩）	人均可支配收入（元）	教育文化设施	荣誉称号
新屋地	龙头	上蒙	解放战争时期游击根据地村庄	640	382				9500	学校	
东埇	龙头	上蒙	解放战争时期游击根据地村庄	119	113				9000		
木埇	龙头	上蒙	解放战争时期游击根据地村庄	570	555	11		3	10500	学校	
井埇	龙头	上蒙	解放战争时期游击根据地村庄	218	261	14			9500		
屋背埇	龙头	上蒙	解放战争时期游击根据地村庄	99	133				9000		
边坡	龙头	石窝	解放战争时期游击根据地村庄	1530	1099			850	9600		湛江市宜居村庄、湛江市卫生村、坡头区平安村

（续上表）

自然村名称	所属镇（街）	所在村委会	革命老区类别	户籍人口（2017）	耕地面积（亩）	水果种植面积（亩）	养蚝面积（亩）	养虾养鱼面积（亩）	人均可支配收入（元）	教育文化设施	荣誉称号
周埇	龙头	石窝	解放战争时期游击根据地村庄	395	461				9710		
南头圩	龙头	绿水	解放战争时期游击根据地村庄	510	500	170		20	11000		
上塘头	龙头	龙头	解放战争时期游击根据地村庄	455	402	10		47	13500	学校 文化楼	广东省生态文明村
莫村	龙头	莫村	解放战争时期游击根据地村庄	6523	2780		50	3820	14500	学校 文化楼	
泉井	龙头	泉井	解放战争时期游击根据地村庄	560	449	36		20	14000	学校	
麻斜	麻斜	麻斜	解放战争时期游击根据地村庄	4220	4785		10	1000	7690	学校 文化楼	麻斜街生态文明村（赤后村）
黄呈	麻斜	麻新	解放战争时期游击根据地村庄	1990	1850	80		900	8000		

（续上表）

自然村名称	所属镇（街）	所在村委会	革命老区类别	户籍人口（2017）	耕地面积（亩）	水果种植面积（亩）	桑蚕面积（亩）	茶叶养鱼面积（亩）	人均可支配收入（元）	教育文化设施	荣誉称号
麻瑶仔	麻斜	麻斜	解放战争时期游击根据地村庄	635	300	10			7910		
田头仔	麻斜	麻斜	解放战争时期游击根据地村庄	727	520				7900	文化楼	湛江市生态文明村
张垦	麻斜	麻斜	解放战争时期游击根据地村庄	1950	1100			10	7890	学校	湛江市生态文明村
北头寨	南三	海丰	大革命时期红色根据地村庄	520	740				5600		
莫村	南三	海丰	解放战争时期游击根据地村庄	3538	78			200	12340	学校 文化楼	
田头	南三	田头	抗日战争时期革命根据地村庄	5128	3500			5300	5800	学校 文化楼	
岭脚	南三	田头	解放战争时期游击根据地村庄	1253	878			367	5500	学校 文化楼	

（续上表）

自然村名称	所属镇（街）	所在村委会	革命老区类别	户籍人口（2017）	耕地面积（亩）	水果种植面积（亩）	养蚝面积（亩）	养虾养鱼面积（亩）	人均可支配收入（元）	教育文化设施	荣誉称号
霞瑶	南三	南洋	抗日战争时期革命根据地村庄	989	465			800	6311	学校	
罗村	南三	南洋	解放战争时期游击根据地村庄	395	250			50	6400	学校 文化楼	湛江市生态文明村
南中村	南三	南洋	解放战争时期游击根据地村庄	242	200			13	6320	学校	
南社陈村	南三	南洋	解放战争时期游击根据地村庄	415	300			20	6340	学校	
庙儿村	南三	白沙	解放战争时期游击根据地村庄	232	140			7	6400	学校	
湖村	南三	湖海	抗日战争时期革命根据地村庄	2600	460			300	7800	学校	被规划为广东省乡村振兴示范村
禾地坡	南三	东湖	解放战争时期游击根据地村庄	338	106			90	2800	学校 文化楼	

（续上表）

自然村名称	所属镇（街）	所在村委会	革命老区类别	户籍人口（2017）	耕地面积（亩）	水果种植面积（亩）	养蚝面积（亩）	养虾养鱼面积（亩）	人均可支配收入（元）	教育文化设施	荣誉称号
北涯头	南三	东湖	解放战争时期游击根据地村庄	320	130			280	7800		广东省示范乡村振兴村庄
山儿	南三	五里	解放战争时期游击根据地村庄	562	125			38	8200		
陈屋	南三	五里	解放战争时期游击根据地村庄	760	480		300		8300	文化楼	
新沟华	南三	巴东	解放战争时期游击根据地村庄	720	280			250	4560	文化楼	
新和	南三	巴东	解放战争时期游击根据地村庄	995	320			250	5735	学校文化楼	
麻林	南三	巴东	解放战争时期游击根据地村庄	380	80			15	2200		
地聚下	南三	巴东	解放战争时期游击根据地村庄	762	385			158	7120	学校	

（续上表）

自然村名称	所属镇（街）	所在村委会	革命老区类别	户籍人口（2017）	耕地面积（亩）	水果种植面积（亩）	养蚝面积（亩）	养虾养鱼面积（亩）	人均可支配收入（元）	教育文化设施	荣誉称号
彭屋西	南三	巴东	解放战争时期游击根据地村庄	691	250			123	2300		
南兴	南三	巴东	解放战争时期游击根据地村庄	978	275			330	4000		
上木历	南三	巴东	解放战争时期游击根据地村庄	1300	500			577	6000		
麻俘	南三	麻俘	解放战争时期游击根据地村庄	2982	1500		200	650	6000	学校	
老梁	南三	蓝田	解放战争时期游击根据地村庄	1380	820				6500	学校文化楼	湛江市生态文明村
黄村	南三	光明	解放战争时期游击根据地村庄	700	300			90	6000		
米粘	南三	南米	解放战争时期游击根据地村庄	1100	900			200	10000	学校文化楼	

　　《湛江市坡头区革命老区发展史》的编写，是根据广东省老区建设促进会、广东省老区建设办公室《关于印发编纂〈革命老区发展史〉丛书有关文件的通知》精神，在中共湛江市坡头区委、区人民政府和湛江市及坡头区老区建设促进会的领导下进行的。本书从2018年8月开始编写，到2018年12月形成初稿。主要由陈东负责第一章《区域和革命老区发展概况》、第二章《大革命与土地革命战争时期至解放战争时期坡头人民的革命斗争》、第三章《新中国成立以来的建设和发展》的革命斗争史和"附录"部分革命遗址、文物、纪念设施和革命文献资料的主要编写工作，其中关文生为第一章和附录提供部分资料，游真兴负责第三章第二节《社会主义建设探索发展时期国民经济在恢复中稳步发展》的编写，庞祥培负责第三章第三节《改革开放时期国民经济快速发展》的编写，关文生负责第三章第四节《改革开放新时代的建设和发展》的编写。初稿由陈东执笔，综合整理，编辑成书。2019年1月起，先后将一、二、三、四、五、六稿分别呈送有关同志审阅、修改，最终形成第七稿，并于2020年5月召开审稿会议。郑晓晖负责全书审校。本书图片由黄晓宇、陈鸿、施康发、覃寿平等提供、拍摄。借此机会，对关心、支持帮助和指导编写工作的革命前辈、专家、学者，以及坡头区统计局、档案局、文旅新局、交通运输管理局、农业农村局、扶贫办等单位和各镇（街），一并致以衷心的感谢。

本书虽然编写成册，但由于时间过于仓促，人手不足，内容方面时间跨度大，牵涉的事件、人物较多，加上编写水平有限，书中难免存在错漏之处，希望读者批评指正。

南路老、新一团子弟和南路粤桂边纵队子弟革命老区寻访团在遗风小学门前留影

美丽的湛江海湾大桥夜景

广东人民出版社　党政精品图书

围绕中心、服务大局，做最具高度、深度和温度的主题出版物

中宣部主题出版重点出版物

《中华人民共和国通史》（七卷本）

· 全国第一部反映中华人民共和国70年光辉历程的多卷本通史性著作
· 中央党校、中央党史和文献研究院权威专家倾力打造

《账本里的中国》

一册册老账本，串起暖心回忆。讲述你我故事，体味民生变迁。

《全国革命老区县发展史丛书·广东卷》

· 挖掘广东120个革命地区的红色记忆
· 中国老区建设促进会牵头组织

《红色广东丛书》

· 广东省委宣传部重点主题出版物
· 传承红色基因，弘扬革命精神

本书配有智能阅读助手，为您1∨1定制

《湛江市坡头区革命老区发展史》阅读计划

帮助您实现"时间花得少，阅读体验好"的阅读目的

建 议 配 合 二 维 码 一 起 使 用 本 书

您可根据自己的学习需求，量身定制专属于您的阅读计划：

阅读服务方案	阅读时长指数	为您提供的资源类型	帮助您达到以下学习目的
1. 高效阅读	阅读频次 较低　每次时长 较短　总共耗费时长 ▪	总结类	快速学习和掌握红色精神。
2. 轻松阅读	阅读频次 较高　每次时长 适中　总共耗费时长 ▪▪	基础类	简单了解革命老区的历史。
3. 深度阅读	阅读频次 较高　每次时长 较长　总共耗费时长 ▪▪▪	拓展类	继承和发扬红色精神，推动老区发展。

针对您选择的阅读计划，您可以享受以下权益：

立刻获得的主要权益

▶ **专享本书社群服务**：提供创造价值与私密的深度共读服务，群内分享阅读干货，发起话题探讨
▶ **1套阅读工具**：辅助您高效阅读本书，终身拥有

每周获得的主要权益

▶ **专属热点资讯**：16周社科文学类资讯推送，每周2次
▶ **精选好书推荐**：16周文学社科热门好书推荐，每周1次

长期获得的主要权益

线下读书活动推荐：
精选活动，扩充知识开拓视野
不少于1次

抢兑礼品：
免费抽取实物大礼
不少于2次限时抽奖

微信扫码

添加智能阅读助手

只需三步，获取以上所有权益：

1. 微信扫描二维码；
2. 添加智能阅读助手；
3. 获取本书权益，提高读书效率。

❶ 鉴于版本更新，部分文字和界面可能会有细微调整，敬请包涵。